Die grundlegende Philosophie für ein progressives Training im Tennis

Richard Schönborn

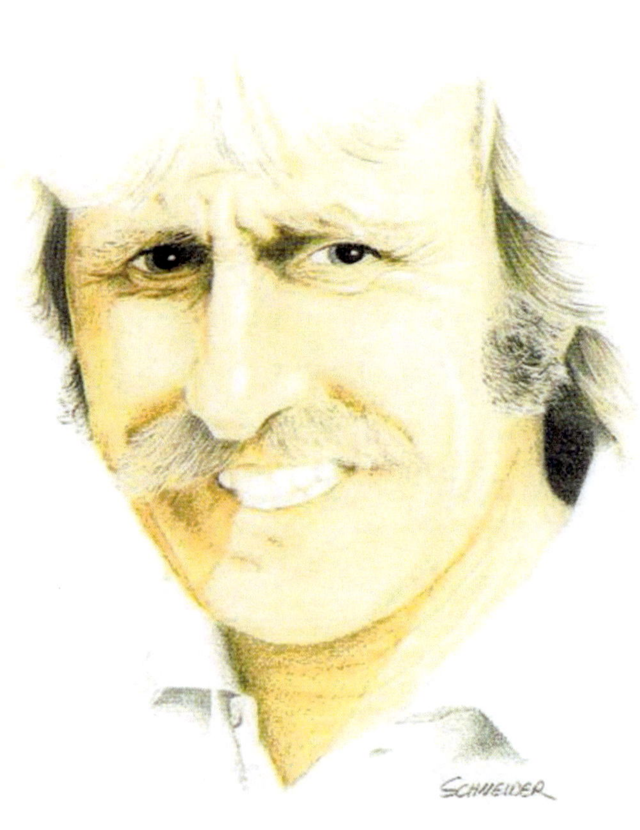

Wen Du einem die Stimme nimmst,
dann tötest Du ihn.
Marcus Tullius Cicero
(106 - 43 vor Christie)

Richard Schönborn

Die grundlegende Philosophie für ein progressives Training im Tennis

Bewegungslehre im Tennis.
Die Wichtigkeit der motorischen Entwicklung.

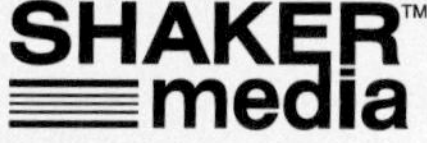

Bibliografische Information der Deutschen Nationalbibliothek
Die Deutsche Nationalbibliothek verzeichnet diese Publikation in der Deutschen Nationalbibliografie; detaillierte bibliografische Daten sind im Internet über http://dnb.d-nb.de abrufbar.

1. Auflage, September 2015
2. überarbeitete Auflage, April 2016

ISBN 978-3-95631-341-7

Shaker Media GmbH • Postfach 101818 • 52018 Aachen
Telefon: 02407 / 95964 - 0 • Telefax: 02407 / 95964 - 9
Internet: www.shaker-media.de • E-Mail: info@shaker-media.de

"Eine derartige philosophisch-wissenschaftliche Betrachtung einer Sportart – in diesem Fall Tennis – würde jeder anderen Sportart/-disziplin auch gut tun. Hinzu kommt, dass man an jeder Stelle merkt, dass der Autor einen unermesslichen Schatz an Erfahrungen in seiner Sportart gespeichert hat".

Rudolf Strauß - 2014

Inhalt

PROLOG

„It is not the strongest of the species that survives, nor the most intelligent that survives. It is the one that is the *most adaptable to change*".
Charles Darwin

Einleitung

Die einzelnen Sportdisziplinen haben sicherlich viele Gemeinsamkeiten, wahrscheinlich aber noch mehr Differenzen. Auf jeden Fall kann man aber von den *sportwissenschaftlichen Forschungsergebnissen* und *praktischen Erfahrungen* der einen Disziplin eine ganze Menge auf eine andere Disziplin übertragen. Warum sollte man versuchen einmal Erfundenes neu zu erfinden, wenn man das *erfolgreiche Erfundene* benutzen kann? Eines nämlich haben alle Sportarten gemeinsam – *den menschlichen Körper,* und zwar mit all seinen anatomischen, chemischen, physischen, neuronalen und physiologischen Gesetzmäßigkeiten und Gegebenheiten. In jeder Sportart reagiert der menschliche Organismus auf die gegebenen Reize in der gleichen Art und Weise. Ein großer Unterschied besteht allerdings darin, welche der einzelnen Leistungsfaktoren in der jeweiligen Sportart die Haupt- oder die Nebenrolle spielen, wie bestimmend diese sind, welchen Einfluss sie auf die Entwicklung und später auf die eventuellen Wettkampfleistungen der Athleten haben und – was hieraus hervorgeht – welche Leistungsfaktoren man wie, wann, in welcher Intensität und in welchem Umfang im technischen, taktischen, physiologischen und konditionellen Entwicklungsprozess und im späteren Trainingsprozess einsetzen muss.

Logischerweise entstehen dabei große Unterschiede in der Beanspruchung und in der Fokussierung, z. B. zwischen Fußball und Fechten, zwischen Ringen und Eiskunstlauf oder zwischen Tennis und Ski Alpin oder beliebigen weiteren Sportdisziplinen.

Dieses Fachbuch soll *ausschließlich dem Tennissport* gewidmet werden und somit muss man diesen in den Vordergrund und Mittelpunkt stellen, obwohl auch hier das *sehr breite Wissen* der Sportfachwelt benutzt und umgesetzt werden muss und eine *große Rolle* spielt.

Nicht nur unter Fachexperten, sondern auch innerhalb der breiten Trainergilde und bei den Millionen Tennisspielern rund um den Globus kursieren zwei grundsätzliche Auffassungen über die Tennistechnik:

1. Die Tennistechnik ist in ihrer ganzen Breite *kompliziert* und recht schwierig zu lehren und zu erlernen.
2. Die Tennistechnik ist eigentlich *einfach* und mit den richtigen Methoden leicht zu lehren und zu lernen.

Obwohl man nicht so streng trennen sollte, kann man hier *nicht* behaupten, dass es eine Mittelansicht gibt nach dem Motto: Entweder man ist schwanger oder man ist es nicht. Ein bisschen schwanger gibt es nicht.

Wie in allen Bereichen unseres Lebens hängt der *Erfolg jeglicher Tätigkeit* erst einmal ab von dem Erwerb des neuesten wissenschaftlichen Fachwissens, des allgemeinen theoretischen Basiswissens, der theoretischen Grundlagen; er hängt ab von dem Begreifen all dieser Theorie und schließlich von der Fähigkeit, das alles erfolgreich in die Praxis umzusetzen. Das sagt sich so leicht, aber es ist alles andere als leicht, denn dazu braucht man auch eine ganze Menge an *Erfahrungen* und diese kann man nicht über Nacht erwerben. „Wir glauben Erfahrungen zu machen, aber die Erfahrungen machen uns" (Eugène Ionesco).

Fast ein *ganzes Jahrhundert* lang hat man versucht die ‚ideale' Tennistechnik zu finden oder sogar *zu erfinden. Vergebens!* Aufgrund eines Mangels an theoretischem Wissen (über eine lange Zeitdauer – fast ein halbes Jahrhundert – gab es keine oder nur spärliche Untersuchungsmöglichkeiten im Sport generell und im Tennissport speziell, später herrschte kein oder kaum Interesse oder manchmal sogar direkt Ignoranz gegenüber den neuesten Ergebnissen der allgemeinen und spezifischen Untersuchungen) hat man sich bemüht, die

„ideale", „richtige", oder die „optimale" Technik künstlich und vor allem individuell nach eigenen Vorstellungen des einzelnen „Erfinders„ zu kreieren. Weil aber an dieser Kreation von Generation zu Generation Tausende und Abertausende Trainer auf der ganzen Welt beteiligt waren und fast jeder eine eigene Meinung durchzusetzen versuchte, konnte dieses Bemühen zu keinem Erfolg führen. Man hat z. B. lange versucht die Technik der verschiedenen Topspieler, zum Teil bis ins letzte Detail, zu „kopieren" und auf jeden einzelnen Schüler zu übertragen, man hat aber auch versucht verschiedenartige eigene Meinungen und Kreationen sowie „Begründungen" dafür mit allen Mitteln durchzusetzen. Somit entstand eine „Pseudolehre" und damit eine „Pseudotechnik". Sogar heute noch kann man z. B. in dem breiten Videoangebot des Internets neben hervorragenden Beiträgen auch noch recht merkwürdige „Eigentheorien" finden, als ob bei manchen das Fachwissen im Jahr 1950, manchmal sogar im Jahr 1930 eingefroren wurde. Vielerorts versucht man z. B. immer noch dem armen Anfänger vergeblich den Finalschlag von Federer oder Djokovic beizubringen, dabei achtet man allerdings auf das äußere Bild, auf den Bewegungsablauf des Stars, *ohne die sportwissenschaftlichen Begründungen* für seine Technik, für die einzelnen *Bewegungsdetails* zu verstehen. Deswegen kann das nicht funktionieren. Obwohl ich hier die Tennistechnik erwähnt habe, ist diese nicht das Hauptthema dieses Buches, das habe ich schon in meinen vorherigen Büchern ausführlich behandelt und die Technik ist heutzutage weltweit schon ausgiebig durchforscht. Hier handelt es sich vielmehr um die moderne *Vermittlung* der Technik.

Im Vergleich zu vielen anderen Sportarten hat man im Tennis relativ spät mit tieferen und ernsthaften Untersuchungen angefangen. So begann man beispielsweise erst *in der letzten Periode der achtziger Jahre* mit *biomechanischen Untersuchungen der Tennistechnik*, während das in vielen anderen Sportarten schon lange gang und gäbe war. Auch *physiologische Untersuchungen* der Tennisspieler sowohl bei Turnieren als auch im Training liefen recht langsam und eher verspätet an.

Es ist allerdings ehrenhaft, dass trotz dieser Umstände gerade der *Deutsche Tennis Bund* im Bereich der *sportwissenschaftlichen Forschung* und in der Verbreitung modernster Methoden im internationalen Tennis *der Vorreiter war* und lange Jahre die führende Rolle gespielt hat, was schon während der ersten Hälfte der siebziger Jahre und des ganzen anschließenden Jahrzehnts große internationale Anerkennung gefunden hat.

Es wäre allerdings Zeitverschwendung und im Rahmen dieses Buchs nicht sinnvoll, wenn man hier ins Detail dieser Geschichte gehen würde, die entsprechenden internationalen Unterlagen sind u. a. auch bei mir vorhanden. Wenn das wirklich jemanden interessieren sollte kann er nachfragen. Das ist aber Vergangenheit und wir wollen uns nun mit der *Gegenwart* und vor allem mit der *Zukunft* beschäftigen. In diesem Zusammenhang fällt mir eine passende Bemerkung des großen deutschen Schauspielers Axel Milberg ein, den ich persönlich sehr schätze: *„Die vergangene Zeit erscheint mir wie eine Lokomotive. Der Rauch bleibt zurück und der Zug fährt weiter."*

Aufgrund vieler nationaler und internationaler Untersuchungen namhafter Wissenschaftler und der Anwendung der modernen sowohl allgemeinen als auch sportartspezifischen Theorien und praktischen Untersuchungen über die *motorische Entwicklung* kann man behaupten, dass sowohl das Lehren als auch das Lernen der Tennistechnik heutzutage wesentlich *leichter und einfacher* ist bzw. *sein sollte* oder *müsste,* jedenfalls viel leichter, als es in der Vergangenheit der Fall war. Ich behaupte sogar, dass *die Tennistechnik als solche einfach ist,* vor allem dann, wenn man das derzeitige Wissen verinnerlicht hat und dieses auch anwendet. So z. B. das Wissen um die die Reduktion der Komplexität (später mehr dazu).

Dieses Buch will sich mit all diesen Ansichten und Behauptungen so weit es geht auseinandersetzen und ich hoffe, dass es gelingt den Leser zu überzeugen. Es ist sicherlich *kein leichtes Thema,* ganz im Gegenteil, es ist ziemlich *anspruchsvoll.* Um es aber gleich am Anfang klarzustellen und um eventueller Kritik aus der weniger eingeweihten' breiten Tennisgemeinschaft bezüglich des relativ hohen Anspruchs des Textes vorzubeugen bzw. versuchen zu mildern

– der Inhalt richtet sich vor allem an die breite (weltweit sicherlich millionenfache) *Tennisfachwelt,* obwohl selbstverständlich auch z. B. interessierte Eltern, Ehrenamtliche oder sogar Spieler selbst davon profitieren können, wenn sie bereit sind, sich damit ernsthaft und intensiv zu beschäftigen. Ich hoffe sehr, es werden viele sein, das wäre zu begrüßen!

Die Bewegungslehre (die motorische Entwicklung, engl.: kinematics) ist nichts Neues und es existieren in der sport- und allgemeinwissenschaftlichen Welt *eine Menge hochklassige Unterlagen, Schriften* und *Fachbücher* von namhaften Experten über dieses Thema. Wie aber wahrscheinlich bei etlichen anderen Sportarten auch fehlt noch weitgehend die sportspezifische Umsetzung in unsere Sportart. Das hat den Nachteil, dass vor allem den viel beschäftigten *Praktikern* vielleicht sowohl die Zeit als auch die Möglichkeiten zu tieferen Studien und dadurch auch die notwenigen theoretischen Kenntnisse über die Tiefe sowie damit einhergehend die Begründungen für die derzeitige Bewegungslehre fehlen. Dadurch leidet selbstverständlich die Umsetzbarkeit in die Praxis.

Nach wie vor werden von vielen Lehrkräften in allen Regionen der Welt sowohl die Anfänger als auch die Fortgeschrittenen und sogar die Leistungsspieler mit recht *konservativen Methoden* konfrontiert. Tausendfach habe ich es bei meiner internationalen Tätigkeit erlebt. Es werden immer noch kleine, direkt *kleinliche* und unbedeutende Details der Technik, die allerdings mit nichts belegt sind bzw. deren Sinn und Ziel falsch dargestellt wird, hervorgehoben, die biomechanischen, anatomischen und physiologischen Tatsachen werden bewusst oder vielmehr aus Unkenntnis ignoriert oder falsch und unzureichend interpretiert und betont, die *individuelle, vor allem subjektive Auslegung* der Lehrkraft steht noch viel zu oft im *Vordergrund,* ohne die Grundgesetze der modernen motorischen Entwicklung und der Analyse der Schlagausführung zu respektieren. Wie ich schon oben angedeutet habe, auch etliche im Internet zur Verfügung gestellte Videos verschiedener Autoren bestätigen diese Feststellung. Die Bewegungsabläufe werden beschrieben, aber selten begründet und erklärt. Selbstverständlich bemüht man sich recht erfolgreich, vor allem im *europäischen Raum* und *ganz besonders in Deutschland,* schon seit der zweiten Hälfte der siebziger Jahre in der Trainerausbildung um das Weiterleiten der jeweils aktuellen sportwissenschaftlichen Erkenntnisse. Die *International Tennis Federation* (ITF) mit dem hervorragend arbeitenden *Tennis Development Department* versucht schon seit über mehr als drei Jahrzehnten rund um den Globus mit großem Engagement den einzelnen Tennisverbänden in der Trainerausbildung und -fortbildung zu helfen, es gibt aber leider praktisch *in allen Ländern* der Welt (die europäischen inbegriffen) noch eine *zu große Mehrheit nicht ausgebildeter* und *nicht lizenzierter* „Tennistrainer" und „Tennislehrer"*, die diesen* „Titel" *nicht verdienen, und die ihn missbrauchen und schädigen.* Das ist allerdings nicht das Thema dieses Buchs, sondern nur eine Bemerkung am Rande und es ist eigentlich die Aufgabe der einzelnen nationalen Tennisverbände dieses Problem zu lösen.

Auf der anderen Seite wird viel zu viel praxisfremd „theoretisiert". Es gibt auch in der modernen Sportwissenschaft nicht nur eine, sondern mehrere Richtungen und Theorien über die Lehre und das Training und innerhalb der Diskussionen existieren allerlei sowohl einheitliche als ab und zu auch konträre Ansichten (und diese sind auch nötig); dennoch: Es wird manchmal zu viel über Begriffe gestritten. Bei dem Versuch eigene Fachbegriffe unter allen Umständen durchzusetzen werden oft Wege gesucht, die sich u. U. wieder von der natürlichen Logik entfernen. Ein gesunder Mittelweg sowie eine Vereinheitlichung der Begriffe wären zu empfehlen. Das Entscheidende ist, dass *die Lehre allgemein* und *die Bewegungslehre speziell* trotz der notwenigen wissenschaftlichen Grundlagen so weit wie überhaupt möglich *verständlich* und *leicht* und *logisch* dargestellt werden. Das ist allerdings *nicht immer einfach*, wie ich auch beim Schreiben dieses Buchs feststellen musste. Ein *Streit* über Einzelheiten, Nichtigkeiten, Begriffe und neue Namen oder Titel führt uns nicht weiter. Es darf weder zu einer *praxislosen Theorie* noch zu *theorieloser Praxis* kommen, das haben wir hoffentlich hinter uns. Man muss Mut haben etwas Neues zu wagen und wenn es funktioniert auch durchsetzen und das auch, soweit es geht, verständlich zu machen. Das versuche ich hiermit.

Bei dieser Gelegenheit möchte ich eine *lustige Anekdote* erwähnen, die bei mir nachhaltige Spuren in Bezug auf meine zukünftige Tätigkeit hinterlassen hat.

Bei einer großen, *Anfang der siebziger Jahre* üblichen *Jahrespflichtkonferenz* der Bundestrainer aller Sportarten des damaligen DSB wurden für das damalige Wissen einige recht wissenschaftliche Präsentationen hochrangiger Fachexperten über die *Talentproblematik* vorgetragen. Damals steckte die Sportwissenschaft noch auf mehreren Gebieten in den Kinderschuhen. In der anschließenden Diskussion hat sich ein vor mir sitzender schon älterer, silbergrau melierter und recht nobel und elegant gekleideter Kollege stehend mit einer Frage gemeldet: „Das war alles sehr interessant, aber können Sie mir verraten, wie ich es meinen Pferden beibringen soll?" Ein allgemeines Gelächter brach los, alle Blicke der über einhundert anwesenden Trainer richteten sich auf ihn. Es stellte sich dann heraus, dass es der Bundestrainer der Reiter war. Diese Frage war kein Witz, er meinte es ernst – er wollte damit andeuten, dass auch die Sportwissenschaft so *klar* und *verständlich* formulieren sollte, dass es nicht nur der Sportwissenschaftler, sondern jeder versteht (vielleicht mit Ausnahme des Pferdes) und vor allem, dass es jeder auch in die Praxis umsetzen kann.

Ich hoffe, dass es mir gelingt, in diesem Sinn gewisse Grundsätze der modernen Bewegungslehre *verständlich* darzustellen und dem Leser eine gewisse Hilfe für seine tägliche Trainingsarbeit anzubieten. Dort, wo es mir vielleicht nicht ganz gelungen ist, bitte ich um Verständnis und um den Verzicht auf Steinigen. Gut, dass Pferde noch kein Tennis spielen.

1 Das Gehirn

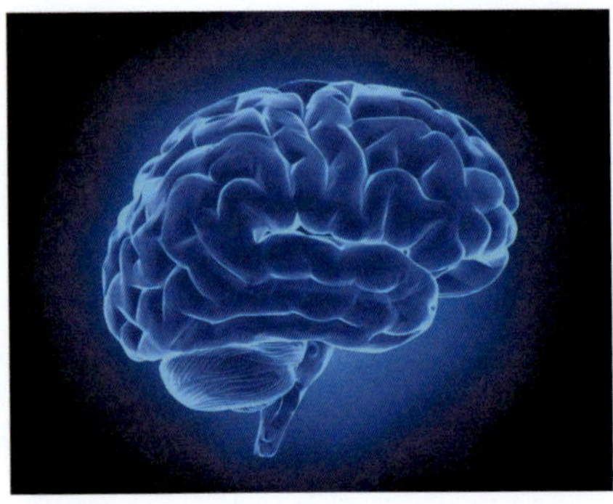

Abb. 1. Das Gehirn ist der Hauptintegrationsort für alle komplexen Informationen, die der Organismus verarbeitet. Das menschliche Gehirn ist vermutlich das komplexeste Gebilde des Universums (Quelle: Wikipedia).

Vielleicht wird es überraschen, dass ich die *tennisspezifische Bewegungslehre*, ja überhaupt die Bewegungslehre für sich mit dem *Gehirn* beginne. Wie ich schon in meinem Buch „Strategie und Taktik im Tennis" schrieb, *spielt sich Tennis in einem Raum von 15 cm ab – das ist die Entfernung zwischen den Ohren.* Damit ist die *Gehirndimension* gemeint. „Die wichtige, ja *entscheidende Rolle* des Gehirns in der motorischen Steuerung und im motorischen Lernen wird allgemein anerkannt" (C. Pesce, 2003).

Das Gehirn spielt eine *Schlüsselrolle:* Nur durch diese *diffizile Schaltzentrale* ist es uns möglich, Kontakt zur Außenwelt herzustellen. Außerdem regelt es das komplexe Zusammenspiel der einzelnen Muskeln, beeinflusst unsere Organfunktionen und unsere Wahrnehmung. Damit ist das *Gehirn* gemeinsam mit dem *Rückenmark* die *Steuerzentrale* des Körpers.

Bevor ich mich allerdings mehr mit dem Gehirn und seiner Bedeutung für die Bewegungslehre beschäftige, muss ich betonen, dass die *allgemeinen Rückschlüsse* der Gehirnforscher nicht immer ganz so optimistisch klingen, wie es in Bezug auf alle anderen Organe des menschlichen Körpers der Fall ist. Obwohl sich seit Urzeiten eine ganze Armee von verdienstvollen Wissenschaftlern mit diesem Organ beschäftigt, ist das Gehirn nach Auffassung der Wissenschaft nach wie vor noch nicht zufriedenstellend erforscht. Es ist eben schwieriger in das Gehirn, in die Gehirnprozesse, in die Hirntätigkeit einzudringen, als es bei anderen Organen der Fall ist.

Die Geschichte der Hirnforschung reicht bis zu ersten hirnanatomischen Erkenntnissen in *prähistorischer Zeit* zurück. Die Einsicht, dass das Gehirn der *Sitz von kognitiven Fähigkeiten* ist, kann erstmals im *antiken Griechenland* nachgewiesen werden, seine Funktionsweise blieb jedoch bis zum Ende des Mittelalters weitgehend unbekannt.

Der griechische Gelehrte *Hippokrates* schrieb gut *vier Jahrhunderte vor Beginn der christlichen Zeitrechnung:* „Die Menschen sollten wissen, dass aus nichts anderem als dem Gehirn Freuden, Wonnen, Gelächter, Spott sowie Kummer, Leid, Verzweiflung und Wehklagen hervorkommen und dadurch erwerben wir auf besondere Weise Weisheit und Erkenntnis, und wir sehen und hören und wissen, was verderbt und was gerecht, was gut und was böse, was süß und was ungenießbar ist ...“

Alles, was wir in unserem täglichen Dasein tun, wird vom Gehirn angeregt, gesteuert und kontrolliert, es werden unentwegt *Erfahrungen* gesammelt und *gespeichert.* Selbstverständlich betrifft das auch die Entwicklung der Tennistechnik das Lehren und Lernen derselben. *Das Gehirn ist das wichtigste, das zentrale, aber auch das komplexeste Organ im menschlichen Körper.* So werden z. B. alle unsere Lebenserhaltungssysteme wie die Herztätigkeit, die Atmung, die Verdauung, der Hormonhaushalt und vieles mehr vom Gehirn (autonomes System, ANS) gesteuert, überwacht und reguliert, obwohl sich dessen kaum jemand bewusst ist. Das gleiche betrifft die Tätigkeit des gesamten kognitiven und motorischen Bereichs.

1.1. Die Anatomie des Gehirns

Alle Menschen haben ein *unterschiedliches Gehirn*, keines gleicht einem anderen. Die *individuellen Besonderheiten* kann man mit den *Fingerabdrücken* vergleichen. Es ist deswegen einleuchtend, dass jeder Mensch z. B. auf den gleichen Reiz oder die gleiche Anregung unterschiedlich reagiert. Das ist ein *wichtiger Hinweis* für das mit Recht umstrittene allgemeine „uniformierte" und immer noch bestehende *Gruppentraining*. Die *Leistungsausstattung* des Gehirns ist genetisch vorgegeben. Der IQ wird nicht durch die Größe, sondern durch die *Flexibilität* des Gehirns bestimmt (siehe die Vorbemerkung – Charles Darwin), wobei über den Begriff IQ immer noch viel diskutiert wird.

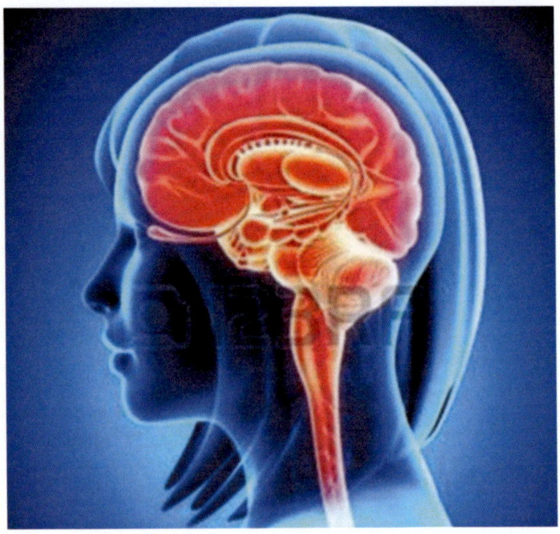

Abb. 2. a.In diesem weichen Organ ist all das untergebracht, was uns materiell und immateriell als Menschen ausmacht, es ist unser menschliches Zentrum (Quelle: Wikipedia)

Das Gehirn ist ein Teilbestandteil des zentralen Nervensystems (ZNS). Zu diesem gehört noch das Rückenmark (Abb. 2a, b u. 3). Beim ausgewachsenen Menschen reicht das Rückenmark vom Inneren des Schädels bis zur Höhe des ersten oder zweiten Lendenwirbelkörpers. Das ZNS besteht aus ca. *1 Billion (tausend Milliarden – 1.000.000.000.000!) Neuronen* (Nervenzellen), die aneinandergereiht eine Strecke von ca. *384.000 km* bilden würden.

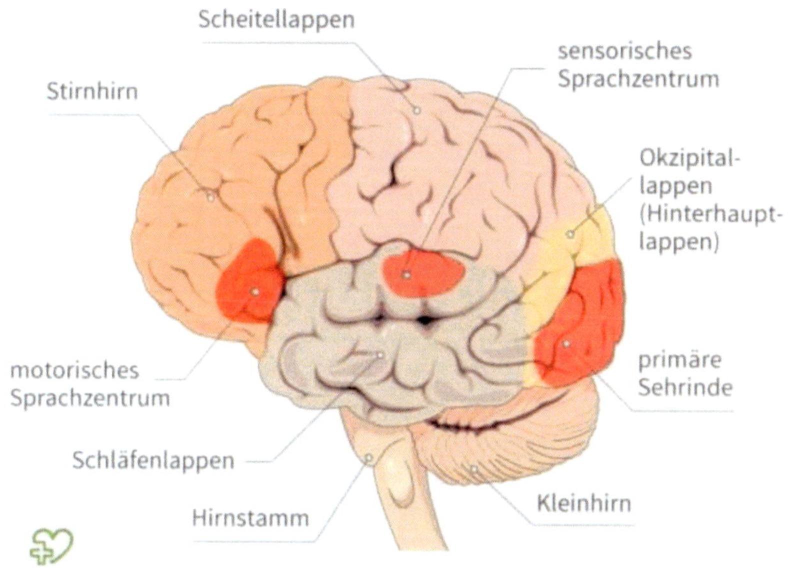

Abb. 2b. Querschnitt des Gehirn - (Quelle: Wikipedia)

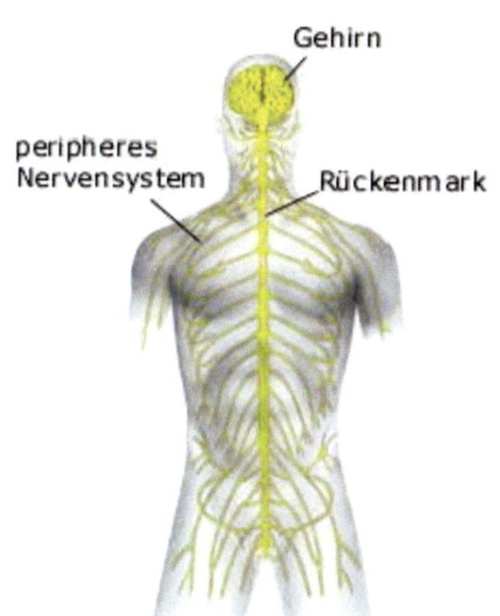

Abb. 3. Das zentrale und das periphere Nervensystem - (Quelle: http://www.g-netz.de/Der_Mensch/nervensystem/index.shtml)

Zum Vergleich – der Umfang der Erde beträgt ca. 40.000 km. Eine interessante Bemerkung am Rande, nicht unbedingt im Zusammenhang mit dem Inhalt dieses Buches – unsere Füße tragen uns in unserem Leben *dreimal* um die Erde.

Das ZNS ist federführend bei der sensomotorischen Integration und Koordination.

Durchschnittlich wiegt das Gehirn eines erwachsenen Mannes ja nach Ethnie etwa *1400 g*. Bei gleicher Statur von Mann und Frau ist das Gehirn bei Männern durchschnittlich *100 g* schwerer, was allerdings keine qualitative Aussage zulässt. In diesem relativ leichten Organ mit *ca. 1,7 % des Körpergewichts* werden *alle Entscheidungen* des Menschen beschlossen. Für die *neuronale Verbindung* (Übermittlung von Informationen) zwischen dem ZNS zu den verschiedenen Organen, der Haut, den Muskeln usw. sorgt das *periphere Nervensystem* (Abb. 3). Dieses besteht aus *ca. 25 Millionen Neuronen*. Zusammen mit dem ZNS sind in unserem Körper ca. *eine Billion und 25 Millionen Nervenzellen* in Aktion.

„Das periphere Nervensystem (PNS) ist das *Netzwerk* der *sensorischen* und *motorischen Neuronen*, die die Verbindung zwischen dem zentralen Nervensystem und der Körperoberfläche bilden" (Zimbardo u. Gerring, 1999, S. 67).

Das gesamte Netzwerk des ZNS und des PNS ist recht kompliziert und umfangreich. „Ein einzelnes Neuron (Abb. 4) kann mit *1000 bis 100.000 anderen Neuronen* verbunden sein (Abb. 5). Der *Verknüpfungsgrad* ist enorm hoch. *Die Erregungsweiterleitung* erfolgt mit *120 m/s*. Pro *mm*^{3} kann im Gehirn von *einer Milliarde* Synapsen ausgegangen werden. Insgesamt ergibt sich eine theoretisch denkbare Zahl von *40 Billionen verschiedenen Verschaltungsmustern*!" (G. Hüther, 2013). Für eine *hohe Geschwindigkeit* von Informationsverarbeitung und -austausch müssen *Gehirnbereiche hochgradig* vernetzt sein. So verbraucht unser Denkorgan etwa 20 % des Sauerstoffs, welcher sich in unserem Blut befindet, und 15 % der Leistung, die durch unser Herz erzeugt wird. Um die Funktionen des Gehirns aufrechtzuerhalten, strömen tagtäglich bis zu 1200 Liter Blut und 75 Liter reiner Sauerstoff durch unser Gehirn. Dabei arbeitet das Gehirn recht *sparsam*, es benötigt nur eine *Energie* von etwa *20 Watt*, das ist die Energie einer Glühbirne. Das Gehirn besitzt ein unglaublich hohes *Wirkungspotenzial*. Diese Feststellung ist gerade für die *motorische Entwicklung* und damit für das *Bewegungslernen im Tennis* von großer Wichtigkeit, wie ich später ausführen werde.

Vorerst nur so viel: Man muss nachvollziehen, wie viele *Freiheitsgrade*, wie viele Muskeln und *Gelenke* (siehe später) innerhalb einer *halben Sekunde* bei einem einzigen Tennisschlag involviert sind, um die Wertschätzung und überhaupt die Notwendigkeit der Gehirnarbeit (Anregung, Anweisung, Erfahrung, Gedächtnis, Speicherung usw.) dabei hervorzuheben, denn nicht nur das eventuelle Ergebnis, wie wichtig dieses auch immer sein mag, sondern vor allem die *Begründung dieses Ergebnisses*, den vorausgegangenen motorischen Vorgang, muss man schließlich im ZNS nachvollziehen können, besonders dort, wo es sich um einen negativen Ausgang handelt. Die eventuelle *Korrektur* wird ja nicht allein durch die Muskeltätigkeit, sondern durch die neuen Anweisungen aus dem ZNS an die Muskelarbeit erfolgen. Dabei ist es von großem Vorteil, wenn im Gehirn eine *enorme Anzahl an Informationen* gespeichert und vorhanden ist, um aus dieser Menge sofort die richtige Entscheidung herauszufiltern. Es ist ein *Kosmos* mit regem Verkehr. So hat z. B. ein Schachgroßmeister einen Zugriff auf geschätzt *50.000 bis 100.000* vergleichbare Schachinformationen *im Gehirn* (Chase u. Simon, 1973) gespeichert. Das ist das eigentliche Geheimnis des Großmeisters bei Simultanpartien: Er muss nicht an jedem Brett über die möglichen Züge der Gegner nachdenken – er holt die gespeicherten Positionen aus dem Gedächtnis und reagiert sofort. Neuronen (Nervenzellen) sind *Schaltelemente*, die viele *Eingangssignale* in ein *Ausgangssignal* umwandeln (Abb. 4 und 5).

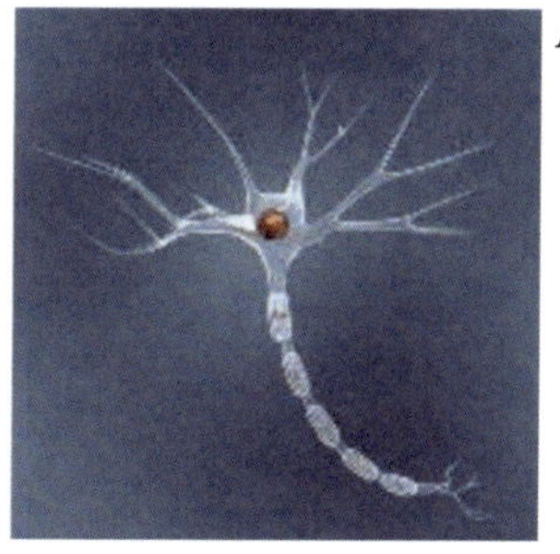

Abb. 4 Neuron

Bilder aus Wikipedia übernommen.

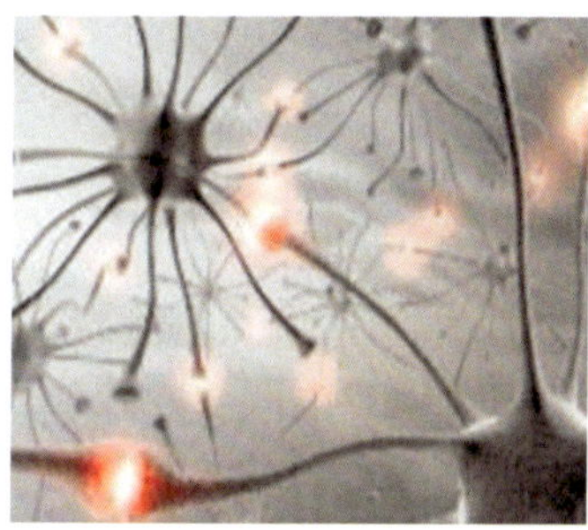

Abb. 5 Netz aus verknüpften Neuronen.

Das Gehirn ist auch *das erste Organ,* das in der menschlichen Entwicklung vom Baby zum Erwachsenen seine *finale Größe* erreicht und zwar schon *ca. im 12. Lebensjahr.* Eine Theorie besagt, dass sich von da an die Anzahl der Neuronen nicht mehr erhöht. Andere Forschungsergebnisse (Eriksson, Perfilieva, Björg-Eriksson, Alborn, Nordborg, Petersen u. Gage, 1998) haben ergeben, dass täglich mehrere Tausend Neuronen gebildet werden können (Neurogenese), denn mit zunehmendem Alter kommt es zu einen *Abbau* von z. B. beschädigten Neuronen (in einem Jahr sollen es bis zu 30 Millionen sein). Schon an diesem Beispiel kann man feststellen, dass die Hirnforschung noch lange nicht beendet ist, nach der Ansicht mancher Wissenschaftler wird das Gehirn nie restlos erforscht sein.

Der *weitere Qualitätszuwachs bis ins hohe Alter* wird durch *eine größere und tiefere Vernetzung* der vorhandenen Neuronen erreicht. Das bedeutet, dass z. B. im Fall der weiteren Entwicklung (Verbesserung) sowohl der Bewegungsfähigkeit als auch der kognitiven Fähigkeiten immer *neue* (unbekannte) *Reize* (Informationen) im *Bewegungslernen* und im kognitiven Lernen (denken) gesetzt werden *müssen,* um eine weitere *Vernetzung* der verschiedenen Netzwerke zu erreichen. Diese Tatsache werde ich später wesentlich näher ausführen und beschreiben; sie ist für das moderne Bewegungslehren von enormer Bedeutung!

1.2. Die Hirnfunktion

„*Die Informationsverarbeitung* im ZNS wird heute als ein *gleichzeitig seriell* und *parallel* ablaufender Prozess *der Aktivierung multifokaler* (mehrere Herde betreffend; Ergänzung des Autors), eng miteinander *verschalteter Netzwerke* verstanden. *Jedes* dieser Netzwerke besitzt *strukturell festgelegte Verhaltensmuster* mit anderen Netzwerken, die im Verlauf der *Ontogenese* (struktureller Wandel; Ergänzung des Autors) herausgebildet und *zeitlebens durch die Art ihrer Nutzung um- und überformt werden* (experience-dependent plasticity)" (G. Hüther, 2013). Das Gehirn arbeitet 80 Jahre und mehr ohne jeglichen Stau.

Der Gehalt dieses Zitats ist von *enormer Bedeutung* bei der Auslegung und Begründung *moderner Bewegungslehre* und damit des Technikaufbaus! Auch darauf werde ich später im Detail zurückkommen.

Vorläufig kann man als Beispiel wenigstens *vorweg* erwähnen, dass es auf der *Grundlage der Hirnfunktion* beim Techniklernen *keine Möglichkeit* gibt, einen einzigen Schlag wie z. B. „den Vorhandschlag" als den *einzigen idealen* oder als einen „Musterschlag" zu speichern, man kann nur innerhalb einer *Handlung* (z. B. Vorhandübung, Vorhandanwendung) ein *Netzwerk der verschiedenen Varianten* des Vorhandschlags als *strukturelles Verhaltensmuster* oder *motorisches Programm* (Theorie der generalisierten motorischen Programme) *abspeichern*. *„Diese Theorie* setzt voraus, dass jedes *generalisierende motorische Programm* (GMP) für *die Steuerung* einer *ganzen Bewegungsklasse* zuständig ist (z. B. Würfe oder Sprünge *oder* eben *Tennisschläge*; Ergänzung des Autors), indem es die *Grundstruktur* definiert, die *alle Bewegungen einer bestimmten Klasse* gemeinsam haben" (C. Pesce, 2003). *Kennzeichen* eines GMP sind *bewegungsübergreifende konstante Merkmale und bewegungsspezifische variable Merkmale*. Übertragen auf Tennis sind das z. B. *bewegungsübergreifende konstante* (z. B. die individuelle Weite und Höhe der Ausholbewegung) *und variable Merkmale* (situationsangepasste und situationsabhängige Variationen) einer Vorhandbewegung – nicht *des einzig möglichen Vorhandschlags*, sondern *der Vorhandschläge* in deren *nahezu grenzenloser Variabilität* schlechthin!

Man kann es für unseren Fall mit den Beispielen Rückhand*schläge* (nicht Rückhand*schlag*, Flug*bälle* (nicht Flug*ball*), Auf*schläge* (nicht Auf*schlag*) etc. ergänzen. Es handelt sich um einen *Komplex* oder *eine Grundstruktur von Bewegungen* einer *gemeinsamen Klasse*, z. B. um das oben erwähnte *strukturelle Verhaltensmuster*. Auch dieses Thema wird im weiteren Text noch detaillierter behandelt.

Eine Technik (z. B. Vorhandschlag) wird schon gleich am Anfang des Lernprozesses als eine *Herausforderung zur Bewältigung einer speziellen Situation* verstanden. Nicht in Bezug auf die isolierte Vorhandtechnik als solche, sondern einer *situativ eingebetteten Vorhandbewegung*. Zu der Bewältigung muss man bestimmte *neuronale Verschaltungen* zur *Steuerung komplexer Bewegungsabläufe* aufbauen und benutzen. Schritt für Schritt wird ein Gelingen einer *schwierigen Handlung* zu einer tieferen *Vernetzung der Neuronen* (neuronale Verschaltungen) der in Anspruch genommenen Gehirnregionen führen, wodurch sich die Spuren *vertiefen*, ausbreiten und schließlich als *bleibende Spuren* gespeichert werden. Aus diesen „Spuren" werden dann die jeweiligen notwenigen *variablen Situationslösungen* geholt, *ohne* diese vorher in der gleichen Art systematisch trainiert zu haben (Abb. 6a, b, 7).

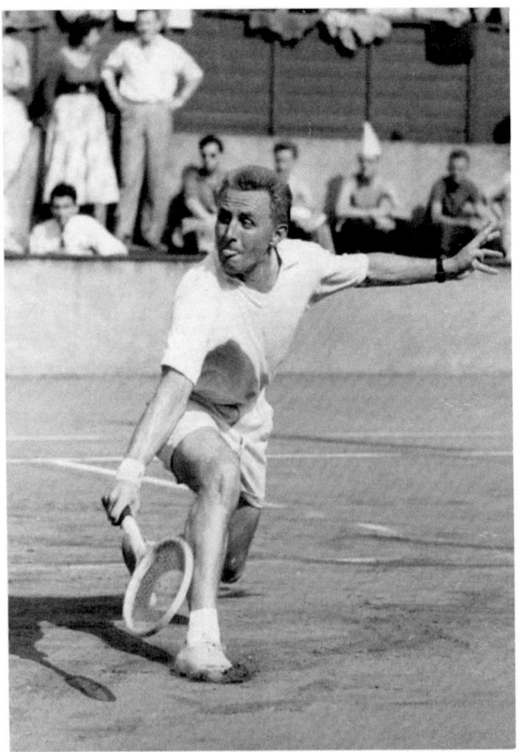

Abb. 6 a. Ich bin so frech und erlaube mir hier ausnahmsweise, zwei Fotos von mir aus den fünfziger Jahren zu präsentieren. Auch wir mussten damals schon, in der „Zeit der Schwarz-Weiß-Fotos", im streng weißen Outfit und mit schweren Holzschlägern (hier eine Sonderanfertigung, schon mit meinem Monogramm RS, des berühmten weißen Slazenger Challenge Nr. 1) schwierige Situationen meistern können. Mein Tennis spielte sich zu 60–80 % am Netz ab und so existierten von mir in der Presse kaum Fotos von Grundschlägen. Im heutigen Tennis ist es umgekehrt.

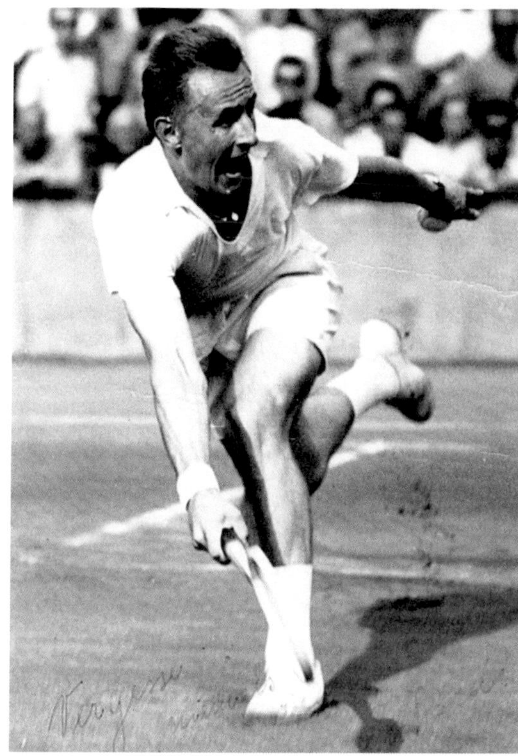

Abb. 6. b. Mit diesem Foto hat damals der Fotograf Stanislav Tereba beim berühmten internationalen Weltwettbewerb um das beste Sportfoto des Jahres den ersten Preis bekommen. Selbstverständlich nicht wegen mir, sondern wegen des künstlerischen Inhalts des Bildes. Vom Flugball verstehe ich ein bisschen, vom künstlerischen Gehalt des Fotos aber recht wenig. Wahrscheinlich haben aber die Juroren recht gehabt, sonst hätte das Foto nicht gewonnen – vielleicht die extreme Spannung im Gesicht, der lange Sprung, die tiefe Schlagposition, die Dynamik, der fliegende Sand und wahrscheinlich noch viele andere Details, von denen ich keine Ahnung habe, beeinflussten das scheinbar positiv. Somit gelangte ich in die Geschichte der internationalen Fotografie, obwohl kaum jemand von den Juroren, wusste, wer da eigentlich beim Herumspringen auf dem Tennisplatz abgebildet ist.

Ein tiefer Flugball im Sprung bzw. eine Vorhand im maximalen Lauf werden als solche *nicht regelmäßig* und/oder wiederholt *systematisch* trainiert. Trotzdem funktioniert das bei jedem guten Spieler einwandfrei. Die technische Durchführung wird aus den gespeicherten „bleibenden Spuren geholt".

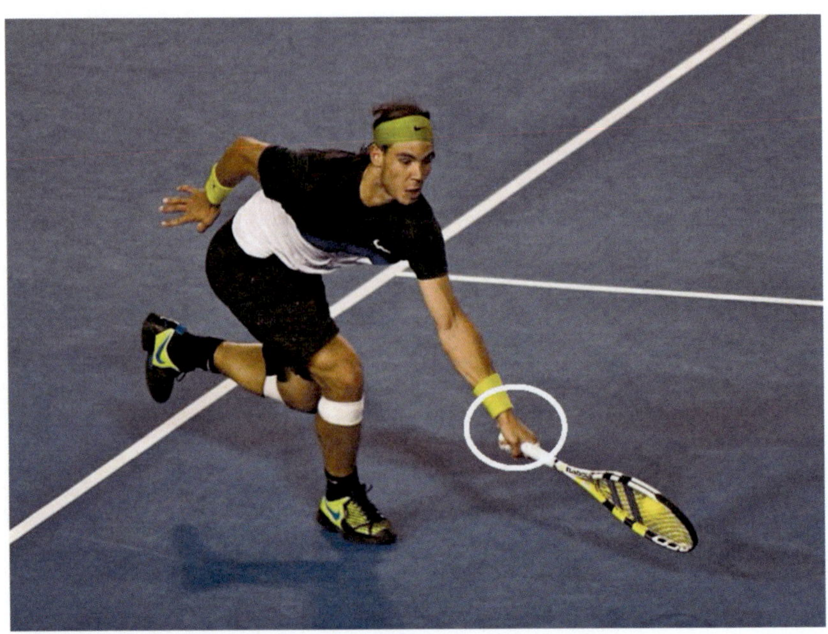

Abb. 7. R. Nadal ist z. Zt. der „Obermeister" in der Lösung schwierigster Situationen, auch wenn er sogar den Kontinentalgriff bei der Vorhand benutzen muss.

„Manche Herausforderungen bewältigen wir, indem wir bestimmte *Verschaltungen* zur Steuerung *komplexer Bewegungsabläufe* benutzen. Es ist also nicht verwunderlich, dass wir jede anfangs noch so schwierige Handlung, wenn sie uns einmal gelungen ist, das nächste Mal schon *viel besser* und irgendwann sogar *ganz mühelos* (auch in abgewandelter Form; Ergänzung des Autors) vollziehen!" (G. Hüther, 2013).

Das ist z. B. die erfolgreiche *Überwindung schwieriger Situationen* auf dem Tennisplatz bei den Topspielern (Abb. 8 u. 9).

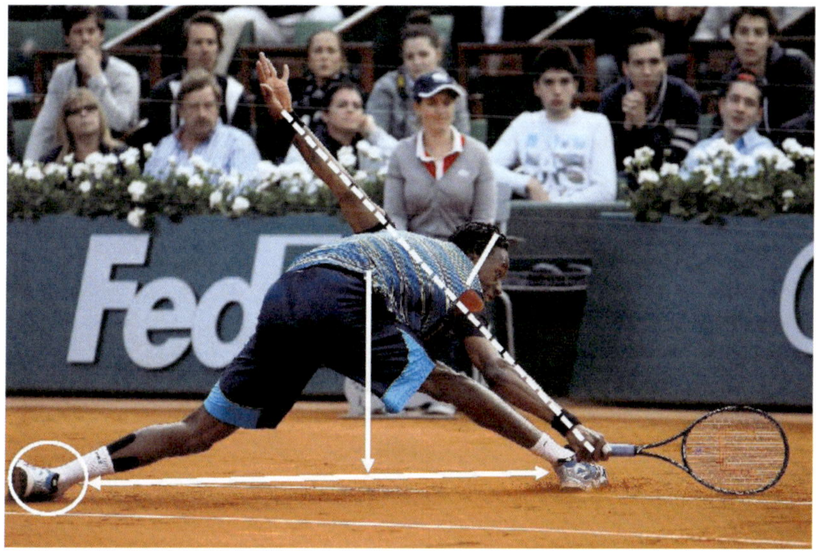

Abb. 8.

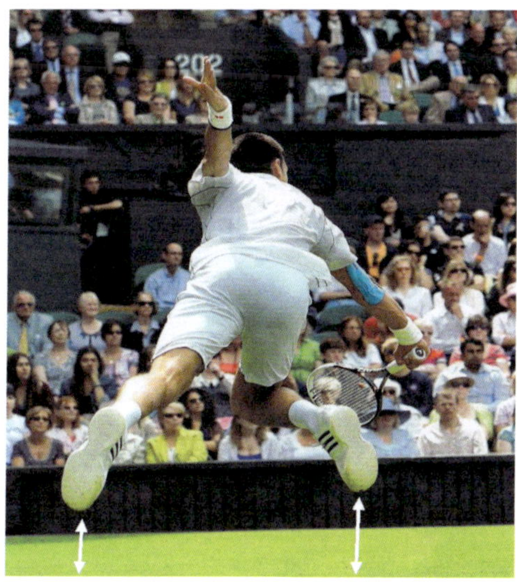

Abb. 8 & 9. Diese Schlagpositionen und -situationen sind sicherlich keine übliche, täglich speziell trainierte Aktion, trotzdem sind die Spieler fähig, sie erfolgreich zu meistern.

Die Spieler bedienen sich eines sogenannten *motorischen Schemas.* Das ist eine *Regelstruktur,* die die *Beziehungen* zwischen den Parametern und der Auswirkung auf den motorischen Output definiert.

So ein Schema *„erklärt, warum eine zuvor nicht beherrschte Bewegungstechnik auf Anhieb realisiert werden kann: weil es sich um eine neue Variante eines schon bestehenden generalisierten Programms handelt, für deren Ausführung eine angemessene Parametrisierung (Festlegung von Parametern/Richtgrößen oder Richtwerten; Ergänzung des Autors) aus dem motorischen Schema entnommen werden kann"* (C. Pesce, 2003).

Und weiter: „Die *Aneignung von Bewegungen* besteht in der *Bildung spezifischer kognitiver Strukturen,* d. h. *generalisierter motorischer Programme* (GMP), die mit Prozessen der Informationsverarbeitung *zusammenwirkend* die Bewegungsteuerung ermöglichen."

Um dieses Zitat zu vereinfachen – *jegliches* Lernen motorischer Bewegungen, *jeglicher* Bewegungsfortschritt und *jegliche* Bewegungsperfektionierung (Tennistechnikreifung) wird durch die *weitere Vernetzung,* durch die Weiterbildung *der generalisierten motorischen Programme* im Gehirn erreicht. Dafür ist es notwendig das Lern- oder Trainingsprogramm *von Anfang an* so zu gestalten, dass *nicht die Lösung einer bestimmtem Aufgabe* (z. B. tiefer Flugball), sondern immer wieder der *Lösungsprozess der gesamten Spielsituation wiederholt wird,* das bedeutet, dass man immer nach Wegen suchen muss, *wie* oder *wodurch* die jeweils andersgeartete Flugballsituation gelöst werden kann. Das geht aber nur über *variables Training!* Man muss dafür die *situationsadäquaten motorischen Aufgabenlösungen* finden. „Die Bewertung der *Variabilitätsstruktur* ist als Ausdruck der *Suche* nach *effektiven* motorischen Programmlösungen in all den Fällen nützlich, wo *das Handlungsziel* durch die *Plastizität der Bewegungshandlungen* erreicht wird" (C. Pesce, 2003). Aufgrund dieser Theorien kann man die noch immer empfohlene methodische stufenweise Reihe Grobform – Feinform – Automatisierung mit einfachen *exakten und punktgenauen Zuspielen* sowie mit langwierigen Pfeilen an technischen Details in statischen Körperpositionen am Anfang und langsamen nachfolgenden Erweiterungen der Bewegungsfreiheit in Frage stellen. Ich bin sogar der Ansicht, dass die Einteilung in „Grobform", „Feinform" und „Automatisierung" überholt und nicht mehr zeitgemäß ist. Ich werde mich später dazu näher äußern.

1.3 Speicherungsvorgänge

Meiner Meinung nach stellen die Aussagen in den obigen Zitaten *mit die wichtigsten und entscheidendsten Grundlagen* für alle *Veränderungen* in der *Auffassung der Bewegungslehre* und damit der *Techniklehre im Tennissport* in der heutigen Zeit dar. Ferner sind sie der Beweis für eine *notwendige Abkehr* von den jahrzehntelang praktizierten *konservativen und statischen Lehr- und Trainingsmethoden* und sie sind die *Grundlage* für die in diesem Buch definierte *Philosophie und Theorie des Trainings*!

Ich erwähne und betone deswegen noch einmal – es wird *niemals* eine einzige einmal durchgeführte Vorhand- oder Rückhandbewegung als solche gespeichert (was man vielerorts immer noch glaubt), sondern nach und nach wird eine *komplexe, sich dauernd zum Besseren hin entwickelnde Vorhandhandlung, eine Grundstruktur der Vorhand- oder Rückhandbewegung* ausgebaut, in welche nach vielen Wiederholungen *unzählige Variationen* des Vorhand- oder Rückhandschlags *integriert sind,* die man dann *nach Situationsbedarf* abrufen kann. Diese Tatsache ermöglicht uns später auch, z. B. Vorhandschläge in *noch so schwierigen und unbekannten Situationen* erfolgreich zu meistern, obwohl wir diese speziellen Situationen davor *nie* oder *selten* oder nur *zufällig* im Training oder im Match wiederholt haben. Auch dazu später mehr. Eine *alte chinesische Weisheit* lautet: *„Nicht dort, wo du es schon zur Meisterschaft gebracht hast, sollst du dich weiter erproben, sondern dort, wo es dir an solcher Meisterschaft mangelt."* Diese *Weisheit* habe ich in einem Buch von G. Hüther gefunden. Sie ist eigentlich so einfach, man muss sich nur fragen, warum wir uns damit in unserem Tennisbereich nach wie vor so schwertun. Die besten Fußball- (z. B. aus Brasilien) oder Basketballtechniker (z. B. aus den USA) kommen vom

Straßenfußball oder -basketball, sie lernten ihre Sportart von Anfang an im wahren Sinne des Wortes *spielerisch* in der ganzen *situativen Vielfalt* auf den Hinterhöfen, *ohne* einen vorgeschriebenen Weg der Grobform, Feinform usw.

Es ist zu betonen, dass *neue neuronale Verbindungen* und *synaptische Verschaltungen,* die für die Erweiterung der *Variabilität des Schlagrepertoires* und für die immer wieder neuen und u. a. auch schwierigen *Handlungslösungen* benötigt werden, nur auf der Grundlage bereits etablierter *Interaktionsmuster* ausgebildet und stabilisiert werden können. *Jeder einzelne Schlag* hinterlässt vorerst *Spuren* im Gehirn, die sich im Laufe der Zeit zu *Interaktionsmustern* entwickeln. Die *Erweiterung,* der Ausbau und die *Perfektionierung* der Technik können nur aufgrund *neuer Verschaltungen* bzw. einer *Erweiterung* und *Vertiefung* des *neuronalen Netzes* erfolgen. *Der Ursprung* jeden *Lernvorgangs* in jedem menschlichen Bereich ist *im Gehirn* bzw. im gesamten ZNS zu suchen.

Damit ist die These, dass Tennis auf einem *Raum von 15 cm* (die Entfernung zwischen den Ohren) gespielt wird, auch begründet. *Alles,* was wir auf dem Tennisplatz tun, wird durch *die Gehirntätigkeit* bestimmt, entwickelt, kontrolliert und entschieden. Je dichter das *Neuronennetz* (Erfahrungen, Kenntnisse) ist, umso leichter und erfolgreicher kann man die Tennistechnik *verschiedenartig* einsetzen.

Der Muskel ist „dumm". Er kann alleine gar nichts ausrichten. Es müssen „Befehle, Anweisungen" vom ZNS kommen, *wie, wann und in welcher Stärke oder Geschwindigkeit* die einzelnen Teile des Muskels kontrahieren müssen. Sowohl die erforderliche *Rekrutierung* – das Erfassen einer bestimmten benötigten Zahl motorischer Einheiten (*Kontraktionsstärke*) – als auch die *Frequentierung* – die Abstufung der Erregung (*Kontraktionsgeschwindigkeit*) aus dem motorischen Cortex – werden *für jeden einzelnen Schlag* vom Gehirn *in Millisekunden separat* bestimmt und doziert und auf dem *efferenten Weg (elektrische Nervenimpulse)* über das PNS durch *chemische Übergabe* an die Muskulatur weitergeleitet und übertragen. Diesen *Millisekunden-Vorgang* kann man nicht im Voraus exakt planen und schon gar nicht während der

Durchführung kontrollieren oder sogar korrigieren. Man muss es *„durchlaufen“* lassen und kann erst am Ergebnis die Durchführungsqualität beurteilen (siehe später).

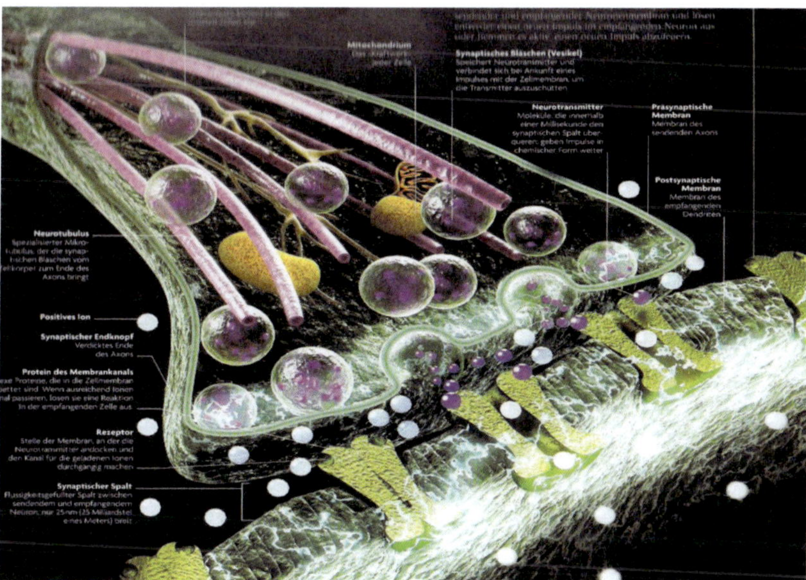

Abb. 10. Innerhalb des Nervensystems werden Nervensignale (Impulse) oder auch Aktionspotenziale in Millisekunden durch Ionen (elektrisch geladene Teilchen) von Neuron zu Neuron weitergeleitet. An der Synapse wird dann durch die Ausschüttung biochemischer Stoffe (Neurotransmitter) der Impuls über den synaptischen Spalt an die Nervenzelle übertragen, die dann je nach der „Anweisung“ erregend oder hemmend reagiert (Quelle: Dorling Kinderslay Limited, 2013, London).

So ist z. B. bei dem erwähnten wiederholten Vorhandschlag je nach Situation, Absicht, Schlagstärke, Treffpunktort, Treffpunktposition usw. *der gleiche Muskel verschiedenartig involviert.* Schon diese Tatsache weist auf die *Nichtwiederholbarkeit einer Bewegung* hin (Näheres dazu später). *Dieses Programm bestimmt das Gehirn, nicht der Muskel!*

Die Steuerung und die Kontrolle jeder Bewegungsart und -übung wird durch das *gesamte Nervensystem,* das bedeutet durch die *dort vorhandenen (gespeicherten) Programme* (siehe oben) initiiert, es bildet die notwendige Verbindung zwischen Fähigkeiten und Fertigkeiten, denn die Ausbildung einer

Bewegungsfertigkeit ist *nach Bernstein* immer *eine psychomotorische Tätigkeit* (siehe später*). Psychische Vorgänge wie z.B. Emotionalität oder Konzentration, aber auch die individuelle Persönlichkeitsstruktur, beeinflussen die Bewegung des Menschen. Diese kausale Verknüpfung wird Psychomotorik genannt.*

Man kann allerdings nur das „weiterleiten", was im ZNS tatsächlich vorhanden ist. Wenn aber im Gehirn die oben erwähnten *strukturell festgelegten Verhaltensmuster und generalisierenden motorischen Programme* für die Steuerung einer *ganzen Bewegungsklasse* kaum oder gar nicht vorhanden (gespeichert) sind, kann man diese auch nicht an den Bewegungsapparat weiterleiten. Ein „Nichts" ist eben ein „Nichts" und nicht transportierbar! Man muss deswegen diese *neuronale Voraussetzung* im ZNS vorerst durch die *entsprechenden* Übungs- und Trainingsprogramme systematisch ausbilden.

„Zwar können sich Nervenzellen nach der Geburt nicht mehr teilen (bis auf wenige Ausnahmen), sie sind jedoch zeitlebens in der Lage, ihre *komplexen Verschaltungen* an neue Nutzungsbedingungen *anzupassen*" (G. Hüther, 2013).

Nicht die *Anzahl* der *Neuronen* ist für eine optimale Handlung entscheidend, sie ist festgelegt, sondern *die Anzahl der Verbindungen* mit anderen Neuronen, *das Netzwerk*, die *vorhandenen Verhaltungsmuster*, die *Neuroplastizität,* die mit jeder *neuen unbekannten* Handlung *ausgebaut* wird. Das bedeutet, dass das *variationsreiche, ziel- und aufgabenorientierte, ein matchähnliches Training* sowie der *unterschiedliche Einsatzzwang* der Schlagtechnik *von Anfang an* in immer wieder *neuen Situationslösungen* das eigentliche *Ziel* der *modernen* Bewegungs-, Technik- und damit Leistungsentwicklung sind (Näheres in „Techniktraining" und „Optimales Tennistraining"). Damit erweitert man die *eigenen Erfahrungen* (siehe später).

1.4. Erstes Resümee

All diese Tatsachen sind eigentlich bekannt und bei näherem Hinsehen einfach zu verstehen. Man hat sie aber im Tennissport in der Regel sehr lange *nicht in Verbindung* mit der Technikentwicklung gebracht, man hat sie kaum zur Kenntnis genommen, vielleicht unterschätzt oder sogar ignoriert. Man hat nicht verstanden, dass man die bisherigen Kenntnisse über unser Denken und Handeln *ausbrechen lassen muss* und man hat nicht immer nach neuen Wegen *gesucht*. Der Tennissport hat in der fernen und sogar zum Teil in der nahen Vergangenheit über recht lange Zeit im Bereich der Trainingslehre und der modernen Bewegungslehre eine Vielzahl an Eigentoren geschossen, er ist nämlich viel zu lange entwicklungsmäßig stagniert.

Man muss ganz einfach lernen das eigene Gehirn nicht nur zum Denken einzusetzen, sondern man muss es *anwenden*. Unser Gehirn wird so sein, wie wir es benutzen. Je nach Art der Benutzung oder Inanspruchnahme programmiert sich unser Gehirn selbst. Dadurch sammeln wir immer neues *Wissen* und neue *Erfahrungen* und diese werden im Lauf des Lebens im Gehirn verankert – Erfahrungen machen uns! *„Das Gehirn ist ein Organ, mit dem wir denken, dass wir denken“* (K. Bartonietz, 2008).

Manche Hirnforscher sind sogar der Meinung, dass unser Gehirn weniger ein Denk- als vielmehr ein *Sozialorgan* ist. Alles Lernen vollzieht sich in *sozialer Interaktion* (Wechselwirkung zwischen Menschen oder Organisationen). Unser Gehirn ist *immer lernfähig* und es ist *schlauer,* als wir wahrhaben wollen. Ein *zeitlebens lernfähiges Gehirn* ist auch *lebenslänglich veränderbar*. Das Gehirn verändert sich jede Minute, jede Sekunde. Ein Top-Tennisspieler kann zwar nicht das Gehirn zeitlebens auf dem Tennisplatz benutzen, denn seine aktive Karriere ist leider zeitlich begrenzt, er muss es aber während seiner relativ kurzen aktiven Zeit *maximal* in Anspruch nehmen, um das benötigte breite Netzwerk vor allem im motorischen Bereich (aber nicht nur dort) *optimal* zu *erweitern*. Selbstverständlich soll er es dann auch nach seiner Karriere auf anderen Gebieten reichhaltig weiter einsetzen können. Ein *Trainer* sollte allerdings die Fähigkeit der *lebenslangen Lernfähigkeit* für seine spezifische Tätigkeit voll ausnutzen, wenn er lebenslang ein ausgezeichneter Trainer bleiben will. Man lernt nie aus! *„Denken, ohne zu lernen, ist töricht, lernen, ohne zu denken, ist gefährlich"* (Lao-Tse., 6. Jh. v. Chr.).

Das Gehirn wird vor allem dort seine Muster, seine *Vernetzung* ausbreiten, festigen und qualitativ verbessern, wo es in Anspruch genommen wird. In unserem Fall (Tennis) ist es außer dem strategisch-taktischen Bereich die motorische „Abteilung". Um diese geht es in diesem Buch. Dass man als Mensch, neben dem Tennisspiel an sich, noch in vielen anderen Lebensbereichen und damit auch im *intellektuellen Bereich* arbeiten sollte, ist selbstverständlich. Nicht umsonst existiert die Meinung, dass Spitzen-Tennisspieler auch einen hohen IQ besitzen. Nachgewiesen ist das allerdings, soweit mir bekannt, nicht. Man kann aber davon ausgehen, denn für *Topleistungen,* wo auch immer, braucht man in vielen Bereichen des Lebens viel Erfahrung und Wissen. Spitzentennis ist dabei sicherlich keine Ausnahme. Diejenigen absoluten Spitzenspieler, die ich bei meiner Teilnahme an unzähligen Turnieren zuerst als Spieler und danach als Trainer über eine Zeitperiode von mehr als 60 Jahren kennengelernt habe, waren bis auf einige wenige Ausnahmen Menschen mit viel Verstand, recht hoher Intelligenz und sehr viel Fachwissen. Als absolut positive Beispiele möchte ich vor allem *Martina Navratilova, Ivan Lendl und Roger Federer* hervorheben. Es ist sicherlich interessant, dass gerade diese drei Personen ihre ganze Karriere über recht unabhängig und vor allem wissend waren, sie sind eben *Persönlichkeiten.* "Years of hard work and focused energy investment are required to build the brain of a great competitor" (Jim Loehr). Dies hat er in Verbindung mit einer Charakterisierung der Genialität von Roger Federer erwähnt. Übrigens ist *Jim Loehr,* mit dem ich schon sehr lange befreundet bin und einige Male eng zusammengearbeitet habe und ihn daher auch recht gut kenne, meiner Meinung nach einer der besten Sportpsychologen der Welt und man kann seine Werke jedem nur empfehlen. Ich persönlich habe von ihm viel gelernt.

Ich glaube sogar behaupten zu können, dass sich die Anforderungen in dieser Hinsicht in den letzten ca. 20 Jahren und besonders im letzten Jahrzehnt noch wesentlich erhöht haben, denn die enormen technischen, konditionellen und kognitiven Leistungen, die die Spieler und Spielerinnen heutzutage bringen müssen und tatsächlich auch bringen, liegen nicht nur in ihrem motorischen Talent begründet. Eine detaillierte, durchdachte und langfristige Planung, perfekte Organisation, durchdachtes Training und eine einwandfreie Lebensplanung während der Karriere sind *hochgradig intellektuell anspruchsvoll.*

Man muss sich fragen, wie viel Zeit wir diesem breiten Bereich in der Jugend- und Juniorenausbildung spenden, wie tief wir uns mit dem Intellekt unserer Schüler beschäftigen. Jeder junge Spieler und jede junge Spielerin sind *selbstständige Personen,* die wir zu *Persönlichkeiten* ausbilden sollten. *Jeder Topspieler ist eine Persönlichkeit, sonst wäre er kein Topspieler.*

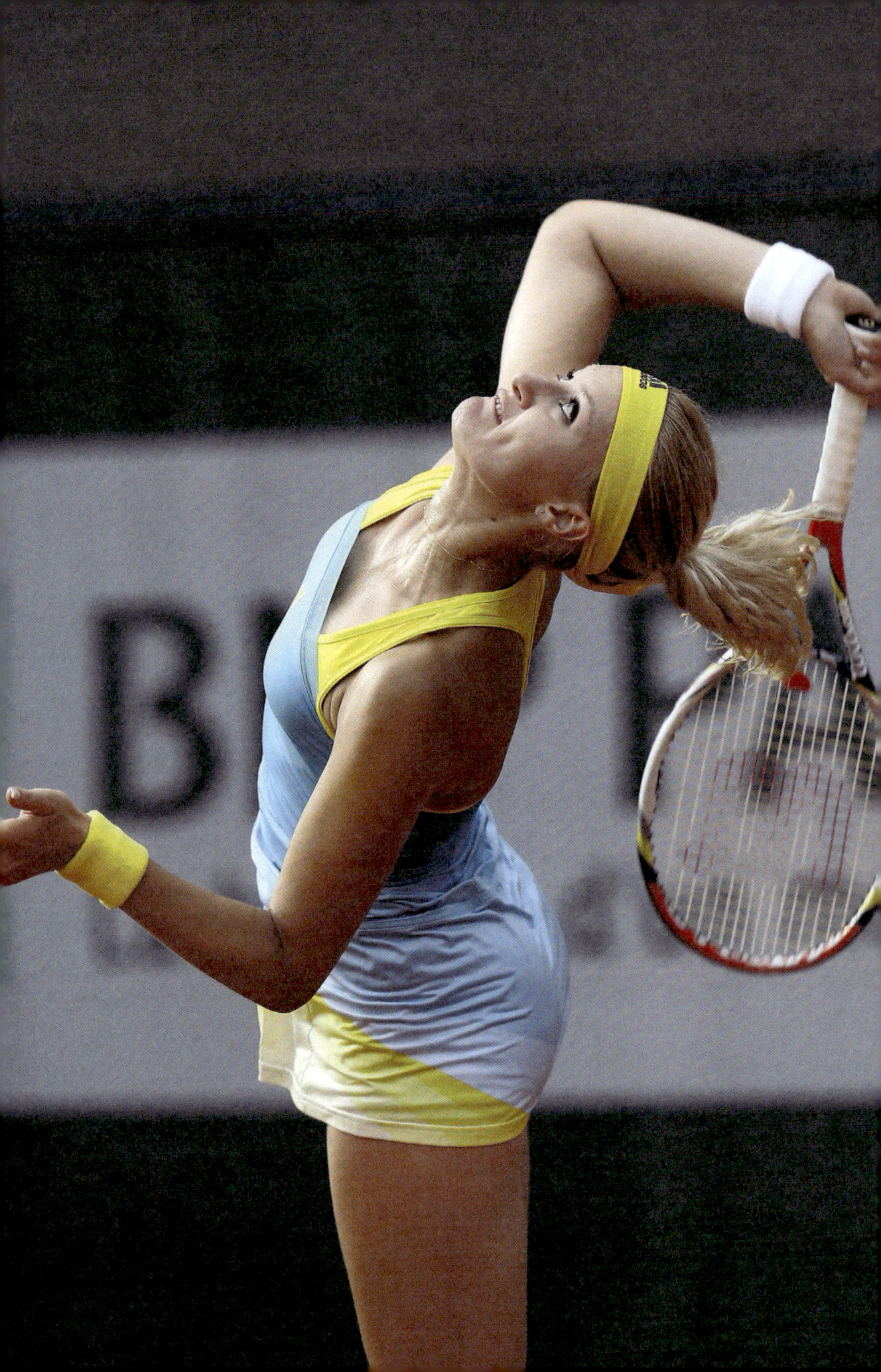

2 Stress

Das Erwähnen dieses Begriffs im Zusammenhang mit dem Bewegungs- und Techniklernen wirft sicherlich eine Frage auf – was hat Stress mit dem Bewegungslernen zu tun? Ich behaupte: *sehr viel!*

2.1 Definitionen

Im Zusammenhang mit der *Gehirntätigkeit* spielt Stress eine wesentliche Rolle, denn auch die positiven oder negativen Reaktionen auf verschiedene Situationen spielen sich im Gehirn ab.

„Stress ist eine *natürliche Reaktion* unseres Körpers, die ihn *in Belastungssituationen leistungsfähiger* macht."

„Der Begriff Stress wurde von dem Arzt Dr. Hans Selye eingeführt. Er definierte Stress als die *unspezifische Antwort des Körpers auf eine Anforderung.*"

„Unter Stress versteht man im Allgemeinen die *negativen Folgen bei Überforderung.*"

„Stress ist ein *Symbol für Belastung ganz allgemein* geworden."

„Stress (engl. für ‚Druck', ‚Anspannung'; lat. stringere = anspannen) bezeichnet zum einen durch spezifische äußere Reize (Stressoren) hervorgerufene *psychische und physische Reaktionen bei Lebewesen,* die zur Bewältigung besonderer Anforderungen befähigen, und zum anderen die dadurch entstehende körperliche und geistige Belastung."

„Stress wird definiert als ein *Zustand der Alarmbereitschaft* des Organismus, der sich auf eine erhöhte Leistungsbereitschaft einstellt."

„Stress ist ein *biologischer Prozess,* der beim Körper *Veränderungen hervorruft,* um die durch verschiedene Einflüsse erhöhten Ansprüche zu bewältigen."

„Stress ist *ein biochemischer Vorgang, der nur im Kopf stattfindet,* er wird hervorgerufen durch die *Angst* etwas nicht schaffen zu können."

Ich habe hier einige Definitionen namhafter Experten aus der reichhaltigen Fachliteratur zusammengestellt. Ich möchte gewisse wichtige Einzelheiten zusammenfassen:

– *„natürliche Reaktion, die uns in Belastungssituationen leistungsfähiger macht"; „die unspezifische Antwort des Körpers auf eine Anforderung"; „die negativen Folgen bei Überforderung"; „Symbol für Belastung ganz allgemein"; „psychische und physische Reaktionen bei Lebewesen, die zur Bewältigung besonderer Anforderungen befähigen, und zum anderen die dadurch entstehende körperliche und geistige Belastung"; „Zustand der Alarmbereitschaft des Organismus"; „biologischer Prozess, der beim Körper Veränderungen hervorruft"; „ein biochemischer Vorgang, der nur im Kopf stattfindet, durch Angst hervorgerufen"*

Wie man feststellen kann wird *der Stressbegriff* sehr *vielfältig* interpretiert und deswegen ist es nicht so leicht eine *eindeutige Definition* aufzustellen. Wahrscheinlich gibt es diese auch nicht, obwohl die eben erwähnten Definitionen prinzipiell in die gleiche Richtung zielen. Es ist allerdings interessant, dass *nur zwei* dieser Definitionen *das Gehirn* im Zusammenhang mit Stressreaktionen *erwähnen*, andere beziehen sich eher auf den Körper oder den ganzen Organismus. Dieser wird aber vom Gehirn aus gesteuert.

2.2. Stresswirkung

Stress kommt grundsätzlich *von innen*, nie von außen. Es handelt sich um eine *innere Reaktion* auf eine Situation. Die Situation selbst ist ja nicht stressig, die *Auslegung dieser Situation* kann aber zu einer *Stressreaktion* führen, bei einem mehr, bei einem anderen weniger, und wieder bei jemand anders überhaupt keine Reaktion hervorrufen.

In der Regel, also im normalen Leben und umgangssprachlich bzw. innerhalb von zwischenmenschlichen Reaktionen wird Stress als etwas *Negatives* in einen Zusammenhang mit *Ärger, Gefahr, Angst* oder einer tendenziell großen *Belastung* oder *Bedrohung* gebracht. Dabei muss man Stress als eine ganz *natürliche innere Reaktion* auf *jegliche äußere Herausforderungen* und *Belastungen* betrachten. Auch jeder noch so einfache *Lernvorgang* ist eine *Herausforderung* und eine *Belastung*. Das betrifft selbstverständlich auch das *Bewegungslernen* und damit das *Erlernen der Tennistechnik und das Trainieren derselben.*

Ich glaube, dass *das letzte* oben angeführte Zitat für unsere Belange wahrscheinlich das aussagekräftigste ist. *Erstens* bezieht sich dieses konkret auf den Kopf, das heißt *auf das Gehirn. Zweitens* wird der *biochemische Vorgang* betont und *drittens* wird die *Angst (Befürchtung) als Grund von Stress* erwähnt. Die Frage ist dabei allerdings, was man unter Angst versteht.

„*Angst* ist der Oberbegriff für eine *Vielzahl von Gefühlsregungen*, deren Gemeinsamkeit auf einer *Verunsicherung* des Gefühlslebens beruht" (Wikipedia). „In der Fachsprache der Psychologie und Philosophie wird (öfter) zwischen „*Angst*" *als* unbegründet, nicht objektbezogen und „*Furcht*" als objektbezogen differenziert; in der Allgemeinsprache ist diese Differenzierung nicht üblich„ (Duden).

Ich glaube nicht, dass man Angst *nur oder ausschließlich* mit einer *Bedrohung* in Zusammenhang bringen sollte, wie es oft dargestellt wird, denn z. B. vor dem Überwinden eines anstehenden und u. U. nicht allzu wichtigen Problems entsteht Angst, ob man es schafft. Dabei muss man ja nicht bedroht sein und solch eine Empfindung kann sogar motivierend, also positiv sein.

Wenn wir anfangen die Tennistechnik zu lernen, dann stehen wir grundsätzlich vor einer *persönlichen Herausforderung*. Dies hat zur Folge eine gewisse *Angst oder Furcht* vor einem Versagen oder vor den erwarteten Schwierigkeiten, vor eventuellen Misserfolgen. Damit werden gewisse *biochemische Vorgänge* in unserem Gehirn hervorgerufen und schon sind wir in einer *Stresssituation* gelandet. Ich habe gestandene erwachsene und im Berufsleben erfolgreiche Tennisanfänger erlebt, die bei den ersten Schritten auf dem Tennisplatz Schweiß und Blut geschwitzt haben und vor lauter Angst kaum einen vernünftigen Schritt machen konnten. Viel deutlicher spürt man all das, wenn wir *eine gefährlichere oder risikovollere* Sportart erlernen wollen, wie z. B. Ski Alpin, Snowboardfahren, Eislaufen, Turnen, Turmspringen im Wassersport, Wildwasserkanusport, Motorsport usw. Im Prinzip besteht aber zwischen all diesen Versuchen kein Unterschied, nur die biologischen Vorgänge, die Angst und damit die *Stressstärke* oder *-tiefe* sind deutlicher zu spüren.

Der amerikanische Physiologe Walter B. Cannon hat schon 1914 die Bedeutung der *Katecholamine* (Dopamin, Noradrenalin und Adrenalin) für die Reaktion des Organismus auf eine Stressbelastung erkannt. Katecholamine sind einerseits *Hormone* und andererseits *Neurotransmitter* im Zentralnervensystem und damit im vegetativen Nervensystem. Die Ausschüttung dieser Hormone befähigt den Organismus z. B. zum Kampf, zur Überwindung und Bewältigung von Gefahren oder im Notfall zur Flucht. Diese kommt allerdings auf dem Tennisplatz eher selten vor. Was bei uns allerdings vorkommt, sind allerlei unterschiedliche Gefühle sowohl bei der Bewältigung der Technikentwicklung als auch im späteren Training oder im Match. Die Gefühle können recht positiv (geglückte Schlagfolge oder gewonnener Satz- oder Breakball), aber auch mehr als negativ sein (mehrere Doppelfehler oder Matchball gegen mich). Je schwieriger oder „bedrohlicher" die entsprechende Situation ist, umso mehr verändert sich unsere *Gefühlswelt* und umso schneller gleiten wir in eine problematischere Stresssituation.

Die biologischen Vorgänge während einer Stresssituation sind sehr weitreichend und wen diese interessieren, dem wird ein Studium der spezifischen Literatur empfohlen, denn die Beschreibung der menschlichen Reaktionen und der physiologischen Vorgänge in diversen Situationen bedarf einer sehr ausführlichen Erklärung und würde die Absichten und Ziele dieses Buchs verfehlen und seinen Rahmen sprengen.

2.3. Stressbewältigung und -ausnutzung

Für alles, was wir im Leben tun, müssen wir *im Gehirn* die erforderlichen *neuronalen Verschaltungen* heranbilden. Damit auch für *jeglichen Lernvorgang* und -fortschritt im Tennis. Um diese neuronalen Verschaltungen *bilden zu können,* müssen wir vor immer wieder *neue Probleme* und *Aufgaben* gestellt werden, die wir lösen müssen. Damit entstehen automatisch neue Stresssituationen. *Neue Lösungen bilden neue Verschaltungen und neue Verschaltungen ermöglichen neue Lösungen!* Wenn man immer nur das tut, was man immer getan hat, bekommt man immer nur das, was man immer bekommen hat. Und das ist sicherlich nicht im Sinne des geistigen oder körperlichen bzw. technischen Fortschritts. Das Netz von Verbindungen zwischen den Milliarden von Neuronen in unserem Gehirn ist viel dichter, als wir es uns vorstellen können und es hat unheimlich viele *Verzweigungen.*

„Es gibt kleinere *lokale Netzwerke* mit besonders *engen Verschaltungen,* in denen ganz bestimmte Informationen verarbeitet werden. Diese lokalen Netze sind mit anderen lokalen Netzen über Nervenfasern verbunden und bilden so *größere, komplexe Netzwerke*" (G. Hüther, 2013).

Die Schlussfolgerung daraus ist, dass bei jedem einzelnen Tennisschlag, auch z. B. bei einem Aufschlag, zum Teil auf die gleichen Netzwerke, zum Teil aber auch auf andere zurückgegriffen wird. Es gibt *keine Schläge, keine Bewegungen,* die sich absolut gleichen, jeder Schlag ist ein *Original,* eine *selbstständige Aktion,* die unser Gehirn unterschiedlich beansprucht. Wenn z. B. nach dem ersten verschlagenen Aufschlag beim Vorteil beim Gegner *Angst* vor einem Doppelfehler und einem Break entsteht, wodurch eine *Stressreaktion* eingeleitet wird, kann es zu einem „Chaos" und dadurch zu einem „Verkehrsunfall" in den verschiedenen Netzwerken kommen. Stress hat in solch einem Fall eine allgemeine Verkrampfung zur Folge, man „sucht" nach der richtigen Lösung im Gehirn, greift nicht auf den Automatismus zurück – und schon ist der Doppelfehler da.

Angst und die darauf folgende *Stressreaktion* können allerdings sowohl im Lernprozess als auch später in einem Match während einer prekären Situation *eine positive Reaktion* hervorrufen. Zu Beginn einer solchen Stresssituation wird das *noradrenerge System* aktiviert und das sorgt dafür, dass diejenigen neuronalen Verschaltungen, die erfolgreich so eine Situation lösen können, eingesetzt werden und dabei weiter ausgebaut, verbessert, gefestigt und schließlich erfolgreicher werden. Dadurch kommt es zu einer qualitativen *Verbesserung der neuronalen Verschaltungen* und bei eventuell vorkommenden ähnlichen Stresssituationen kann dann eine erfolgreiche *Lösung der Handlung* ohne Probleme erfolgen. *Das System lernt!*

> „Wir lernen etwas *Neues* richtig schnell und so, dass es auch sitzt, offenbar nur dann, wenn dieses sonderbare *noradrenerge System* in unserem Gehirn eingeschaltet wird, das uns *gehörig wachrüttelt* und dazu beiträgt, die zur Lösung des Problems, *zur Bewältigung der Angst* eingesetzten *Verschaltungen* erfolgreich zu bahnen" (G. Hüther, 2013).

Mit anderen Worten: Man muss Stress *positiv* sehen, als eine natürliche Reaktion, etwas, was auch *motivierend* wirken kann und soll (jetzt erst recht!), man muss das Problem als *Herausforderung* betrachten, als Aufgabe, die gelöst werden muss. Man muss in jede gestellte Aufgabe mit *Hoffnung auf Erfolg* und nicht mit Angst vor Misserfolg gehen. In diesem Zusammenhang möchte ich Jimmy Connors erwähnen. Ich habe selten einen Tennisspieler kennengelernt, der sich so aufputschen konnte und das besonders dann, wenn es nicht günstig für ihn aussah. Er war aber genauso in jeder Trainingseinheit ehrgeizig, kämpferisch, voll konzentriert, bissig, direkt verbissen, gegen sich selbst erbarmungslos. Von nichts kommt nichts. Er fightete um jeden Ball, egal wie der Punktestand war. Für ihn war jeder Schlag ein Matchball, weshalb dann ein tatsächlicher Matchball bei ihm keine stressige Besonderheit war.

Wenn wir diese Feststellungen auf den Lernprozess des Tennisspielers übertragen, dann wird damit eigentlich die *moderne Bewegungs- und Trainingslehre* im Bereich der motorischen Entwicklung *untermauert*. Man muss *Fehltritte*, Versuche, *die Suche schlechthin* und den damit verbundenen *Stress* als etwas *Selbstverständliches* verstehen, akzeptieren und respektieren. Das *neuronale System muss lernen*, mit jeder noch so schwierigen Situation fertigzuwerden und durch diesen Lern- und Entwicklungsprozess unter *Druckbedingungen* werden diese Lernerfolge und -fortschritte auf den gesamten Organismus übertragen, und damit auch auf die *Bewegungsqualität*, die *Technikentwicklung* und *Technikperfektionierung*. Das bedeutet allerdings, dass man den Spieler *auf die Suche* schicken muss, man muss ihn vor *Problemlösungen* stellen, die er meistern muss, er muss lernen, jegliche für ihn noch so schwierige Situation zu meistern und nicht negativ zu reagieren. *Frust* ist der *Feind* des Fortschritts.

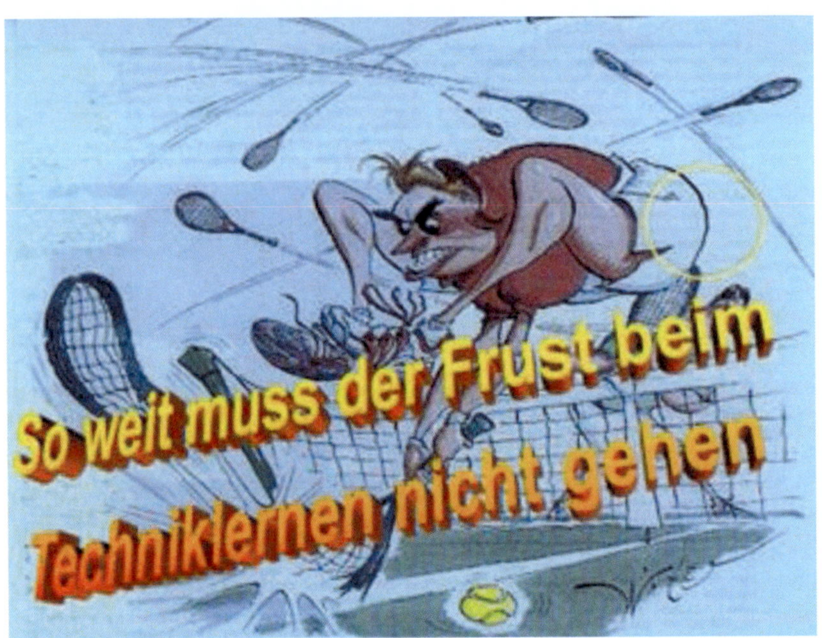

Abb.11.

Für einen Freikletterer kann jeder Schritt, jeder Griff in der steilen Wand zum Absturz und zum Tod führen. Für ihn ist es aber eine *Herausforderung* die Situation zu meistern, er darf nicht irgendwelchen Ängsten unterliegen und negative Stressgefühle, Frust oder Stressreaktionen an sich herankommen lassen. Das freie Klettern kann man sicherlich nicht mit einer Vorhand oder Rückhand auf festem Boden vergleichen. Umso leichter müssten wir es dann aber doch im Tennis bewältigen können. Auch bei dem besagten Break- oder Matchball.

Wenn jemandem alle Hürden weggeräumt werden, um es ihm leicht zu machen, dann lernt er die Bewältigung dieser Hürden nie. Und gerade dazu tendiert man immer wieder – mache es dem Schüler leicht. Was meint man eigentlich mit leicht? Hier sind sowohl die Trainer als auch die Eltern gefordert. *Leicht ist nur das, was man einwandfrei beherrscht,* dazu muss man sich allerdings erst einmal durch einen *Dschungel* von noch nicht beherrschten Schwierigkeiten durchkämpfen.

Das muss allerdings der Spieler selber tun, nicht der Trainer oder die Eltern und Händchenhalten funktioniert hier schon gar nicht. Es ist das *Gehirn des Spielers,* welches mit der Problematik fertigwerden muss! Kein anderes. Eine gewisse *Wegrichtung in dem Dschungel* kann oder muss sogar der Trainer vorgeben, den Weg muss aber der Spieler absolvieren.

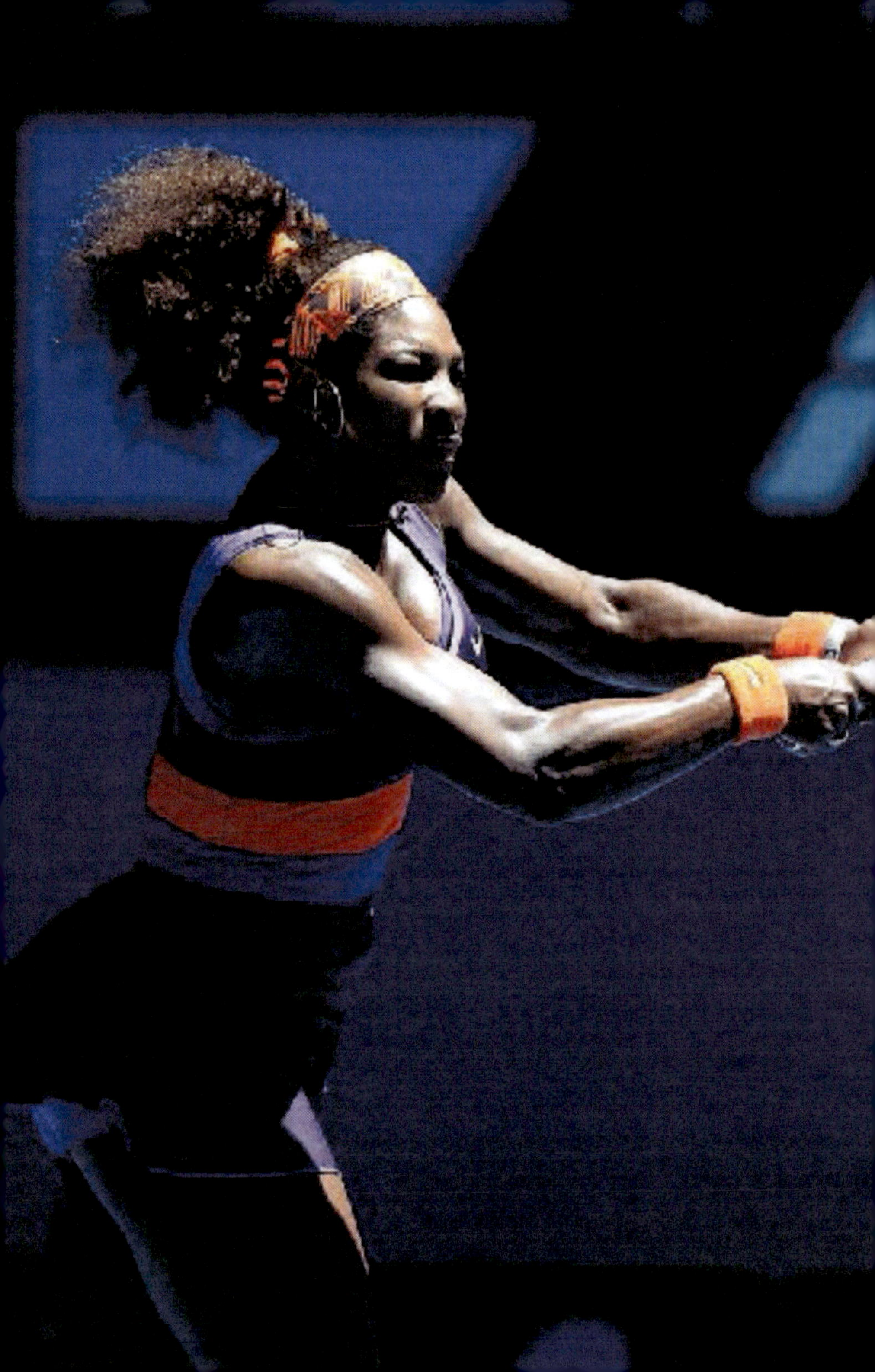

3 Angeborene Bewegungsfähigkeiten und -fertigkeiten

3.1. Bewegungsentstehung

Wie entstehen eigentlich Bewegungen? Sind Bewegungen grundsätzlich nur erlernt oder sind sie erworben? Oder beides?

Was versteht man eigentlich unter dem *Begriff Bewegung*? Einfach ausgedrückt ist eine Bewegung körperliche Betätigung und entsteht durch Zusammenziehen oder Anspannen der Muskeln, durch die oben erwähnte *Kontraktion*. Die Anweisung zu einer Bewegung kommt allerdings *vom Gehirn*. Der Muskel ist nur das ausführende Organ der *kognitiven* Entscheidung.

Der menschliche Körper ist von Natur aus für Bewegung bestimmt. Eine Vielzahl von Strukturen *hemmen und erregen* sich im Gehirn gegenseitig, um eine *flüssige Bewegung* zu gewährleisten, über die wir nur *selten bewusst nachdenken müssen*.

Es ist interessant, dass man sich bei der jahrzehntelangen Entwicklung der Tennistechnik, mit anderen Worten: in der *tennisspezifischen Bewegungslehre,* mit diesen Fragen kaum beschäftigt hat. Wieso können *kleine Kinder* viele

Bewegungsvariationen ausführen, ohne dass man sie diese lehrt, ohne dass man sie ihnen vormacht? Wieso sind *kleine Kinder* mit zunehmendem Alter fähig, *völlig selbstständig,* ohne fremde Hilfe alle möglichen Arten der Bewegungen weiterzuentwickeln, zu verbessern und zu präzisieren? Warum versuchen wir z. B. beim Techniklernen diesen Kindern Teile von Bewegungen oder ganze Bewegungen beizubringen, direkt aufzwingen, die den Kindern *fremd* sind, die diese nicht verstehen und die ihren *natürlichen* Bewegungsfähigkeiten, ihrem Bewegungsdrang und -gefühl sowie ihren Bewegungsfertigkeiten widersprechen? Warum haben wir fast ein Jahrhundert über jeden Anfänger z. B. in eine unnatürliche *geschlossene Beinposition* beim Schlag *gezwungen,* wenn dieser ohne solche Anweisungen und Druck unserseits grundsätzlich *offen* stand? Warum haben wir die *Ausholbewegung* nur auf den Arm konzentriert, wenn *jede natürliche Ausholbewegung* naturgemäß mit der *Körperrotation rückwärts* beginnt? Warum haben wir die *Ausholbewegung* weit, hoch, im Bogen oder wieder ganz flach gelehrt, wenn es jedes Kind automatisch natürlich macht? Warum hat man die *Ausschwungbewegung exakt vorgeschrieben* und schreibt sie nach wie vor noch weitgehend vor (z. B. über die Schlagschulter, über die andere Schulter, „Scheibenwischer“ usw.), wenn es jeder Mensch bei dem Abbremsen der Schlagbewegung natürlich macht? Warum versuchten wir jeden Tennisschlag am Anfang zu zerstückeln, wenn dieser als ein Ganzes eigentlich sehr gut schon in verkürzter und einfacherer und natürlicher Form *(Kernbewegung)* funktioniert hat, nur eben anders, als wir es vorgeschrieben haben? Warum haben wir die *vererbte Natürlichkeit der menschlichen Bewegung* missachtet? Warum haben wir uns recht *komplizierte Bewegungsabläufe* ausgedacht, anstatt eine einfache, ökonomische und *angeborene Bewegungsfähigkeit* zu akzeptieren und in die Technik zu übertragen? Warum haben wir auf der anderen Seite als Gegensatz schon den Anfänger vor komplexe, finale, *künstlich zusammengezimmerte* Bewegungsabläufe eines perfekten Kenners gestellt, die sogar dem Profi Schwierigkeiten machen würden? Was kann eigentlich erfolgreicher sein als der Erfolg? *Fragen über Fragen!*

Wie man feststellen kann, haben wir alle zusammen weltweit sehr *viele Fehler, die oben erwähnten Eigentore,* in der Bewegungslehre gemacht, und nicht nur dort. Ein Wort zumindest zu unser aller *Teil*entschuldigung – es waren *Fehler* *vorwiegend aus heutiger Sicht.* Wir haben in der Vergangenheit eben *nicht* das Wissen der heutigen Zeit gehabt, manchmal haben wir uns allerdings jeglicher neuen Strömung *mit Vehemenz* widersetzt und uns dagegengestellt, manch einer von uns tut das leider bis heute, was allerdings schwer zu verstehen ist. Um Missverständnissen vorzubeugen – selbstverständlich muss man nach wie vor den Spieler und seine Technik korrigieren, aber in einem ganz anderen Rahmen.

Als ich z. B. 1969 in einem VW-Werk in der Crashabteilung das erste Mal in der Tennisgeschichte die *Kontaktzeitdauer von Ball und Schläger* messen ließ und wir damals festgestellt haben, dass sie nur eine *Fünf- bis Dreitausendstelsekunde* beträgt, wurde ich von der damaligen einheimischen Trainergilde für verrückt erklärt. Übrigens, so ganz nebenbei: Ein Match wird in ca. 1–2 s entschieden. Das ist kein Witz. Der Kontakt zwischen Ball und Schläger beträgt jedes Mal ca. 0,004 s und bei ca. 500 Schlägen dauert er also summa summarum etwa zwei Sekunden. Und nur der Kontaktpunkt entscheidet über den Erfolg oder Misserfolg des geschlagenen Balls.

Man hat bis zu diesen Zeitpunkt noch gedacht, dass man den Ball im Schläger „empfangen" und in beliebige Richtungen „führen" kann. Mir wurde von einem der damaligen, sogar einem namhaften deutschen Kollegen öffentlich vorgeworfen, dass ich eben ein unfähiger Trainer und als Cheftrainer des DTB völlig fehl am Platz bin, wenn ich den Ball nicht „führen" kann. Das ist nur ein Beispiel aus der Geschichte. Ich könnte noch sehr viele weitere „Erlebnisse" bei den Empfehlungen für neue Wege nennen. Selbstverständlich war ich nicht als einziger „Revoluzzer" und „Bekloppter" betroffen, so ging es vielen progressiven Kollegen weltweit. Mit der Zeit sind wir klüger geworden und heutzutage ist das *internationale Fachwissen* dank vieler Experten auf einem sehr hohen Niveau angelangt. Tennis verfügt heute weltweit über exzellente Experten. Es existieren allerdings immer noch einige dunkle Ecken, in die man nicht oder nicht ganz vorgedrungen ist und die man beleuchten sollte.

Einige dieser *Ecken* versuche ich in diesem Buch zu entdecken und *zu beleuchten.* Den Anfang habe ich *mit den ersten zwei Kapiteln* gemacht und auf der

Basis der dort beschriebenen Tatsachen möchte ich das Bewegungslernen *vertiefen, verbessern, neu zu orientieren versuchen und den heutigen wissenschaftlichen Kenntnissen entsprechend in neue Richtungen leiten.* Man wird im weiteren Verlauf feststellen können, wie *wichtig und entscheidend* die Inhalte der ersten zwei Kapitel für die moderne Bewegungs- und Trainingslehre sind.

Die Geschichte des *Homo sapiens* reicht ca. 200.000 Jahre zurück. Den Beginn der Entwicklung der langen Reihe von „Vorfahren“ aus der Welt der Lebewesen vom Einzeller bis zum Homo sapiens schätzt man sogar auf viele Millionen Jahre zurück (hier können sich die Forscher noch immer nicht ganz einigen) (Abb. 12).

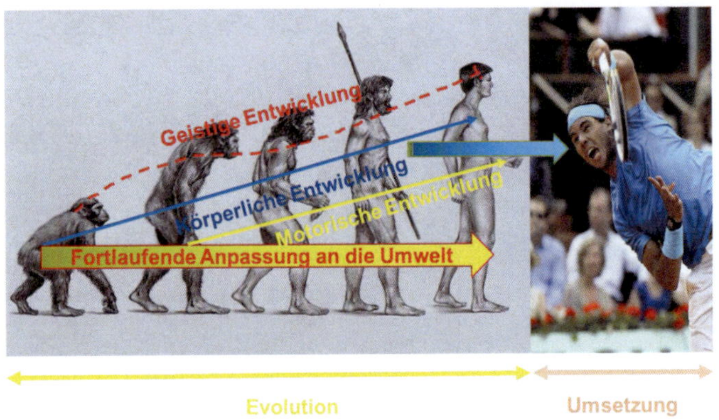

Abb. 12. Die Bewegungsentwicklung beruht auf natürlicher Evolution und spezifischer Manipulation (Umsetzung). „Bewegungslernen ist ein wesentlicher Bestandteil der evolutionären Entwicklung der Lebewesen“ (Quelle: Wikipedia).

Während dieser für uns aufgrund der relativ *kurzen Lebensdauer des Menschen* schwer vorstellbaren Zeitspanne hat sich der Mensch in allen seinen Eigenschaften nach und nach zu dem entwickelt, was er heute ist. Die Beurteilung, ob das heutige „Endprodukt“ das ist, was wir uns als Ideal vorstellen und was es eigentlich sein sollte, überlasse ich lieber dem Leser.

Auch der Homo sapiens ist nämlich weder vom Himmel gefallen, noch stammt er von Adam und Eva ab, sondern er ist das Produkt der lange Zeit andauernden *evolutionären Entwicklung* der Lebewesen schlechthin. Darwin lässt grüßen.

Heute ist man der Auffassung, dass der Mensch aus der *Aufspaltung* der letzten *gemeinsamen Vorfahren-Population* der *Schimpansen* und des *Menschen* stammt. Es ist bekannt, dass Schimpansen mehr Erbgut mit uns Menschen gemeinsam haben als alle anderen Lebewesen.

Diejenigen der beiden Teilpopulationen, aus der die Menschen hervorgingen, sowie alle ihre ausgestorbenen und noch lebenden Nachfahren werden als Hominiden bezeichnet (Abb. 13 a, b, c).

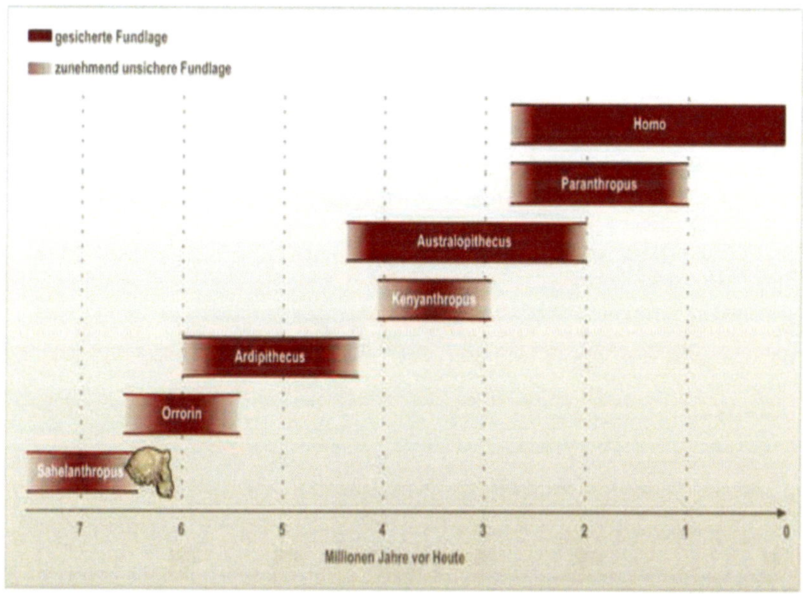

Abb. 13 a. Die Gattungen der Hominiden: Die zeitliche Abfolge lässt keine Rückschlüsse auf ihre verwandtschaftlichen Beziehungen zu.

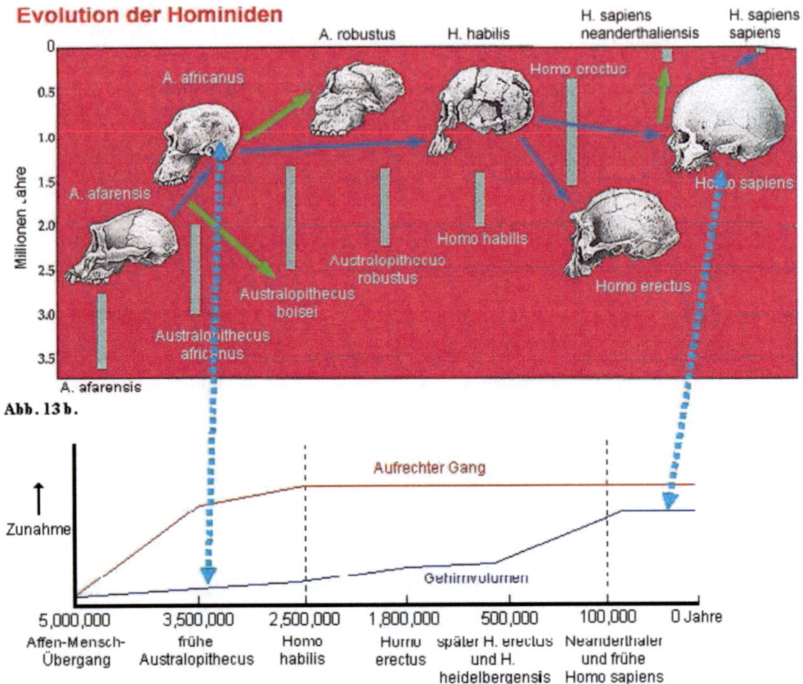

Abb. 13 b.

Abb. 13 c. Aus dieser Grafik geht hervor, dass die Vorfahren des Homo sapiens eine lange Zeitperiode von ca. 2.400.000 Jahren gebraucht haben, bevor sich das Wachstum des Gehirnvolumens dem aufrechten Gang (der körperlichen Anpassung und Entwicklung) angenähert hat. Das Gehirn des Australopithecus hatte noch die Größe des Gehirns eines Affen.

Zu den Hominiden (Familie der Primaten) zählt man heute noch lebende Orang-Utans, davon existieren nur noch 4500 Exemplare, Gorillas, Schimpansen und Menschen – von diesen existieren noch genug, um sich das Leben schwer zu machen. Eine merkwürdige „Verwandtschaft". Es würde wieder zu weit gehen, an dieser Stelle die ganze Geschichte der Entstehung der Erde (sie ist 4,5 Milliarden Jahre alt), des Lebens auf dieser Erde (Beginn vor ca. 3,5 Milliarden Jahren) und schließlich des Menschen zu schildern, denn das ist für unser Thema unwesentlich, ich verweise wiederum auf die entsprechende weitreichende und hervorragende Literatur der dafür zuständigen Forscher und Wissenschaftler. Diese kann ich allerdings nur empfehlen. Auf dieser Stelle soll nur andeutungsweise auf die millionenjährige Entwicklung des heutigen Menschen und damit des Gehirns hingewiesen werden, denn um unser Gehirn handelt es sich hier.

Fangen wir also gleich kurz nach der „Geburt" des Homo sapiens, des Menschen an. Im Verlauf dieser langen Periode mussten unsere Vorfahren pausenlos mit sehr vielen neuen Problemen fertigwerden und viele Hindernisse überspringen oder beseitigen, um zu überleben. Dadurch mussten sie immer wieder etwas Neues *begreifen* (Gehirntätigkeit) und *physisch umsetzen* lernen (motorische Tätigkeit), mit anderen Worten: fortlaufend *neue Bewegungen* entwickeln (Hirn- und Muskeltätigkeit).

In diesem Zusammenhang muss ich noch einmal die zwei ersten Kapitel erwähnen. Das Erste, was sich fortlaufend entwickeln musste, war das *Gehirn*, denn dort werden die *neuen Erfahrungen und Kenntnisse* gelagert, die Probleme „untersucht", nach *Lösungen* der Probleme *gesucht* und diese dann entworfen und entschieden und schließlich im Laufe der Zeit gespeichert. Es werden Erfahrungen und Kenntnisse gesammelt. *Vom Gehirn* werden dann alle *Befehle* und „Richtlinien" durch das PNS an den gesamten Organismus weitergeleitet. Der Organismus versucht diese Befehle zu bewältigen und *passt sich* nach und nach an (*er sucht*), er *lernt!* Es kam im Lauf der Jahrtausende zu einer *Weiterentwicklung und Anpassung* aller beanspruchten Organe und Körperteile der Lebewesen. Eigentlich wollen wir ja heutzutage *durch Training*, allerdings viel, viel schneller, *das gleiche* erzielen – *Anpassung und Weiterentwicklung des Organismus!* Wenn der ursprüngliche Homo sapiens überleben wollte, dann musste er sich mehr und mehr der bestehenden Umwelt *anpassen*. Das gilt übrigens bis heute. Wer dazu nicht fähig war, der ist eingegangen. So schlimm ist es im Tennis nicht, aber ohne *physiologische oder biochemische Anpassung* (üben, Training) gibt es auch im Tennis keine Fortschritte und schon gar keine Wimbledonsieger.

„Der Mensch reagiert nicht mechanisch auf äußere Reize, seine Entwicklung ist nicht nur biologische Reifung, er *handelt ziel- und zukunftsorientiert* und gestaltet damit *seine eigene Entwicklung* mit" (Örter, Montada, 1977)

Das sollten wir auch im Tennis beherzigen und verstehen lernen – *der Mensch* (der Spieler) muss *handeln, er* muss seine eigene Zukunftsentwicklung *selber gestalten* und einen *eigenen Weg* gehen, der Trainer kann nur durch sein Fachwissen und seine Erfahrungen Hinweise geben, den Weg *ebnen, entwerfen, zu erleichtern versuchen, lenken,* er kann ihn *nicht bilden oder bauen. Wege entstehen durch Gehen und gehen muss der Spieler selber,* man kann ihn nicht (zum Erfolg) *hin tragen.* Das muss man versuchen den Spielern, allerdings auch uns Trainern und oft auch den ungeduldigen Eltern, beizubringen. Dazu später mehr.

Von Natur aus sind Menschen mit bestimmten körperlichen und geistigen Fähigkeiten ausgestattet. Man spricht in diesem Zusammenhang vom *Erbgut* oder aber über *angeborene Fähigkeiten und Fertigkeiten.* Dies hat sich im Verlauf der Jahrtausende bzw. Jahrhunderte immer weiter vertieft, verfestigt und ausgeweitet.

„Durch die Biologie, vor allem durch *Genetik* und Verhaltensforschung, wissen wir heute besser, was *angeboren* bedeutet. So sind die *Instinkte als Erbkoordinationen,* als *angeborene,* artspezifische Handlungsschemata, *Verhaltensmuster,* Auslöse- und Reaktionsnormen erkannt und der empirischen Forschung zugänglich" (G. Hüther, 2013).

Ein Merkmal ist angeboren, wenn es von Geburt an vorhanden ist; es ist ererbt, wenn es sich aufgrund der Erbanlagen entwickelt. Es ist empfehlenswert sich diesen *feinen Unterschied* zu merken, denn sowohl diese Charakteristik als auch die daraus entstehende stufenweise Bewegungsentwicklung sind für die Bewegungs- und damit die Techniklehre von großer Wichtigkeit. Es ist übrigens auch ein sehr wichtiger Faktor bei der Talentsuche und Talentbestimmung.

Bei der Geburt sind *elementare motorische Fertigkeiten* angelegt, *angeboren.* Als solche bezeichnen wir das *Greifen, Sitzen, Krabbeln, Stehen und Laufen* (Gehen). Gott sei Dank müssen wir diese elementaren Fertigkeiten den Neuankömmlingen nicht beibringen, das wäre nämlich aus vielerlei Gründen nicht machbar. Versuchen sie z. B. einmal einem *Kleinkind verbal zu erklären,* was es machen muss, um *aus dem Stand* vorwärts zu gehen oder sich *aus der Liegeposition* zu setzen. Sie und das Kind haben keine Chance. Oder aber versuchen Sie einen Erwachsenen nach seiner Anweisung zu fragen, Sie aus dem aufrechten Stand zum Gehen zu bringen. In 99 % der Fälle wird er es nicht schaffen, wenn er die physikalische Begründung (z. B. die Newtonschen Axiome) nicht kennt. Unzählige Male habe ich bei verschiedenen Seminaren den Teilnehmern diese leichte und für einen Trainer eigentlich selbstverständliche *Pflichtaufgabe* gegeben. Man bekommt die unmöglichsten Hinweise, nur auf den *allerersten entscheidenden und natürlichen Hinweis* kommt kaum jemand, obwohl es jeder sein ganzes Leben *unbewusst, automatisch* macht. Manchmal lacht sich die Truppe bei den „Instruktionen" regelrecht „kaputt". Ich will es hier nicht verraten, versuchen Sie es selber herauszufinden.

Aus den *elementaren Fertigkeiten* entwickeln sich im weiteren Reifungsprozess aufgrund der *Erbanlagen* und *genetischen Voraussetzungen* automatisch ganz natürlich weitere *Grundformen der (sportlichen) Motorik* wie *Laufen (Rennen), Klettern, Springen, Balancieren, Fangen, Werfen.* Die *qualitative Entwicklung* dieser Grundformen entspricht allerdings den *Erbanlagen*. So wird z. B. jemand mit mehrheitlich *roten* Muskelfasern („Slow-Twitch-Fasern") nicht fähig sein einen Weltrekord im Sprint aufzustellen und umgekehrt wird man mit mehrheitlich *weißen* Muskelfasern („Fast-Twitch-Fasern") kein erfolgreicher Hochleistungssportler im Ausdauerbereich werden.

Da jedoch die meisten angeborenen Eigenschaften auch erblich sind und man umgekehrt erbliche Eigenschaften als „in latentem (verborgenen) Zustand angeboren" ansehen kann, wird diese Unterscheidung nicht so streng gehandhabt. Deshalb kann man schwer von angeborenen Strukturen und nur im Zweifelsfall von angeboren im strengen Sinne sprechen.

„Die meisten unserer Bewegungen enthalten *vorprogrammierte Bewegungsschemen*" (Brooks, 1986; Schmidt 1975).

Diese *Bewegungsschemen* können *im Rahmen des Talents* weiterentwickelt und auf eine *Vielzahl von Situationen* angewendet werden, indem sie vom ZNS an die *Anforderungen der Umgebung angepasst werden (Plastizität des Nervensystems)*. Dies ist ein *entscheidender Hinweis* für die *Neuorientierung der motorischen Entwicklung* und damit auch für die Technik und die moderne Bewegung- und Trainingslehre (siehe später).

3.2 Bewegungsentwicklungen

All diese eben aufgeführten Tatsachen haben wir in der *motorischen* und *tennistechnischen* Entwicklung in der Vergangenheit *weitgehend* vernachlässigt oder sogar ignoriert. Vielleicht tut es der eine oder der andere bis heute. Dafür wird eher über Bezeichnungen, Namen, Terminologien oder Bewegungsdetails gestritten.

In unserem Leben gibt es praktisch keine absolut neuen Bewegungen! Die Entwicklung der Tennistechnik, die Bewegungsentwicklung bzw. die motorischen Entwicklung schlechthin hat sich im Tennisbereich in der Vergangenheit in der Regel verselbstständigt, sie wurde praktisch *künstlich konstruiert*. Man missachtete oder unterschätzte die dem Menschen gegebenen *natürlichen Bewegungsmuster bzw. die angeborenen und vorprogrammierten Bewegungsschemen*. Anstatt diese zu nutzen wurden sie unterdrückt. Dabei sind sie in unserem Gehirn vorhanden, sie sind gespeichert (siehe Kapitel 1 und 2). *Jede neue Bewegung* ist eine *Variation*, eine *spezifische Erweiterung*, eine *Anpassung* der schon vorhandenen Bewegung an gegebene Anforderungen und den Bedarf. Dadurch erweitert und verdichtet sich die Anzahl der *Verhaltensmuster* und vor allem entstehen immer wieder *neue Verbindungen* zwischen den einzelnen Verhaltensmustern. *„Neue Interaktionen* (hier: neuronale Verbindungen und synaptische Verschaltungen; Anmerkung des Autors) können nur *im Rahmen* und auf der Grundlage bereits *etablierter Interaktionsmuster* ausgebildet und stabilisiert werden" (G. Hüther, 2013). Für die moderne Bewegungs- und Trainingslehre im Tennis bedeutet das eine *Abkehr* von den bisher zumeist praktizierten Methoden. Diese Feststellungen sind *ein Meilenstein* in der tennisspezifischen Bewegungslehre. Damit verändert sich wesentlich der gesamte Lehrvorgang und Lernvorgang.

Man muss von *zwei wichtigen Grundsätzen* ausgehen:

1. Das *entscheidende Organ* für jeglichen Fortschritt ist das *Gehirn* und seine neuronalen und biologischen Prozesse. Von dort aus werden jegliche Tätigkeiten und somit auch die Bewegungsfähigkeit gesteuert. Deswegen muss das Gehirn des Spielers mit dem notwenigen Wissen „gefüttert" werden, denn nur der *Akteur selber* kann seine motorische Entwicklung steuern. Man muss den Spieler (den Schüler) nach und nach wissend machen.

2. Man muss in der Bewegungs- und Trainingslehre die *natürlichen,* während Jahrtausenden entwickelten eingeprägten und *angeborenen Bewegungsgrundlagen* und *Bewegungsabläufe voll ausnutzen* und in die Tennistechnik integrieren.

Je mehr man über die sportwissenschaftlichen Grundlagen und die modernen Forschungsergebnisse Bescheid weiß, umso mehr kommt man zu der Erkenntnis, dass die *Tennistechnik eigentlich sehr einfach ist* und dass *es leicht sein muss,* sie jemandem beizubringen. Damit ist selbstverständlich *nicht* eine *eventuelle und für später angestrebte Leistungsfähigkeit* gemeint, diese muss man durch langjährige moderne Trainingsmethoden erst systematisch entwickeln. Dazu braucht man allerdings eine *ausgereifte Technik* und um diese handelt es sich hier.

Weit in der Vergangenheit haben unsere Vorfahren erkannt, dass man für das Überleben die entsprechende Ernährung braucht und dass man diese irgendwie beschaffen und „bearbeiten" oder „zurichten" muss. Man hat zuerst das benutzt, was vorlag – *Steine* (Abb. 14).

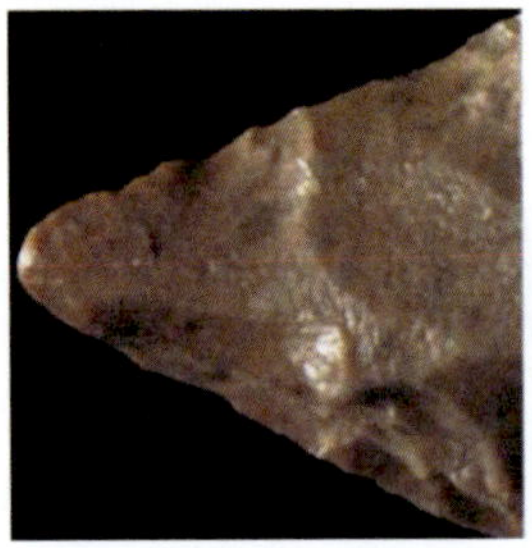
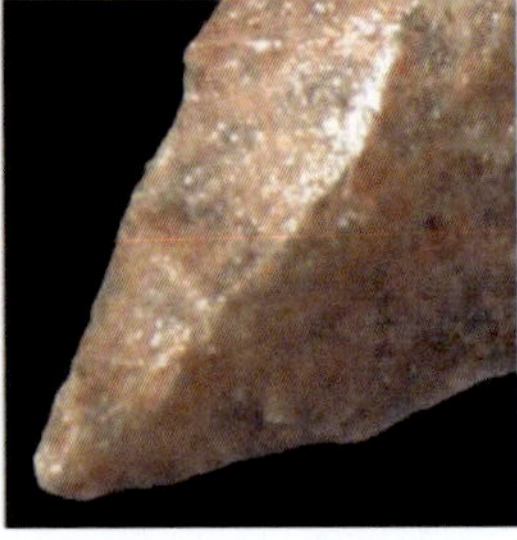
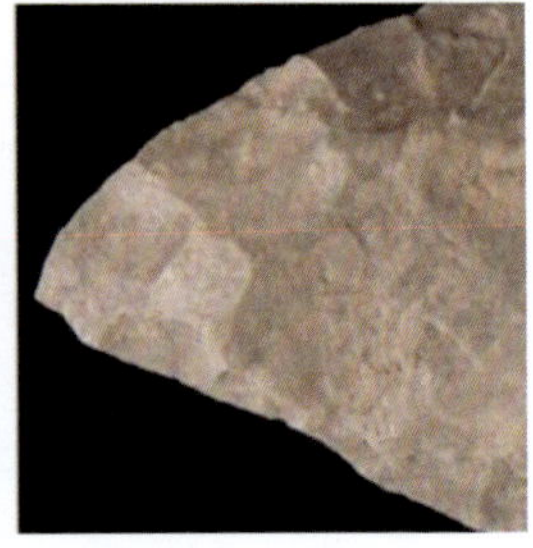

Abb. 14. Steinwerkzeug der Urahnen. Schon in dieser Periode hat der Mensch mit diesem einfachen „Werkzeug" die Geschicklichkeit (u. a. die Handfertigkeit) gelernt, die uns heutzutage auch bei der Entwicklung der Tennistechnik so hilfreich ist.

Man hat Steine bearbeitet und geformt und mit diesem Werkzeug hat man sich auf die Herstellung von „Bekleidung" aus Tierfellen konzentriert und auf die weitere Verarbeitung dieser Tiere, um den Hunger zu stillen. *Das Problem* war allerdings: Man musste das Tier erst einmal überhaupt erwischen, denn die Tiere waren in der Regel schneller und man konnte an diese sowohl mit List als auch mit Steinwürfen nur schwer herankommen.

Man hat das *Gehirn* zu Hilfe genommen und den *Speer* erfunden. Damit konnte man nicht nur weiter entfernte Tiere erlegen, sondern diese leichter töten oder mindestens laufunfähig machen (Abb. 15).

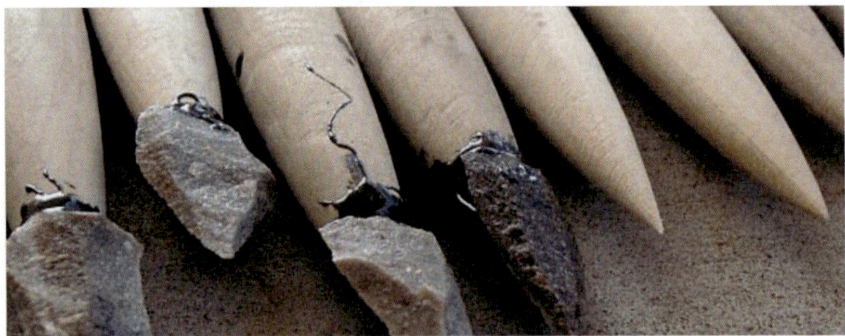

Abb. 15. Speere wurden in der Steinzeit mit Steinspitzen ergänzt.

Ohne dass es die damaligen Vorfahren ahnten (vom Tennisspiel waren sie noch 600.000 Jahre entfernt), haben sie den Grundstein für unseren Aufschlag gelegt. Aber nicht nur der Aufschlag, sondern *alle anderen Schläge* sind wie schon gesagt im Prinzip *Wurfbewegungen* mit dem Unterschied, dass man den Schläger in der Hand behält, was allerdings für den weiteren Verlauf des Ballwechsel sicherlich von Bedeutung ist.

Ich betone noch einmal: *Jeder Tennisschlag* ist praktisch eine Wurfbewegung. Man wirft, besser *schleudert* den Schläger gegen den Ball. Die Wurfbewegung ist eine der angeborenen Eigenschaften des Menschen (Abb. 16), die jedes Kind ohne Instruktionen kluger Erwachsener problemlos ausführen kann (Abb. 17 a). Auch schon ein achtjähriger Junge kann bei richtiger Anleitung einen technisch fast vollkommenen Aufschlag beherrschen (Abb. 17 b).

Es ist ein Irrtum zu glauben und falsch, es zu behaupten, dass kleine Kinder die Aufschlagbewegung nur schwer erlernen können. Das trifft nur dann zu, wenn man den *falschen Einstieg* wählt, wenn man den Kindern nicht erlaubt eine angeborene Bewegung auszuprobieren und umzusetzen und/oder wenn man die Aufschlagbewegung in zahlreiche Teile zerlegt oder aus der Aufschlagbewegung eine komplizierte „Wissenschaft" macht. Die Kinder sind fähig viel schneller zu lernen, als wir denken. Man muss sie nur lassen, ihnen *die Suche* ermöglichen und dafür *Zeit* geben. Wenn wir aber den Bewegungsablauf *künstlich* konstruieren und diktieren wollen und die natürliche Wurfbewegung nicht respektieren und nicht integrieren, dann verhindern wir, mindestens aber erschweren wir eine angeborene natürliche und schon vorhandene Bewegungsausführung.

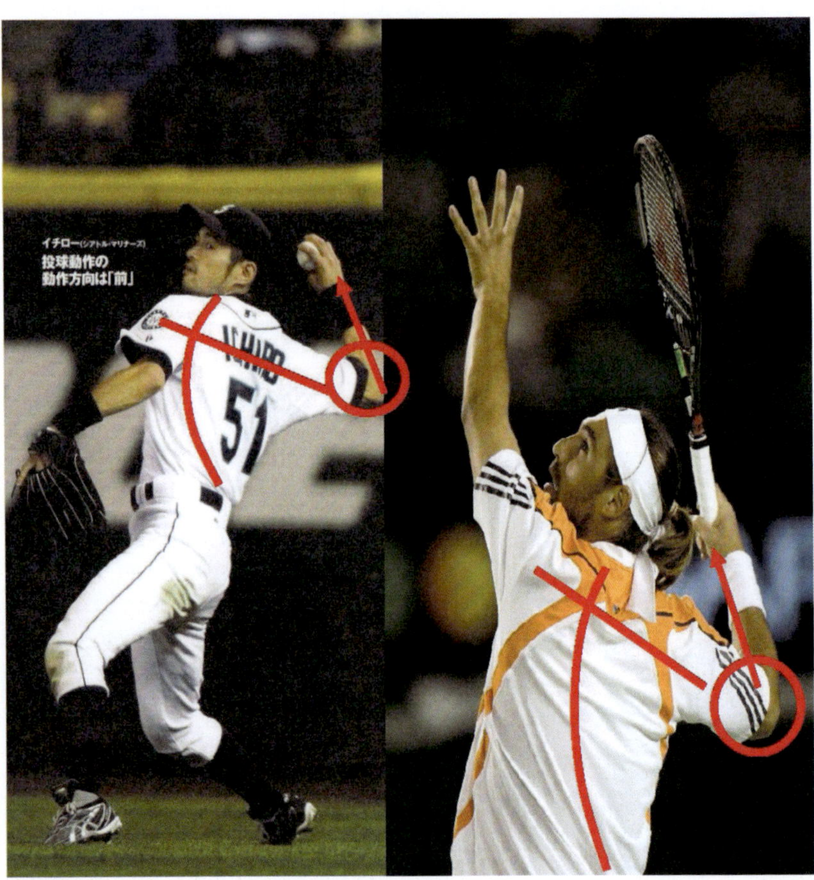

Abb. 16. Beim Vergleich dieser zwei Athleten stellt man eindeutig den engen biomechanischen (technischen) Zusammenhang zwischen einem Ballwurf und einem Aufschlag fest.

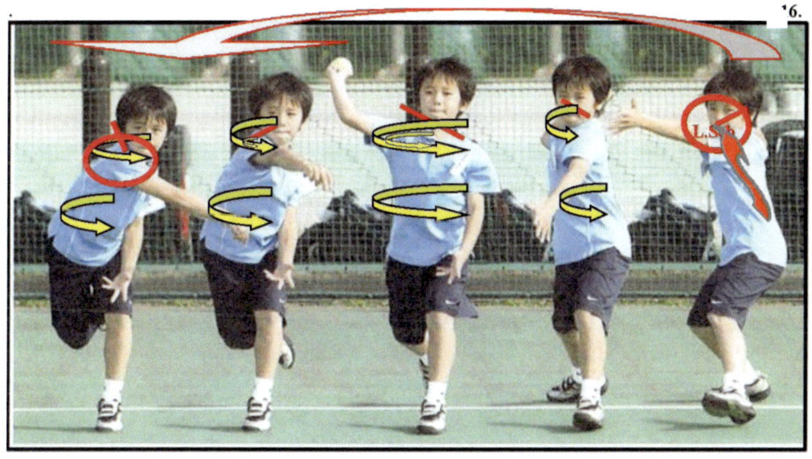

Abb. 17 a. Mit ziemlicher Sicherheit hat diesem kleinen Japaner niemand den Ballwurf erklärt oder beigebracht. Er macht es aber aufgrund der angeborenen Anlagen inklusive der Muskelvordehnung (Ausholbewegung) und der perfekten Hüft- und Oberkörperrotation fehlerfrei (Quelle: Tennis Magazine).

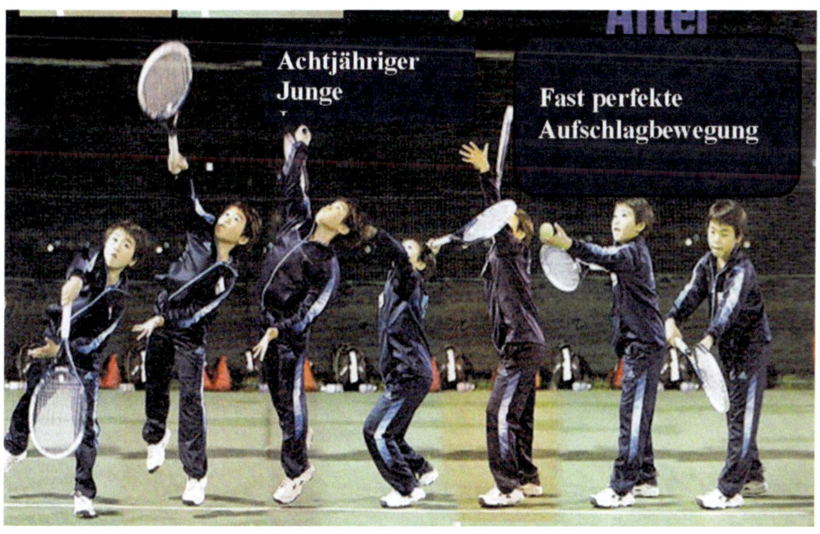

Abb. 17 b. Der kleine Junge kann dank der Übernahme der natürlichen Wurfbewegung schon einen fast perfekten Aufschlag ausführen (Quelle: Tennis Magazine).

Als ich noch in den *sechziger Jahren* in Österreich im *BMTC Mödling* bei Wien als Trainer tätig war (übrigens ein toller Klub mit tollen Mitgliedern – eine meiner schönsten Lebenserinnerungen), habe ich von den Klubmitgliedern kaputte Schläger gesammelt. Damals waren es noch ausschließlich Holzschläger. Ich besaß immer so um die dreißig Stück. Dann ließ ich meine jungen Schüler diese regelmäßig mit voller Wucht gegen den Zaun werfen. Das gefiel dem Platzwart allerdings weniger und führte zu etlichen „Disharmonien" mit ihm, aber die Spieler haben schnell begriffen, dass man den Schlag ohne viel Erklärung und Korrekturen erlernen kann.

Wenn man Kinder schon zwischen dem vierten und siebten/achten Lebensjahr z. B. *Tennisbälle maximal weit werfen lässt,* dann halten sie ganz automatisch fast hundertprozentig alle biomechanischen Prinzipien ein, obwohl sie von Biomechanik keine Ahnung haben. Sie drehen sich während der Ausholbewegung automatisch mit dem Rücken zur Wurfrichtung, sie führen mit der Wurfhand bzw. mit dem Handgelenk eine kleine Schleife hinter dem Rücken aus, sie stoßen sich von der Erde ab (actio – reactio), sie benutzen beim Wurf die Hüft- und Oberkörperrotation, sie rotieren in die Wurfrichtung usw. usw. (Abb. 17 a). Sie erfüllen ganz einfach und unwissentlich die Theorie der *funktionalen Bewegungsanalyse.* Es ist nämlich zu *betonen,* dass die *Anwurfgeschwindigkeit* den entscheidenden *Einfluss auf die Wurfweite* hat. Und die *Anwurfgeschwindigkeit* wird höher, wenn man das *ganze Bewegungssystem* einschaltet und es nicht nur dem Arm überlässt. Die *Abwurfgeschwindigkeit* ist in der Übertragung auf Tennis die *Schlag- und damit die Schlägergeschwindigkeit. So einfach ist es!*

3.3 Funktional Bewegungsanalyse

Das *Prinzip der funktionalen Bewegungsanalyse* stellt den modernen Weg der Beschreibung und die Analyse der wichtigsten Teile einer spezifischen Bewegung dar.

Jegliche *Bewegungsart* und alle *Bewegungsveränderungen* haben eine *Funktion* (Aufgabe/ Bedeutung) bzgl. eines *Ziels* einer Aufgabe. So hat z. B. die *Ausholbewegung* eine vielfältige (anatomische, physikalische, biomechanische, mechanische, physiologische) Funktion im Sinne der Vorbereitung des Organismus auf ein Ziel – auf die Schlagbewegung.

„Das *zentrale Anliegen* der Bewegungsanalyse ist, bei einer sportlichen Bewegung möglichst *umfassend und zweifelsfrei* all jene *Teile* zu erkennen, die bei der zu analysierenden Bewegung im Blick auf die zu lösende Bewegungsaufgabe *von Bedeutung sind*". Und weiter: „Unter einer *Funktionsphase* soll jener *Geschehensabschnitt verstanden werden*, für den sich aufzeigen lässt, dass das, was während dieses Geschehens *vom Bewegungssystem* ausgeführt wird, eine *bestimmte Funktion* hat – im Hinblick auf die mit der Bewegung zu *erreichenden Bewegungsziele* und die dabei einzuhaltenden Bedingungen" (Göhner, 2005).

Göhner war praktisch der „Erfinder" dieser Theorien und er hat damit das Begreifen und Erklären der motorischen Handlung gewissermaßen „revolutioniert". Man kann ihm dafür nur dankbar sein.

Diese neuen Wege der Technikanalyse widersprechen der alten „Ablaufanalyse", die fast ein Jahrhundert im Sport generell und damit auch im Tennissport angewendet wurde und die uns auf den *falschen Pfad* geführt hat. Man hat sich in der Regel bei irgendeinem Spitzenspieler nach eigener Beurteilung die „ideale" Bewegungsausführung eines Schlags ausgesucht und man hat dann diese Schlagtechnik in ihrem Bewegungsablauf bis ins letzte Detail beschrieben (leider meistens nach eigener subjektiver Denkweise und Interpretation), diese als ideale Technik beweisen wollen und dem Schüler *aufgezwungen, ohne* diese fundiert zu erklären und schon gar nicht wissenschaftlich zu begründen. Weil es in jeder Zeitperiode weltweit jede Menge Spitzenspieler und Zigtausende Trainer gab, gab es auch jede Menge unterschiedlich beurteilte „ideale" Techniken oder Technikteile. Dabei hat man den Sinn, *die Funktion* bzw. die *Aufgabe* und die *Ziele* der einzelnen Teile nicht berücksichtigt, nicht gekannt und damit nicht begründet und in der Regel sich darüber gar nicht den Kopf zerbrochen. Diese Vorgehensweise ist leider immer noch anhand der Mehrzahl der gängigen Reihenfotoabbildungen der Stars in vielen Tennismagazinen ersichtlich. Eine große positive Ausnahme ist das japanische „Tennis Magazine".

Alles, was wir im gesamten *motorischen Bereich* tun, „predigen", zeigen, präsentieren, demonstrieren usw., muss eine *nachweisbare* und *logische Erklärung, Begründung und Funktion* haben und *muss* zu einem positiven Ergebnis führen. Das, was man nicht erklären und begründen kann, wofür wir keine eindeutigen Nachweise aus der Sicht der Mechanik, der Anatomie, der Physiologie haben, wo wir die *Funktion* nicht wissen und/oder verstehen, kann man ja nicht als Empfehlung darstellen und schon gar nicht als gültiges, wissenschaftlich untermauertes Lehrmaterial benutzen. Am *Anfang* jeglicher Überlegung muss das Wort *warum* stehen *und darauf muss man die richtige und eindeutige Antwort wissen* (Abb. 18). *Nachprüfbarkeit ist das zentrale Prinzip der Wissenschaft!* Eine der *wichtigsten Eigenschaften jedes Trainers* muss schon deswegen eine *unbegrenzte Neugier* sein. *Jedes Warum* muss er beantworten können! Einstein hat einmal gesagt: „Ich habe keine besondere Begabung, sondern ich bin leidenschaftlich neugierig!"

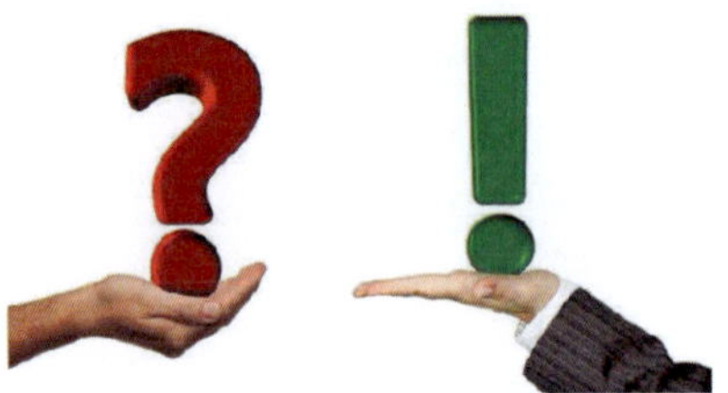

Abb. 18. Für alles, was wir tun, sind zwei entscheidende Begriffe die Voraussetzung zum Erfolg – warum und weil. Wenn man etwas tut oder behauptet, ohne es eindeutig begründen und die Richtigkeit beweisen zu können, dann sollte man sehr vorsichtig sein.

Warum muss man z. B. *ausholen,* was bezwecken wir damit, was ist das *Ziel* und die *Aufgabe* der *Ausholbewegung,* was passiert dabei physiologisch und mechanisch in der Muskulatur, welche Körperteile, welche Muskeln und wie und warum und in welcher Reihenfolge nehmen sie an der Ausholbewegung teil? Wenn man diese Fragen nicht eindeutig und wahrheitsgemäß beantworten kann, dann sollte man es lieber bleiben lassen und über eine Ausholbewegung lieber gar nicht diskutieren.

Selbstverständlich wissen die werfenden, springenden oder laufenden Kinder nicht, warum das, was sie tun, so ist, wie es ist, und weshalb genau sie es tun. Sie tun es aber und sogar richtig. Es sind eben *vererbte* und damit *natürliche* Bewegungen, die sie ausführen. Wir aber, die Lehrer, Trainer müssen wissen, um welche Bewegungen es sich handelt, *warum diese natürlichen Bewegungen richtig sind,* wir müssen diese *analysieren, begründen und erklären* können und das bis ins letzte Detail. Und wir müssen wissen, *wo und wie* wir diese vererbten Bewegungen ausnutzen und eventuell in unsere Disziplin integrieren können. Worin liegt z. B. der Unterschied zwischen einem Ballwurf oder einem Aufschlag, einer Vorhand oder Rückhand? Bei jeweils beiden gelten die gleichen *biomechanischen Prinzipien,* die gleichen *mechanischen Gesetze,* die gleichen *anatomischen Voraussetzungen* und es laufen die gleichen *biologischen Prozesse* ab. Und damit auch bei einem spezifisch modifizierten, im Prinzip aber gleichen Bewegungsablauf. Das gilt übrigens für alle sportlichen Disziplinen. Jegliche Bewegung, die dem *natürlichen Bewegungsvorgang* des Menschen *widerspricht* und seine *Individualität nicht respektiert,* kann nicht richtig sein und nicht zum Erfolg führen, denn sie *widerspricht* der natürlichen Arbeitsweise der jeweiligen Gelenke und deren Schwingungsweite.

Mit der detaillierten Erklärung der *funktionalen Bewegungsanalyse* werden wir uns im Zusammenhang mit dem Bewegungslernen noch in *Kapitel 7 und 12* beschäftigen.

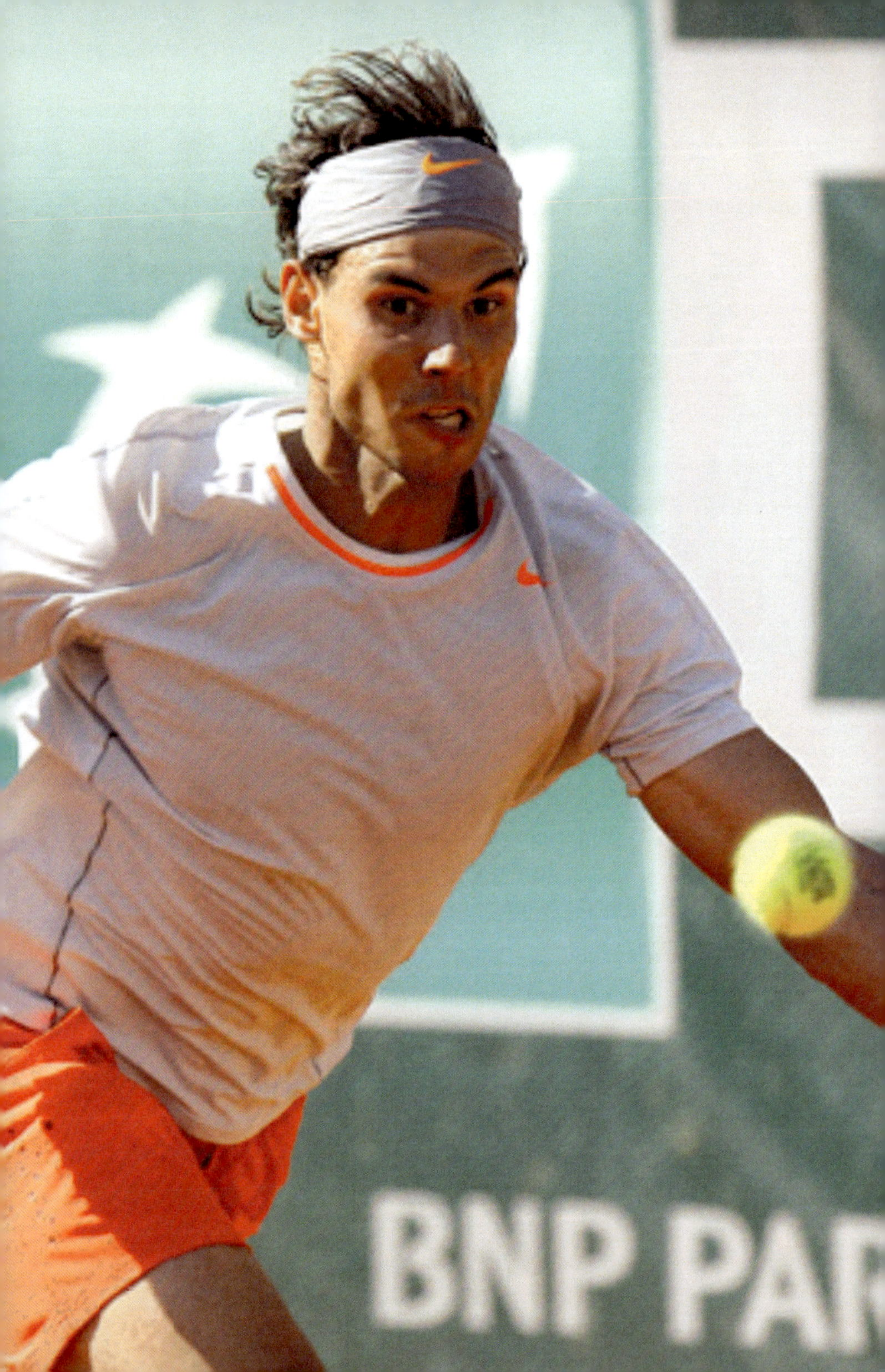
BNP PAR

4 Die Nichtwiederholbarkeit einer Bewegung

Gleich am Anfang dieses Kapitels ist es notwendig den russischen Wissenschaftler *Nikolai Alexandrowitsch Bernstein* (1896–1966) zu erwähnen (Abb. 19). Über ihn sagte ein führender deutscher Sportwissenschaftler, Peter Hirz, dass er *„der bedeutendste Bewegungsforscher des Jahrhunderts"* ist.

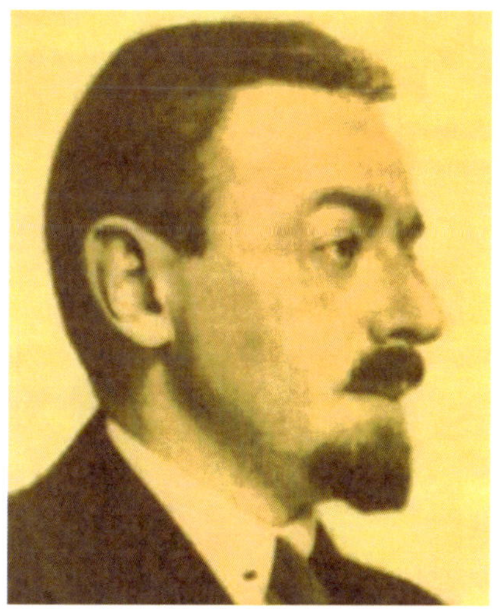

Abb. 19. Der Wissenschaftler Nikolai Alexandrowitsch Bernstein

Die Theorien von Bernstein werden nach wie vor als „die Theorien" in der Bewegungslehre betrachtet und praktisch alle neuen Ideen orientieren sich an den „Bernsteinschen" Theorien. Er hat nicht nur die Grundlagen der modernen Bewegungslehre gelegt, er hat diese revolutioniert.

4.1. Speichermöglichkeiten

Gibt es eigentlich eine „ideale" oder eine „reine" Bewegungsform z. B. einer Vorhand? Kann man diese speichern? *Selbstverständlich nicht!* Das wurde schon einige Male erwähnt und *begründet. Es gibt nur eine immer der jeweiligen Situation angepasste individuelle optimale Bewegungsform, mit der man eine Bewegungsaufgabe erfolgreich lösen kann!* Und weil es bei jeder Vorhand *unzählige situative Variationen* des Schlags gibt und jede Variation ein *Original* ist, welches sich in der gleichen Form *nie mehr* wiederholen kann (Abb. 21), kann man eine *einzige* Vorhandbewegung als eine *ideale nicht speichern,* denn dafür bräuchte man *tausendfach* exakt die gleichen *Wiederholungen der absolut gleichen Bewegungsform und -durchführung,* um die entsprechenden *strukturell festgelegten Verhaltensmuster* im *ZNS* auszubauen. Das ist nicht möglich. In Abbildung 20 ist bei derselben Spielerin der Vergleich bzgl. der unterschiedlichen Stellung *des Kopfes, des Schultergürtels* und der unterschiedlichen *Höhe des Treffpunktes* bei einer Vorhand deutlich zu sehen. Es gibt keine „ideale Bewegung", es gibt nur eine „optimale technische Lösung einer Situation"!

Bei weiteren Tausenden Vorhandschlägen der gleichen Spielerin werden Tausende weitere kleinere oder größere Bewegungsvariationen zum Vorschein kommen. M. Sharapova (Abb. 20) muss eben mit ihrer perfekten Vorhand alle möglichen situativen Anpassungen dieser Vorhand meistern können. Diese verschiedenartigen Variationen kann man aber nicht exakt vorgeben oder planen, sie ergeben sich aus dem Trainingssystem, bei dem die Spielerin eben Tausende Situationen lösen muss.

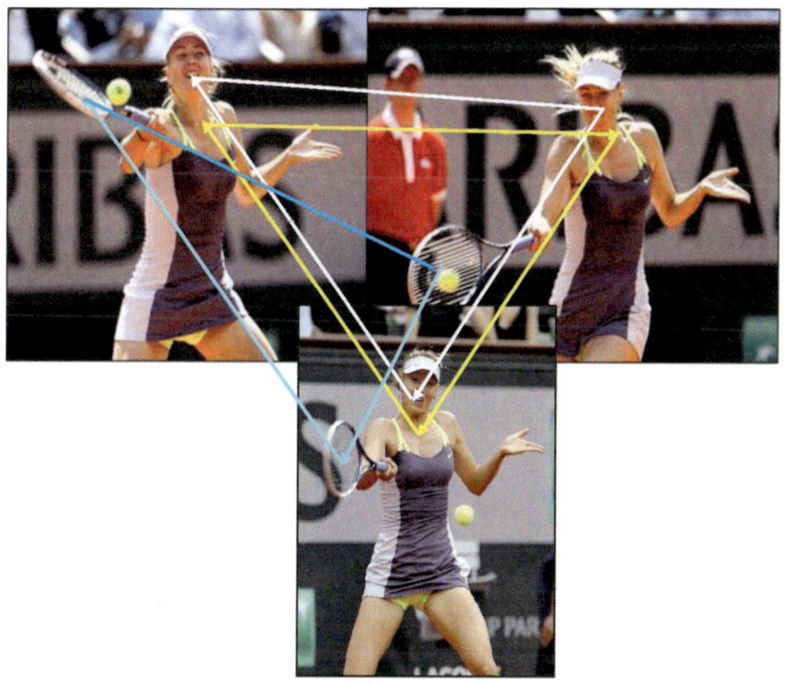

Abb. 20. Drei Vorhandschläge einer Spielerin in ähnlicher Schlagposition (fester Stand, der Ball kam in die absolute Nähe des Körpers) und trotzdem sind die markanten Unterschiede z. B. in der Kopfstellung (weiß), der Schulterstellung (gelb) oder dem Treffpunkt (blau) bei dem Schlag deutlich.

Im *Finalmatch der Australien Open 2014 Nadal – Wawrinka* hat *Nadal* laut meiner persönlichen Analyse *151 Vorhände* geschlagen. *Jeder dieser Vorhandschläge* wurde in einer *anderen* Situation, einer *anderen* Platzposition, einem *anderen* Treffpunkt, mit unterschiedlicher Geschwindigkeit sowohl des ankommenden als auch des geschlagenen Balls, mit *unterschiedlicher* taktischer Absicht, offensiv oder defensiv, mit *unterschiedlicher* Körpergeschwindigkeit, -neigung und -stellung während des Balltreffens, in *unterschiedliche* Richtungen, Höhen und Längen, mit *unterschiedlichen* Technikdetails, mit *unterschiedlicher* Ballrotation, auf *unterschiedlichen* Stellen des Platzes und bei *unterschiedlichem* Spielstand geschlagen. Wie und wann und wo sollte man nun die „ideale" oder „einzigartige" gespeicherte Vorhandbewegung, wenn es diese gäbe, suchen, finden und einsetzen? Und all diese Tausenden *Variationen* kann man nicht einzeln speichern; übrigens kämen bei einem länger andauernden Match ungefähr weitere 70–100 Vorhandschläge hinzu, die wiederum ganz unterschiedlich wären. Ein Beispiel der *Variation* unterschiedlicher Vorhandschläge von *R. Federer* in einem Match kann man der Bilderreihe in Abbildung 21 entnehmen. Jede Vorhand wurde in einem *unterschiedlichen Treffpunkt* geschlagen. Das bedeutet, dass sich Federer dieser Treffsituation *anpassen* musste. Daraus resultieren die unterschiedlichen Beinpositionen, die unterschiedlichen Körperstellungen, Schlagschritte usw. Der Spieler hat sich eben der oben ausführlich diskutierten *strukturellen Verhaltensmuster der Vorhand bzw. der Bewegungsweise* dieses Schlags bedient.

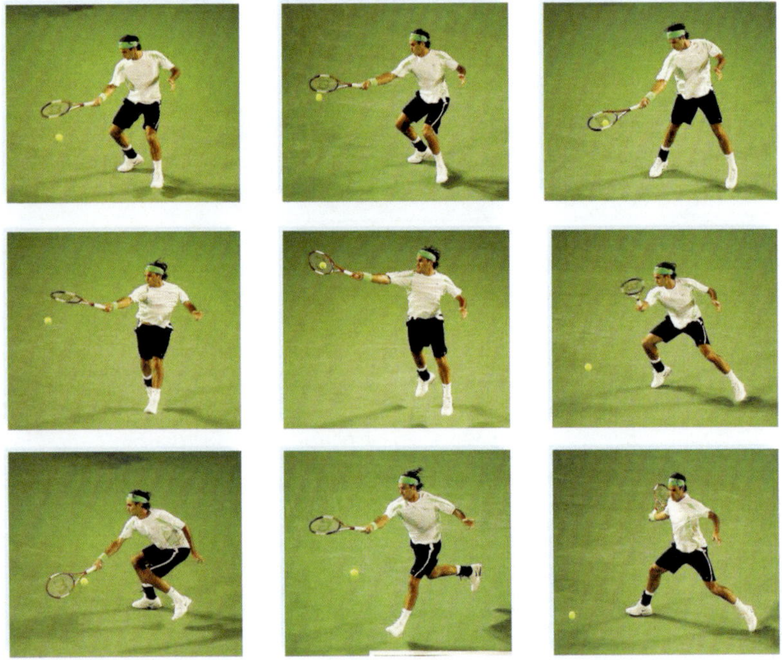

Abb. 21. Neun Schlagsituationen, neun unterschiedliche Treffpunkte, neun unterschiedliche Körperpositionen, neun unterschiedliche Beinstellungen usw.

„Die willkürliche Bewegung ist nicht die einfache Wiederholung einer zufälligen Bewegung. Auf solche Weise hat gewiss noch niemand eine Fertigkeit (Handwerk, Sport, Musizieren) erlernt. Das Lernen von Bewegungen folgt einer inneren Systematik. Es handelt sich dabei um eine allmähliche Differenzierung von Bewegungen und von sensorischen Daten, von einer Aufgliederung des Sinnesgebietes, einer Schaffung von Konstanten, einer Eingliederung der einzelnen Bewegungen in diesen Bereich (siehe auch Abbildung 61 und zugehörigen Text), was wiederum eine Differenzierung der Bewegungen, ein Erfassen ihres Maßes erfordert. Es ist ja gar nicht richtig, dass einzelne Bewegungen erlernt werden. Gelernt wird eine neue Bewegungsweise" (E. Strauß, 1978)

Ich empfehle dieses Zitat mindestens *dreimal zu lesen,* denn was er schreibt, stellt im Grunde ein *Gesetz* dar, bezogen auf unsere Tätigkeit.

Federer hat wahrscheinlich die beste Vorhand der bisherigen Tennisgeschichte, ist es aber eine einzige und immer gleiche Vorhand? Handelt es sich nicht vielmehr um die grenzenlose *Variabilität seines Vorhandschlags,* eben *die Bewegungsweise* (die Funktion), die diese Vorhand so perfekt macht? Selbstverständlich sind die *wichtigsten* technischen Faktoren *(Konstanten)* in jede seiner Vorhände integriert (z.B. Timing, die Weite und Höhe seiner Ausholbewegung, der für ihn typische spezifische und zusätzliche Handgelenkeinsatz während der Schlagbewegung und vieles mehr). Es sind aber *Tausende* perfekte kleinere und größere *Variationen* einer für ihn typischen *Bewegungsweise* seiner *phänomenalen* Vorhand.

„Aus dieser Sicht sind *„Bewegungsgewohnheiten"* zwar *„Frage-Antwort-Einheiten"*, die über den Organismus in das Umfeld hinausgreifen, aber es handelt sich bei Gewohnheiten bereits um *„fertige" Antworten,* die bei gegebenem Anlass stereotyp realisiert werden" (H. Titwald, 2012).

Was aber für das *Bewegen das Entscheidende* ist, das sind *nicht diese bereits verfestigten Muster* (welche allerdings auch *Erbkoordinationen* sind), sondern die „erbkoordinativen Bewegungsweisen", welche einen *optimal angepassten Umgang mit dem jeweiligen Problem* gewährleisten. Ein Kind braucht ein Jahr, um laufen zu können, ohne dass man es instruiert. Es löst das Problem ganz allein. *Als Erbkoordination* bezeichnet man das *angeborene Wissen zur Durchführung bestimmter Bewegungsabläufe*, die nicht erst gelernt werden müssen. Es wird auch als eine *Instinktbewegung* bezeichnet. „Ein Bewegungslernen, das davon ausgeht, *durch ständiges Wiederholen Fertigkeiten vorerst exakt einzuschleifen*, um sie dann *in einem zweiten Schritt* aufzubrechen und variabel verfügbar zu machen, stellt den Sachverhalt daher irgendwie auf den Kopf" (E. Straus, 1978). Genau das haben wir aber im Tennis *über 100 Jahre* getan – hundertfaches Wiederholen eines Schlags aus einem festen Stand heraus, nach einem ideal zugespielten Ball, in eine Richtung, um eine „ideale" und vor allem „vorgeschriebene" Schlagdurchführung technisch und richtungsmäßig „perfekt einzuschleifen", (die schon von mir kritisierte strenge Aufteilung in Grobform, Feinform und Stabilisierung) und wir haben uns danach gewundert, wenn es im Match in anderen Schlagsituationen nicht funktioniert hat.

4.2. Situatives Bewegungslernen und Trainieren

Man muss umdenken – man sollte heutzutage keine *Technik als solche* lehren und lernen mit all den bekannten bestehenden und vor allem konservativen Methoden, man lehrt und lernt *von Anfang an Situationslösungen*, in denen die *situative Technik* Schritt für Schritt entwickelt und eingebettet wird. Genauso wie eben das Kind das Gehen lernt. Es muss es immer wieder versuchen, x-mal auf die Nase fallen und dadurch Erfahrungen sammeln. Ein erfolgreicher Vorhandschlag z. B. ist die „Überwindung" eines im Wege stehenden Hindernisses, *die Lösung einer Aufgabe*, das *Meistern einer Situation*!

Nehmen wir ein anderes Beispiel, welches die *Nichtwiederholbarkeit einer Bewegung* dokumentiert – den *Aufschlag*. Wenn es möglich sein sollte eine Bewegung oder Bewegungsaufgabe perfekt einzuschleifen und zu speichern, dann müsste es der *Aufschlag* sein. Es ist der einzige Schlag im Tennis, dessen Durchführung der Gegner durch seine Tätigkeit nicht beeinflussen kann. Es ist angeblich der technisch anspruchsvollste Schlag, wenigstens wird es behauptet (ich bin etwas anderer Meinung – siehe die Ausführungen zu den natürlichen Wurfbewegungen), aber nach erfolgreicher Lernetappe und der Perfektionierung der Ausführung dürften keine Probleme bei seiner Anwendung entstehen. *Sie entstehen aber* und *das bei jedem einzelnen Aufschlagversuch!* Damit meine ich gar nicht so sehr einen eventuellen Doppelfehler, so ein „motorischer Unfall" kann immer passieren. Wenn aber die Aufschlagbewegung (eine äußerst exakte Bewegung) bis ins letzte Detail speicherbar und tatsächlich gespeichert wäre, dann müsste man doch *jeden Aufschlag punktgenau auf den beabsichtigten Punkt* schlagen können, es dürfte zu *keiner Streuung der Bälle* kommen. Das ist aber auch bei den besten Aufschlägern der Welt nicht möglich, wie z. B. die Streuung der Aufschläge von Djokovic in dem Match gegen Nadal bei den *Australien Open 2013* oder später bei den *US Open* dokumentiert (Abb. 22)! Auch die besten Tennisspieler der Welt streuen ihre Aufschläge und erreichen nicht das beabsichtiget Ziel. Warum wohl?

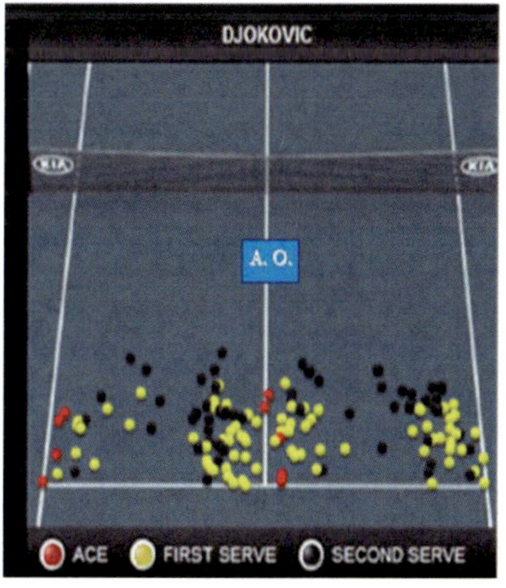

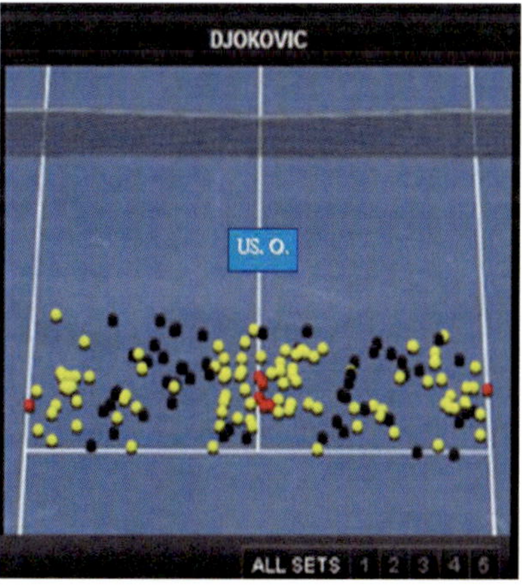

Abb. 22. Die relativ große Streuung der Bälle im Aufschlagfeld zeugt von der Unmöglichkeit eine „perfekte" und einmalige Aufschlagbewegung zu speichern. Besonders beim zweiten Aufschlag (schwarz) kann man die Vorsicht des Aufschlägers in der weiten Streuung beobachten.

Bei den AO hat Djokovic wesentlich besser und erfolgreicher gespielt als bei den US Open. Es ist interessant, dass sich dieser Unterschied schon merklich in der Aufschlagpräzision zeigt.

Die Antwort ist einfach – *jeder einzelne Aufschlag ist sein eigenes Original.* Beginnend mit dem Ballwurf und der folgenden Ausholbewegung bis zum Treffpunkt ist eine *lange Gliederkette* eingeschaltet (biomechanisches Prinzip der Koordination der Teilimpulse), die in der Reihenfolge des Einsatzes der einzelnen Glieder *perfekt* abgestimmt werden muss. Die verschiedenartige *Innervation* der einzelnen Glieder dieser Kette geschieht in *Millisekunden* und es sind weit über *300 Muskeln* daran beteiligt. Die ganze Aufschlagbewegung wird in *weniger als einer halben Sekunde* durchgeführt. Es ist dem Aufschläger *unmöglich* diesen Bewegungsablauf in den einzelnen Phasen *wissend oder bewusst* zu *steuern,* zu *kontrollieren* und zu *korrigieren* und im Gehirn zu speichern. Es handelt sich um eine sogenannte *ballistische Bewegung,* die sehr schnell durchgeführt wird und die während der Ausführung nicht mehr korrigierbar ist. (Ballismus von engl.: *ballism* bzw. griech. *βάλλειν (ballein)* bedeutet ‚werfen',„ schleudern'), es sind plötzliche, willkürliche, heftige Bewegungen und Schleuderbewegungen der Arme oder Beine (Hyperkinese). Es ist deswegen unmöglich bei den einzelnen Aufschlägen eine immer sich regelmäßig wiederholende *einheitliche, perfekte Koordination der Teilimpulse* zu erreichen, die bei einer Speicherung der optimalen und einzigartigen Aufschlagbewegung im ZNS automatisch abrufbar sein müsste.

„Es ist nicht richtig, dass einzelne Bewegungen erlernt werden. *Gelernt wird eine neue Bewegungsweise*" – siehe oben. Es handelt sich demnach um das *Erlernen* oder später um eine *Perfektionierung* einer Vorhand-, Rückhand-, Aufschlag-, Volley- oder Schmetterball*bewegungsweise,* schlichtweg um eine „allmähliche Differenzierung von Bewegungen". Das beginnt schon beim Anfänger und entwickelt sich mit dem Spieler weiter – bis zum Wimbledonsieger.

Wenn dies alles bei einem Aufschlag nicht möglich ist, bei dem man Herr der Lage, der Durchführung und der Zeit ist und von nichts und niemandem beeinflusst wird, wie sollte das dann bei einer Vorhand oder Rückhand im Eifer des Gefechts möglich sein?

„Laut Bernstein sind die *Beziehungen zwischen einer Bewegung und den enervierenden Impulsen,* die die Bewegung auslösen, *sehr komplex.* Je größer die *funktionelle Kluft* zwischen dem enervierenden Zentrum und der Bewegungsperipherie ist, desto komplexer und instabiler sind die Beziehungen" (Prof. Dr. M. Metoui).

Zum Beispiel kann man bei einer *Vorhand im vollen Lauf* außerhalb der Seitenlinie (Abb. 23) sicherlich annehmen, dass *die Kluft* recht *groß* ist und die *Beziehungen instabil* sind. Dass in solchem Fall die Fehlerquote sogar bei den absoluten Könnern steigt, ist natürlich und verständlich.

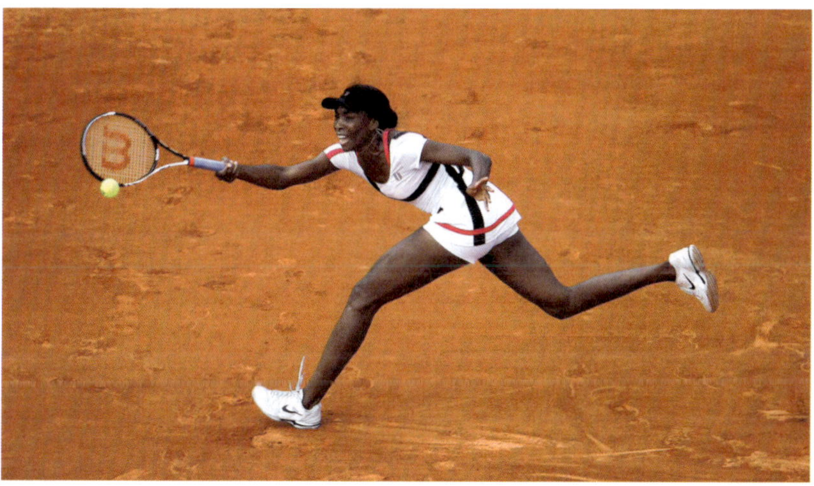

Abb. 23. Bei dieser Schlagposition kann man wahrhaftig nicht von stabilen Beziehungen zwischen dem enervierenden Zentrum und der Bewegungsperipherie sprechen. Trotzdem muss der Spieler solche Schläge erfolgreich meistern lernen.

Das gleiche gilt z. B. für Golf. Warum konnte auch in seiner erfolgreichsten Zeit der früher so perfekte Golfkönig Tiger Woods den ruhenden Ball aus einer Entfernung von z. B. 70 Metern nicht direkt ins oder unmittelbar ans Loch schlagen? Zigtausendfach hat er das seit seiner Kindheit geübt und in Turnieren durchgeführt und es kommt immer wieder zu einer größeren oder kleineren *Streuung* der Bälle, selbstverständlich bei ihm zu einer unbeschreiblich kleineren als z. B. bei so einem Golfstümper wie ich es bin, aber auch so ein Genie hat diesen „einfachen" Schlag, diese motorische Bewegung nicht im ZNS gespeichert, auch bei ihm handelt es sich um eine gespeicherte *Bewegungsweise eines Annäherungsschlags* mit vielen einzelnen beabsichtigten und unbeabsichtigten integrierten Variationen. Ich betone noch einmal – jeder einzelne Schlag (Golfschlag, Tennisschlag) ist ein Original, der sich in allen Einzelheiten so nicht mehr wiederholt. Bei jedem Schlag muss man immer wieder von neuem auf die „Suche" nach der optimalen Lösung gehen.

Ein noch eindeutigerer Beweis für die Nichtwiederholbarkeit einer Bewegung ist die *eigene Unterschrift*. Tausendfach im Leben bei unzähligen Gelegenheiten wiederholt und trotzdem schafft man es nicht einmal, zwei Unterschriften absolut gleich zu gestalten (Abb. 24).

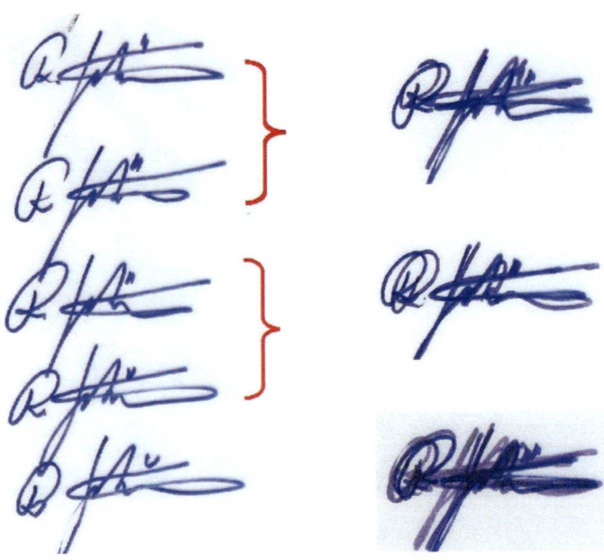

Abb. 24.

In der Abbildung sind fünf Unterschriften von mir. Auf den ersten Blick könnte man meinen, dass sie identisch sind. Der Schein trügt aber. Wenn man z. B. die ersten zwei übereinanderlegt, dann erkennt man sofort den Unterschied. Das gleiche sieht man beim zweiten Paar. Und wenn man das gleiche mit allen fünf versucht, dann ist es ein richtiges „Durcheinander". Dabei muss man ja nicht den ganzen Körper einsetzen, man sitzt bequem auf dem Sessel, legt den Arm auf dem Tisch und bewegt praktisch *nur die Hand und das Handgelenk* und vielleicht ein wenig den Unterarm. Hier ist die Koordinationskette wesentlich verkürzt, mit einem Tennisschlag gar nicht zu vergleichen. *Die Hand* besteht allerdings aus *41 Knochen* und *33 Muskeln* und diese sollen jedes Mal absolut einheitlich koordiniert werden (Abb. 25 a–c)? Das geht einfach nicht.

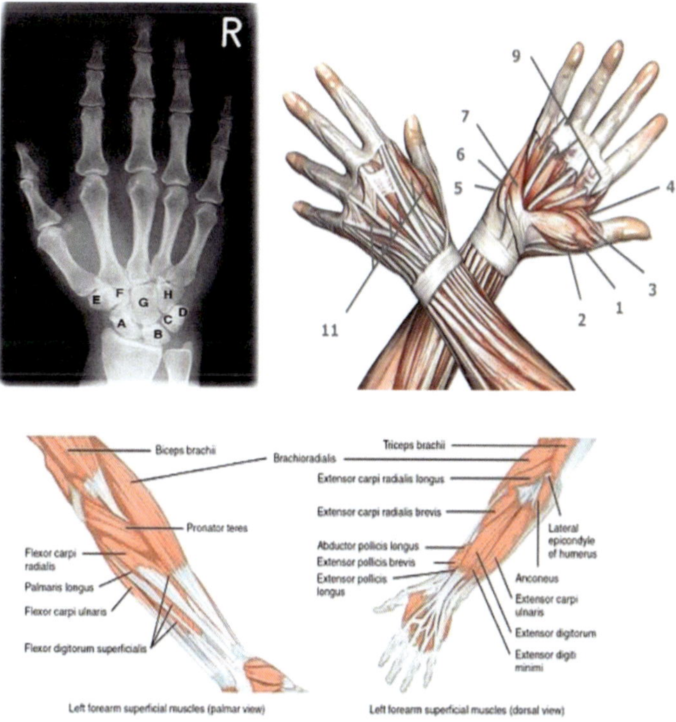

Abb. 25 a - c. Die Hand ist der am feinsten gegliederte Teil unseres Körpers, und der uns filigrane Arbeit ermöglicht. Auch sie ist eine Folge der evolutionären Entwicklung der Lebewesen (Quelle: Wikipedia).

Man könnte noch sehr viele Beispiele aus dem Sport und aus dem normalen Leben erwähnen und immer wieder kommt man zu derselben Schlussfolgerung – für jede Art der Bewegung entstehen im Gehirn *neue neuronale Ver-*

schaltungen, diese werden aber bei der Wiederholung der Bewegung in einer unterschiedlichen Situation immer wieder ausgeweitet, weiter mit anderen *vernetzt, kombiniert* und so entstehen zwar Speichervorgänge im ZNS, diese betreffen aber die *ganze Variabilität* der gewissen Bewegung, nicht eine einzige exakte Bewegung als solche. Ich wiederhole einen Teil des Zitats von G. Hüther: „(...) Jedes dieser Netzwerke besitzt *strukturell festgelegte Verhaltensmuster* mit anderen Netzwerken, die im Verlauf der Ontogenese (*struktureller Wandel;* Anmerkung des Autors) herausgebildet und *zeitlebens durch die Art ihrer Nutzung um- und überformt* werden (experience-dependent plasticity)."

Ich möchte die *Idee* aus dem Buch dieses zitierten Wissenschaftlers, die mir gefiel, aufgreifen und auf unser Thema beziehen. Er sagt sinngemäß: Bei der Entstehung einer Bewegung werden viele Pfade benutzt. Diese werden nach und nach bei Wiederholungen zu breiteren Wegen, dann zu regelrechten Straßen und schließlich zu Autobahnen erweitert und ausgebaut. Die Autobahn hat aber drei oder vier Spuren und man muss diese dem Verkehr entsprechend oft wechseln.

Ich habe versucht diese beeindruckende *Idee* etwas anders zu formulieren. Zuerst fließen aus der Erde unzählige kleine Quellen, diese bilden dann kleine Bächlein, diese werden dann mit Zunahme anderer Bächlein zu einem Bach. Mehrere Bäche bilden schließlich einen kleinen Fluss und durch die Vereinigung mehrere kleiner Flüsse entsteht z. B. die Donau. Diese fließt aber auf jedem Zentimeter anders, sie fließt zwar immer in die gleiche Richtung, aber *der Strom passt sich immer wieder der unmittelbaren Umgebung an.* Schon Heraklit von Ephesos (Abb. 26), Denker und Philosoph des Abendlands, formulierte ca. 400 Jahre v. Chr. folgende Weisheit: *Man steigt niemals zweimal in den gleichen Fluss!* Alles fließt, alles verändert sich.

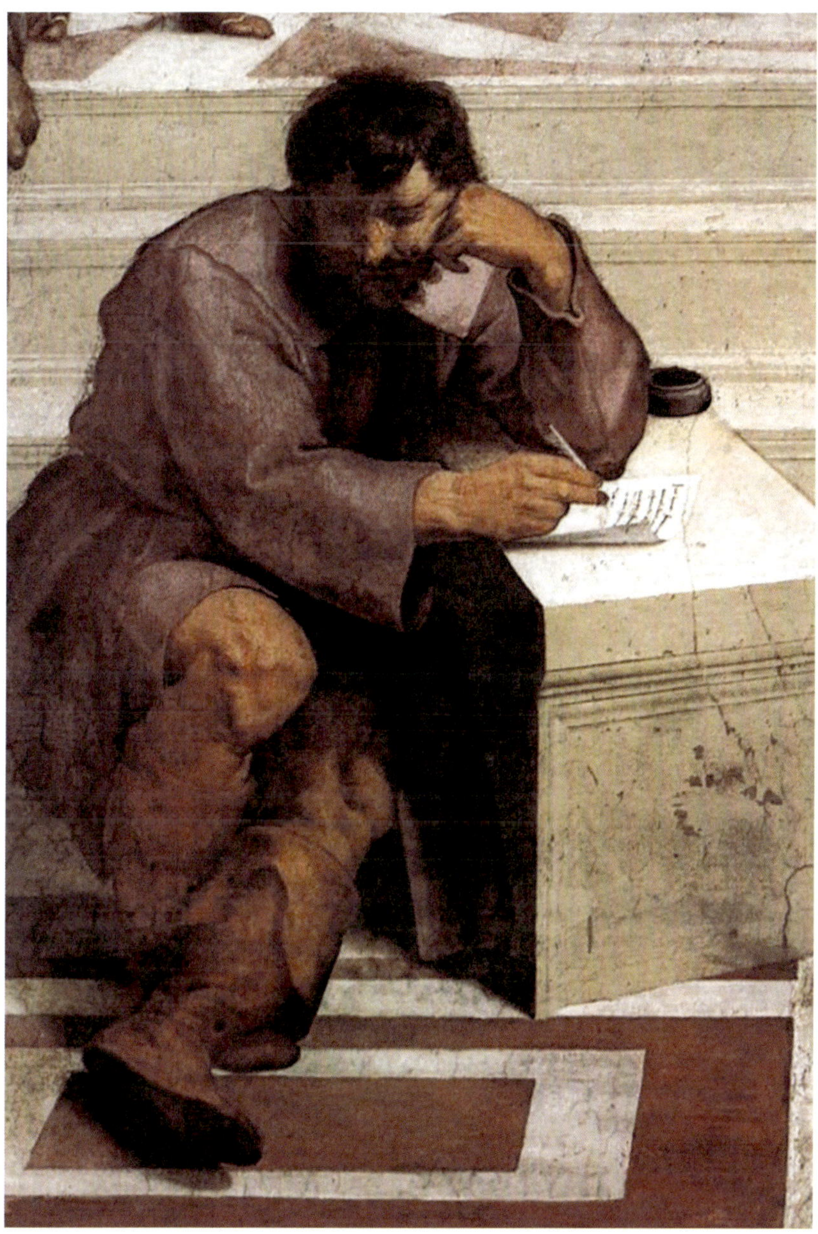

Abb. 26. Heraklit von Ephesos in der Gestalt Michelangelos, Detailansicht aus Raphaels Die Schule von Athen (1510–1511), Fresko in der Stanza della Segnatura, Vatikan

Auch die neu entstandene Bewegung wird nicht einspurig vollzogen, man ist gezwungen nach Not bzw. den Umständen die Spur zu wechseln, man improvisiert, variiert allerdings innerhalb der „Autobahn", innerhalb der *Bewegungsweise,* innerhalb der gespeicherten *Bewegungsmuster*. Das gleiche gilt bei der Fortbewegung z. B. in einem Kanu oder Kajak flussabwärts. Man ist immer auf dem gleichen Fluss unterwegs, aber bei jedem Zentimeter der Flussfahrt muss man sich dem wechselnden Stromfluss anpassen, jedes Mal ist man auf einem „anderen" Fluss.

Die alten als auch die neuen Bewegungen werden durch das ZNS initiiert. Das bedeutet, dass *im Gehirn* immer wieder neue *Veränderungen in der Zellstruktur* stattfinden. „Eine Zelle kann sich nur verändern, indem sie die Art des Zusammenwirkens ihrer Teile verändert". Bei jedem Tennisschlag wird das Gehirn angeregt, nicht nur auf dem efferenten Weg die Botschaft über das PNS an die zuständige Zellstruktur des beteiligten Muskels weiterzuleiten, sondern auch auf dem afferenten Weg die *Kontrolle* über das Resultat auszuüben (Abb. 27). Wenn allerdings der Versuch falsch war, kommt es zu einer Überprüfung und einem Vergleich im Kleinhirn und die neue Order wird über das Großhirn an die Peripherie weitergeleitet (Abb. 28).

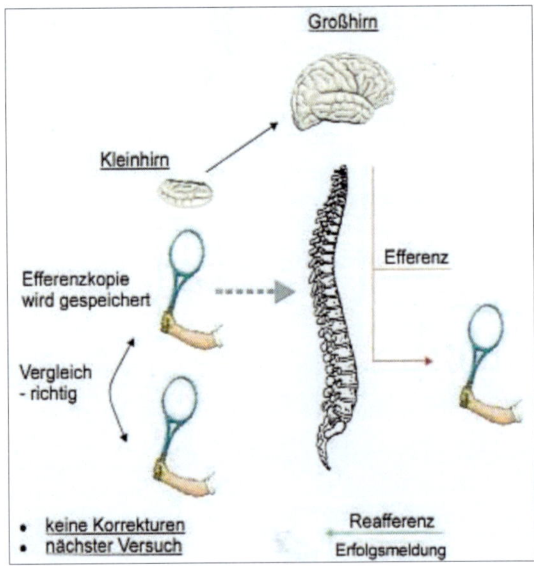

Abb. 27. Gelungene Ausführung

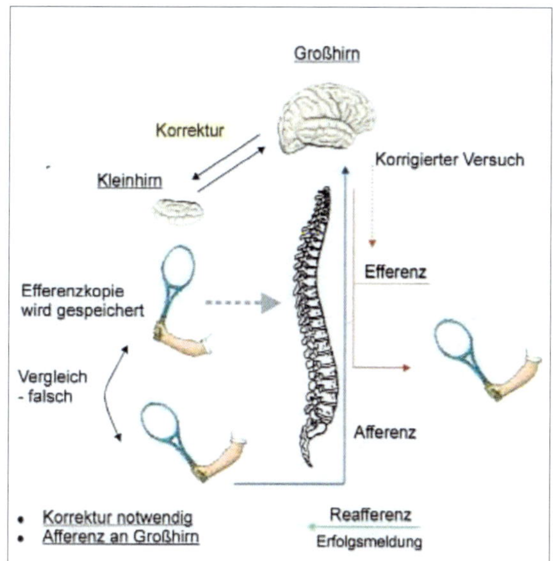

Abb. 28. Nicht gelungene Ausführung, Korrektur notwendig

Man muss nur in Betracht ziehen, dass diese „Schlinge" *in Millisekunden* abläuft, sie kann nicht bewusst kontrolliert oder sogar während der Schlagausführung korrigiert werden (ballistische Bewegung). Erst das Resultat zeigt uns das eventuell vorangegangene Problem. Weil aber jede Schlagausführung anders, „neu" und nicht gemäß einer exakten „Kopie" einer vermeintlich gespeicherten Bewegungsausführung ausgeführt werden kann, sondern sich immer wieder der Situation, in der diese Bewegung eingesetzt wird, anpassen muss, ist es notwendig sowohl den *Lernprozess* als auch den nachfolgenden *Trainingsprozess* so zu gestalten, dass diese den *Bedürfnissen* der situativen Lösung entsprechen. Ohne *Variationsfähigkeit* der Bewegung ist es nicht möglich die unterschiedlichen Schlagaufgaben auf dem Platz erfolgreich zu lösen.

Das, was z. B. in der Zeit der Entstehung dieses Buchs Nadal, Djokovic, neulich Wawrinka, Ferrer oder Nishikori, S. Williams und etliche andere Topspieler und -spielerinnen auszeichnet und den „kleinen" Unterschied zum derzeitigen Rest der Weltelite ausmacht, ist die phänomenale und erfolgreiche *Lösungsfähigkeit bzgl. fast aller der schwierigsten Situationen*. Deren Ursache ist nicht nur die ausgezeichnete Beweglichkeit (Schwingungsweite der Gelenke), die

Schnelligkeit (Start- und Explosivkraft, Beschleunigung), das Kraftpotenzial oder die technische Virtuosität in allen Schlagarten, sondern ebenso die *extreme Anpassungsfähigkeit und Improvisationskunst* der technischen Elemente an die gegebene Situation. Damit ist die *Abrufbarkeit* der strukturell *festgelegten Verhaltensmuster* gemeint. Sogar der hervorragende Weltspitzenspieler und „Tenniskaiser" des letzten Jahrzehnts *Roger Federer* hat diese Fähigkeiten *in diesem umfangreichen Ausmaß* nicht vollständig zur Verfügung. Er war und ist der König, solange er das Spiel, die Rallye diktierte oder diktieren kann, wenn er aber auf der Rückhandseite vor allem bei hohen Treffpunkten in kritische Positionen geraten ist oder gerät, hat er gewisse Probleme. Nicht immer, schließlich ist er neben Rod Laver und vielleicht Djokovic meiner Meinung nach der beste Tennisspieler der bisherigen Tennisgeschichte, wenigstens der fast siebzigjährigen Epoche, die ich selber erlebt habe. Trotzdem hat auch er gewisse „Schwächen" und eine dieser ist eben die *Improvisationsfähigkeit* in gewissen schwierigsten Rückhandpositionen und -situationen. Das war meiner Meinung auch der Hauptgrund seiner *kleinen* „Leistungsschwäche" in den Jahren 2010–2014 (den Jahren des Entstehens dieses Buchs), auf keinen Fall ist es eine abnehmende Qualität seiner Schläge oder seiner Kondition. Das, was heutzutage u. a. *Nadal* oder *Djokovic* erfolgreich „ausgraben" können, ist manchmal unglaublich und bewunderungswert (Abb. 29, 30).

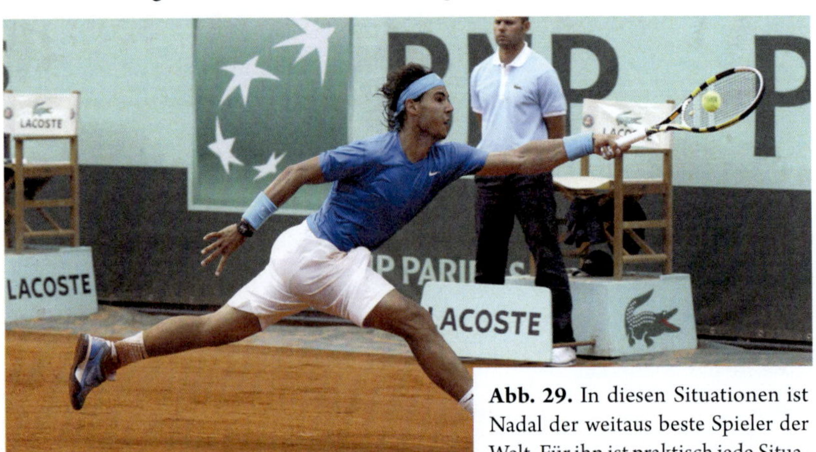

Abb. 29. In diesen Situationen ist Nadal der weitaus beste Spieler der Welt. Für ihn ist praktisch jede Situation erfolgreich lösbar, er punktet aus Positionen, in die andere Spieler gar nicht kommen können.

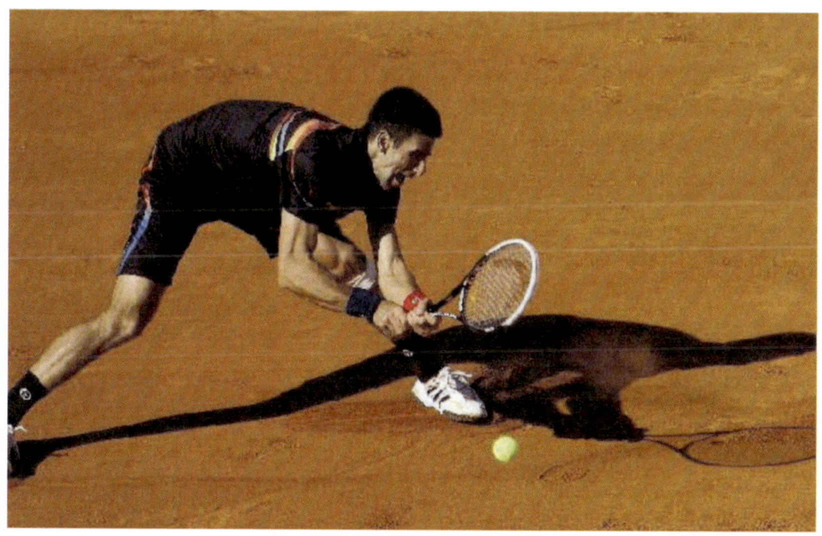

Abb. 30. Das ist für einen Beidhänder eine äußerst schwierige Schlagposition, aber trotzdem eine erfolgreiche Spezialität von Djokovic.

Diese Vorhände oder Rückhände sind aber garantiert in dieser Form *nicht gespeichert,* sie sind sowohl das *Ergebnis und das Produkt* der *ausgiebigen neuronalen Vernetzung im ZNS, der Plastizität des ZNS,* der entsprechenden Weiterleitung an die zuständige Muskulatur als auch der *neuronalen* und *physischen Fähigkeit* der Muskulatur diese „Befehle" durchzuführen. Und das ist wiederum das Ergebnis der *Bewegungsfähigkeiten und -fertigkeiten* dieser Spieler. Diese Fähigkeiten und Fertigkeiten sollte man in der modernen Bewegungslehre durch spezielles Training anstreben.

Zu einzelnen Details der modernen Bewegungslehre wird dann im Kapitel „Bewegungslernen" detailliert Stellung genommen.

Übrigens haben die *Australian Open 2015* einen anstehenden *Generationswechsel* und den von mir schon seit längerem in verschiedenen Fachartikeln angedeuteten *Taktikwechsel* und damit eine notwendige *Technikanpassung* gezeigt. Nishikori, Raonic, Berdych, Kyrglos, Dimitrov, Tomic oder Cibulkova, Keys, Makarova, Halep, Bouchard, Lepschenko und etliche andere bei beiden

Geschlechtern heizen den etablierten Spielern mächtig ein und das *Spiel zum Netz* hin und damit zum *schnelleren Punktgewinn* setzt sich immer mehr durch. Die Drive- oder Topspin-Flugballsituationen treten eher in den Hintergrund und *der tiefe Slice-Flugball* überwiegt wieder. Das ist sicherlich eine positive Entwicklung und zusammen mit dem stärkeren, schnelleren, präziseren Aufschlag und mit dem *Vorrücken* der Spieler bei Grundlinienschlägen an oder sogar *vor die Grundlinie* und dadurch zu einer immer mehr benötigten und auch praktizierten perfekten, vor allem spezifischen *Halbflugballtechnik* wird das auf die Erziehung der nachkommenden jungen Generation einen bedeutenden Einfluss nehmen müssen. Die in diesem Buch beschriebenen *Grundsätze der progressiven Bewegungs- und Techniklehre* werden in der Zukunft noch *mehr an Bedeutung gewinnen.*

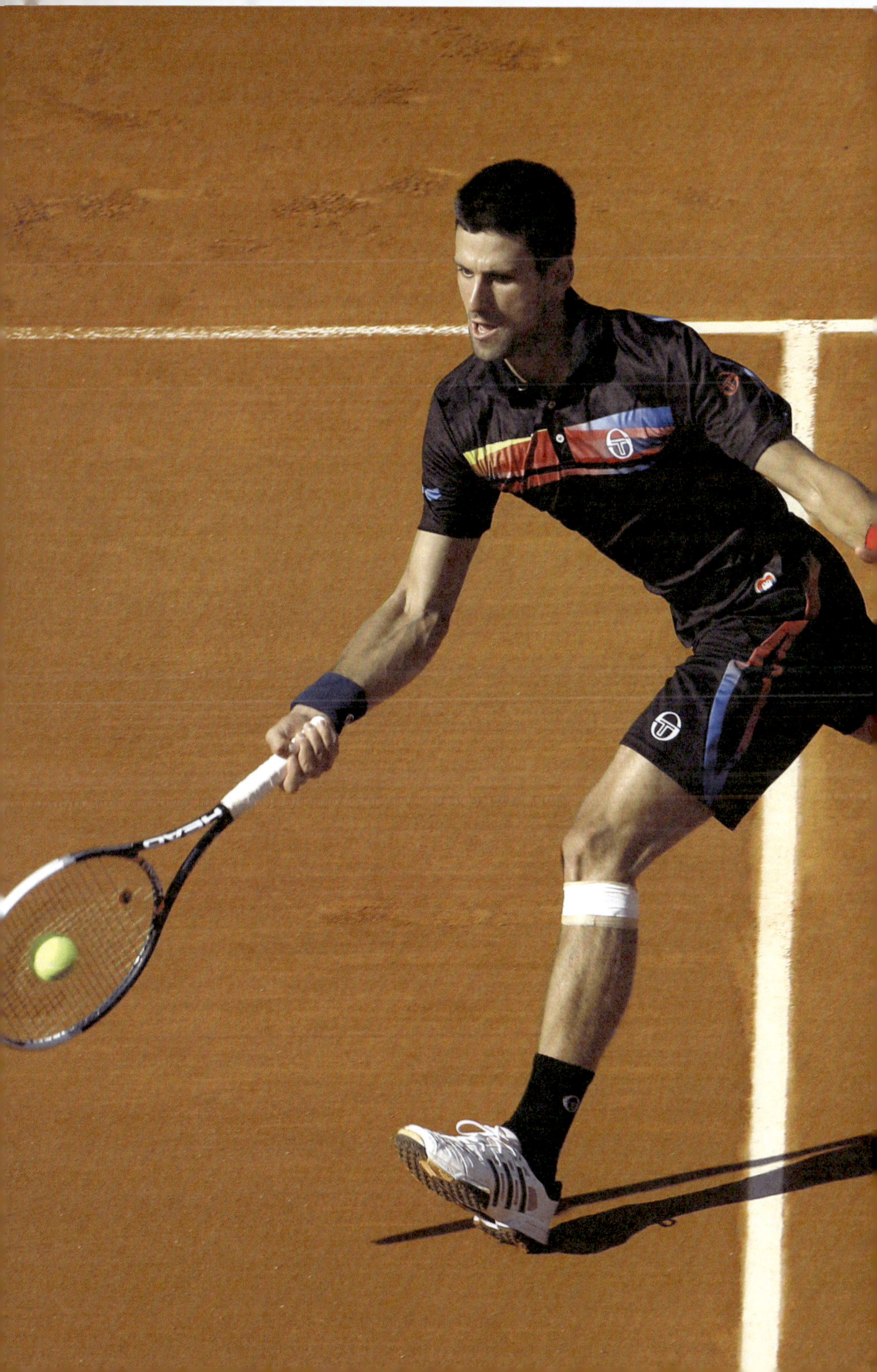

5 Die Analysen des Tennissports

5.1. Erklärung und Begründung

Wenn man eine gewisse Sportart lehren, lernen und weiterentwickeln will, dann sollte man diese auch gründlich kennen. Selbstverständlich wissen heutzutage Millionen und Abermillionen Menschen rund um die Welt über Tennis Bescheid und die Mehrzahl ist sogar der Annahme, dass sie diese Sportart verstehen oder sogar perfekt erklären können. Meine unzähligen Diskussionen mit Laien, mit Freunden aus dem Bekanntenkreis, mit allen möglichen Menschen bei verschiedenartigen Kontakten beweisen mir, dass die Menschheit vor allem aufgrund der TV-Übertragungen und dadurch der visuellen Kenntnis der Stars die Sportart Tennis recht gut beurteilen können. Es ist fast wie beim Fußball – es gibt Tausende „Bundestrainer", die genau wissen, was wer wie hätte machen sollen oder müssen. Manchmal sind solche Diskussionen besonders amüsierend, nämlich besonders dann, wenn der Diskussionspartner mich nicht kennt und nicht weiß, dass ich „vom Fach" bin. Wie viele mir nicht bekannte Menschen mich schon überzeugen wollten und sogar beleidigt waren, wenn ich ihnen versuchte, selbstverständlich vorsichtig und möglichst diplomatisch, zu widersprechen. Lieber brach ich solch eine Unterhaltung ab, als dass ich mich *outete,* denn dann bestand nämlich die Gefahr den Diskussionspartner zu blamieren. Das wäre in vielen Fällen nicht fair gewesen.

Meiner Meinung nach reicht es für einen Tennistrainer oder/und -pädagogen heute nicht aus, wenn er nur in seinem „Tennisteich" fischt, ein wirklicher Fachmann muss nicht nur daran Interesse haben, was in *anderen Sportarten*, besonders den verwandten, passiert, wie sich diese ändern, entwickeln, worauf es bei diesen in puncto Leistungsentwicklung ankommt, wie man dort die Technik entwickelt, wo es Gemeinsamkeiten und Unterschiede gibt oder was man von diesen übernehmen kann. Er muss sich für die *allgemeinen sportwissenschaftlichen Neuigkeiten* interessieren. Das erfordert es aber nicht nur als Zuschauer im Stadion oder im TV aufzutreten, sondern sich auch theoretisch mit diesen Sportarten auseinanderzusetzen, ja dies direkt zu müssen.

Die Sportwissenschaft und die angrenzenden Wissenschaften sind heutzutage schon so enorm fortgeschritten, man kann damit kaum Schritt halten, auch wenn man in diesem Bereich selber tätig ist. Und weil nicht jeder Tennistrainer die Möglichkeit hat, z. B. an verschiedenen Projekten an Hochschulen oder Universitäten mitzuarbeiten oder sogar eigene Untersuchungen zu unternehmen, ist es empfehlenswert, ja sogar notwendig, die Erfahrungen und Untersuchungsergebnisse aus anderen Sportarten zu übernehmen, von eingeweihten Experten und vor allem namhaften Tennisexperten, deren Bücher oder Fachartikel zu studieren, immer wieder neue Seminare und Symposien zu besuchen, Experimente bei der Begehung neuer Wege zu riskieren, Risiken einzugehen und somit den Fortschritt nicht nur zu akzeptieren, sondern an diesem *aktiv mitzuwirken*, diesen selber voranzutreiben.

Nun stellt sich aber die Frage – wie? Man kann sicherlich ganz selbstständig und von der Wissenschaft unabhängig versuchen die eigene Sportart zu „durchforschen", sich eigene individuelle Ansichten und Theorien zu bilden und diese dann der Tenniswelt, vor allem den eigenen Tennisschülern und Spielern zu vermitteln. Das kann im Ausnahmefall hier und da kurz funktionieren, vor allem dann, wenn sich der „Erfinder" mit seinen Ideen *zufällig* nicht allzu weit weg von der tatsächlichen Realität bewegt, in der Regel geht das allerdings „in die Hose". Das haben wir in der Vergangenheit immer wieder erlebt.

Das war nämlich das Dilemma fast eines ganzen Jahrhunderts – die fortlaufende Auseinandersetzung mit den Tausenden recht *unterschiedlichen individuellen* und vor allem *nicht fundierten Technikdefinitionen, -beschreibungen, -begründungen und -auslegungen* und deren Übertragung in die Praxis auf der einen Seite und der fortschreitenden Modernisierung und Verwissenschaftlichung des theoretischen und praktischen Wissens über den Tennissport auf der anderen Seite. Heute sind wir schon sehr weit gekommen und es gibt weltweit *kaum Unterschiede* oder sogar Meinungsverschiedenheiten zwischen den führenden *Tennisexperten*. Man versucht zwar immer wieder vielleicht noch nicht ganz eindeutige Sachverhalte zu klären, vor allem neue Ideen zu entwickeln und die einzelnen Kenntnisse weiter zu vertiefen, man akzeptiert aber diesen Fortschritt, denn dieser basiert heutzutage fast ausschließlich auf den *Fundamenten der Wissenschaft* und wird von Experten entwickelt und vor allem realistisch begründet.

Selbstverständlich kann nicht jeder noch so wissende Experte alles wissen, das konnte auch *Einstein* nicht, sondern man muss bei der Kreation neuer Wege eine ganze Menge an Informationen aus anderen Gebieten übernehmen. Dabei kann es selbstverständlich passieren, dass man das eine oder das andere *nicht optimal* oder *verständlich* genug überträgt. Dann muss sich der eventuelle Kritiker oder Zweifler intensiv der jeweiligen Fachliteratur widmen oder sich über die unklaren Details aufklären lassen, wenn er nähere Informationen braucht. Man sollte in keinem Fachbuch der Welt all das vorhandene Wissen, über das man verfügt, zu präsentieren versuchen, man muss versuchen sich im Zusammenhang mit dem *Hauptthema* des *Fachartikels* oder des *-buchs* nur die *wissenswerten* und wichtigen Details herauszupicken, die man für die Ausführungen oder Begründungen des eigenen Hauptthemas unbedingt braucht und das kann u. U. zu gewissen Lücken führen, die man allerdings als Autor in Kauf nehmen muss, damit muss man leben. Nobody and nothing is perfect! Das betrifft übrigens auch den Autor dieses Fachbuchs. Die „kompletten" Fachbücher sind eher als Nachschlagewerk von großem Nutzen, als unmittelbare Hilfe sind sie in der Regel zu kompliziert, zu wissenschaftlich abgehoben und dadurch nicht leicht für „Jedermann" zu „verdauen". Sie müssen allerdings auf jeden Fall vorhanden sein.

Auf jeden Fall ist es heutzutage die Pflicht jedes verantwortungsbewussten Tennistrainers wie auch jedes Menschen in seiner Profession, sich mit seinem Tätigkeitsfeld sehr intensiv zu beschäftigen, viel intensiver, als man denkt, wenn er an seine Schüler oder Spieler das moderne Wissen verantwortungsvoll weiterreichen will.

Ein sehr guter und verantwortungsbewusster Trainer muss immer wieder versuchen die Grenzen des Machbaren zu überwinden!

Es kann sein, dass der derzeitige *Mitgliederverlust* in den meisten europäischen Ländern auch damit zusammenhängt, dass man nach wie vor den Anfängern, vor allem den Kindern, den Einstieg zu schwer macht, indem man noch mehrheitlich alte komplizierte Methoden benutzt. Dabei müsste das Erlernen des Tennisspiels leicht sein, wenn man sich den Erkenntnissen der heutigen Zeit bedient.

5.2. Entwicklung des Tennissports

Der Tennissport hat sich nicht nur in der absoluten Spitze, sondern auch in der Breite in den *letzten ca. 20–25 Jahren* im Bereich des Fachwissens, der Übertragung dessen in die Praxis, in den Lehrmethoden, im gesamten Trainingsbereich und im Leistungsvermögen der Spieler enorm entwickelt. Die Tennistechnik hat sich vereinfacht, auf das Nötigste reduziert, sich den natürlichen, angeborenen Bewegungsfähigkeiten des Menschen angepasst.

Das muss Gründe haben und Konsequenzen. Selbstverständlich sind auch äußere Umstände daran stark beteiligt. Immer mehr Hartplätze, sowohl im Sommer als auch im Winter, die ewigen Anpassungen und Veränderungen der Hartplatzqualität bzw. ihrer Oberfläche, eine wachsende Tendenz hin zum Hallentennis, eine sich permanent verbessernde Schlägertechnologie, die Einführung einer unterschiedlichen Ballhärte für den Kinderunterricht, ein stärkerer Drang zum Minitennis schon bei den ganz jungen Kindern (3–4-Jährige) und vieles mehr hat sicherlich einen wesentlichen Einfluss auf die Entwicklung des Tennissports gehabt.

Wo auch immer die Ursachen für die eventuelle Veränderung liegen mögen, das Tennisspiel und damit die Tennistechnik haben sich *enorm verändert* und *weiterentwickelt*. Schon das, was die Generation von McEnroe, Wilander, Becker, Edberg, Sampras oder Agassi gespielt hat, ist Vergangenheit, obwohl es noch gar nicht so lange her ist. Leider wollen es einige der ehemaligen Stars nicht immer einsehen. Bei den *Damen* ist die Situation ähnlich, obwohl die Veränderungen dort eher spezifischer Art sind.

Es ist somit einleuchtend, dass mit der Veränderung der Spielart auch die Methoden, wie man dieses neue Spiel den Kindern und Jugendlichen beibringt, eine *neue Dimension* einnehmen müssen. Dabei darf man aber einen sehr wichtigen Hinweis nicht übersehen – eine Analyse der heutigen Technik und des gesamten heutigen Tennissports ist zwar wichtig, aber *die Visionen,* wie sich dieser weiterentwickeln wird, wie und was die heutigen 8–12-jährigen Kinder in zehn Jahren spielen werden, sollte man ständig vor Augen haben. Das bedeutet, dass man sich *schon jetzt* über die *weitere Entwicklung* des Tennissports Gedanken machen und die junge Generation auf die Zukunft vorbereiten muss. Übrigens beschäftige ich mich mit diesen „Voraussagen" schon seit Beginn meiner internationalen Trainertätigkeit im Jahre 1967 und wie sich herausgestellt hat, trafen diese meistens zu, wie aus meinen etlichen Fachartikeln in verschiedenen Fachzeitschriften und -magazinen sowie aus meinen Fachbüchern aus der ganzen Epoche ersichtlich ist. Damit will ich nicht angeben, sondern ganz nüchtern andeuten, dass *praktisch jeder,* der sich damit tief gehend und dauerhaft beschäftigt und gewisse Erkenntnisse gewinnt und speichert, fähig ist, die zukünftige Entwicklung zu antizipieren und abzuschätzen, so etwas ist ja in jedem Berufszweig selbstverständlich.

5.3. Neuste Statistiken

Die heute zur Verfügung stehenden Daten haben allerdings eine „kleine Schwäche". Die Datenerstellung ist eine recht kostspielige und zeitlich aufwendige Angelegenheit. Sie muss von einem Team ausgesprochener Experten durchgeführt werden (eine Einzelperson kann das nicht schaffen), die einen klaren Plan und exakte Vorstellungen haben, wonach sie suchen, was wichtig ist und wie man das alles bewerkstelligen kann. Darüber hinaus müssen auch die notwendigen Kenntnisse und die benötigten Instrumentarien zur Verfügung stehen. Man kann solche Analysen und Untersuchungen nicht systematisch jedes Jahr durchführen, es sein denn, dass dies zufällig immer jemand anders macht. In der Regel muss man Daten verwenden, die immer ungefähr *vor 3–5 Jahren* erhoben wurden. Das ist allerdings *kein* großes Problem, solange bei der Datenverwendung immer noch viele Spieler oder Spielerinnen derselben Generation tätig sind. Diese Generation wird während ihrer Karriere keine dramatischen Änderungen in Richtung Zukunft mehr vornehmen. Höchstens in Andeutungen, wie es z.B. beim Entstehen dieses Buchs *mit dem öfter stattfindenden Vorrücken zum Netz* der Fall ist. Ob das allerdings ein Zufall ist oder ob es sich tatsächlich so entwickeln und zu einem Trend werden wird, wird man erst nach einiger Zeit erfahren, wenn es zu einem größeren Generationswechsel gekommen ist. In der Regel kommt es zu einer neuen Entwicklung erst dann, wenn die *nachfolgende Generation* das Spielniveau der Spitze erreicht hat. Das war in der Vergangenheit *immer* der Fall.

Ich möchte hier für die *Tennissportanalyse* der heutigen Zeit die Untersuchungsergebnisse von zwei *ausgiebigen und hervorragenden Untersuchungen* von Prof. Dr. Karl Weber und Mitarbeitern der Sporthochschule in Köln aus dem Jahr 2010 und von Prof. Frantisek Vaverka und Mitarbeitern der Universität in Olomouc in Tschechien aus dem gleichen Jahr verwenden, die ich schon in der vierten Auflage meines Buchs „Tennis Techniktraining" publiziert habe. Weil es aber auch für das Thema dieses Buchs von großer Bedeutung ist, werde ich diese Daten noch einmal nutzen und zum Teil *etwas anders interpretieren und ergänzen.*

Beide Analysen widmen sich der absoluten Weltklasse und Weltspitze bei den Matches der Grand-Slam-Turniere *French Open* der Jahre 2002, 2006, 2008, 2009 und den *WTA Masters* in Madrid 2007, den *US Open* 2001 sowie 2006, den *Australien Open* 2004, 2005 und 2006 sowie bei allen vier Grand-Slam-Turnieren von 2008–2009. Die meisten dieser Spieler und Spielerinnen sind noch heute mit in der Spitze tätig, deswegen sind die Ergebnisse *besonders wertvoll.* Ich werde diese Ergebnisse mit meinen Beobachtungen und Messungen von heute dort ergänzen, wo ich es für nötig halte.

Beiden oben genannten Autoren dieser Analysen muss man für deren Arbeit den *höchsten Dank* aussprechen, denn wer sich mit diesem Thema beschäftigt hat, weiß, wie zeitlich anspruchsvoll, schwierig und umfangreich das ist.

5.3.1. Zeitliche Dimensionen

Vorerst ist festzustellen, dass Tennis eine Sportart ist, die überwiegend einen *aeroben alaktaziden Charakter* aufweist. Diese Feststellung mag vielleicht den einen oder anderen überraschen, denn wie in der Praxis zu sehen ist, muss man während des Matches recht oft schnelle Schläge produzieren, schelle Antritte und Beschleunigungen und schnelle Sprints absolvieren, was eher auf einen *anaeroben laktaziden Charakter* hindeutet.

Man darf nicht vergessen, dass die *effektiven Spielzeiten recht kurz sind,* wobei die *Pausenzeiten* zwischen den Punkten sowie den Spielen und Sätzen *relativ lang sind.* In diesen Pausen *regeneriert* sich der Organismus und arbeitet *im aeroben Bereich.* Mit Ausnahme der Grand-Slam-Turniere wird im Herrentennis nur Best of Three gespielt, bei den Damen sind alle Matches in diesem Bereich. Somit kann man davon ausgehen, dass die *Zeitdauer eines Matches* nicht besonders lang ist, es sei denn, dass z. B. alle drei Sätze im Tie-Breaker gespielt werden und/oder es sehr lange einzelne Spiele gibt.

Die *Dreisatzmatches* dauern in der Regel ca. *1–2 Stunden*. Es gibt aber auch (eher selten) kürzere und längere Ausnahmen. Die *effektiven Spielzeiten* sind allerdings *relativ kurz*. Die tatsächliche (effektive) Spielzeit auf Sand bei den Herren beträgt 16,9 % der Gesamtspielzeit, bei den Damen sind es 17,7 %. Das bedeutet, dass die *gesamten Pausenzeiten im Match ca. 82–84 %* ausmachen. Das Verhältnis zwischen Belastungsdauer und Spielpausen bei den Herren ist 1:4,9, bei den Damen 1:4,7. Die Summe sämtlicher Spielpausen bei Damen und Herren in Halbfinalen und Finalen liegt im Mittel bei über 80 % der Gesamtspielzeit.

Mit anderen Worten: Konditionell sehr gut vorbereitete Spieler oder Spielerinnen dürften *nie*, und ich *betone – nie – in konditionelle Schwierigkeiten kommen*! Wenn ein Profi nach ca. 23 Minuten Gesamtspielzeit in einem Match in konditionelle Schwierigkeiten kommen sollte, dann darf er sich nicht Profi nennen. Selbstverständlich sind jegliche Zeitangaben auch von den Spielertypen abhängig, die dieses Match spielen. Wenn es einen Spieler wie Nadal oder Ferrer oder eine A. Radwanska auf der einen Seite des Spielfelds gibt und auf der anderen *kein* typischer „Hartschläger" oder „Aufschlaggenie" steht, dann können die effektiven Spielzeiten auch etwas länger sein, denn die Rallyes sind automatisch etwas länger. Noch länger können sie dauern, wenn sich z. B. Spieler wie Nadal oder Ferrer bzw. Spielerinnen wie Radwanska und Jankovic gegenüberstehen. Aber auch das darf bei den Profis in puncto konditionelle Schwächen keine Rolle spielen.

Etwas anders ist die Situation bei den Grand-Slam-Turnieren, in denen man bei den *Herren* auf *Best of Five spielt*. Dort können sich die Matches auf bis zu fünf Stunden ausdehnen. Darüber hinaus wird besonders bei den *Australien Open* und auch ab und zu bei den *US Open* bei sehr *hoher Hitze* und *Luftfeuchtigkeit* gespielt und das kann schon durchaus zu größeren konditionellen Problemen führen. Eine *effektive Spielzeit* bei diesen Bedingungen von 18 %, und u. U. von bis zu 20 % oder sogar mehr kann schon recht große negative Auswirkungen für den einen oder anderen haben. Hier spielt selbstverständlich sowohl die Qualität der Technik als auch die Taktik eine wichtige Rolle. Derjenige Spieler, *der höhere Ballpräzision* erreicht (sehr oft und sicher in die Nähe der Linien spielen kann) und es taktisch versteht den Gegner viel laufen zu lassen, wird sicherlich einen größeren Vorteil genießen können.

Die absolvierte Laufstrecke liegt ja nach Spielerpaarung ca. zwischen 1000 und 3000 Metern, was sicherlich keine lange Distanz ist, besonders wenn man bedenkt, dass diese Strecke auf sehr viele kleine Meterbewegungen mit dazwischenliegenden Pausen aufgeteilt ist. So liefen z. B. die Viertelfinalisten beim *Masters Turnier* in Monte Carlo im Jahr 2014 zwischen 921 m (Raonic gegen Wawrinka) und 2768 m (Ferrer gegen Nadal). Wawrinka lief im Match gegen Raonic 1012 m, Federer im Match gegen Tsonga 2177 m und Djokovic gegen Garcia-Lopez 2698 m. Die Messungen erfolgten durch das Hawk-Eye-System und sind sehr präzise. Zum Vergleich: Ein *Fußballspieler* absolviert in einem Match im Schnitt *ca. 11 Kilometer.*

Man muss allerdings bei so langer und intensiver Belastung damit rechnen, dass diese u. U. *beträchtliche Auswirkungen* auf den *mentalen Bereich* haben kann. Abfallende Konzentrationsfähigkeit, schwankender Wille, steigende Unlust und Ärger vor allem bei verlorenen Punkten, sinkender Stresswiderstand, Zweifel und vieles mehr spielt sich ja im *Gehirn* ab. Selbstverständlich wirkt sich das dann auch *negativ* auf die allgemeine (Bewegung auf dem Platz) und spezifische (Tennistechnik) *Bewegungsqualität* aus. Es genügt eine Order zu dem gerade benötigten zuständigen Muskelkomplex um eine Millisekunde zu verzögern und schon kommt es zu *Koordinationsstörungen* in der ganzen Kette und dadurch zu einer Fehlbewegung während der Schlagausführung. Der auch im Tennisbereich hoch geschätzte Sportwissenschaftler *Prof. Dr. Mester* von der Sporthochschule in Köln nennt das treffend *Koordinationsunfall.*

Ich kann auch aus eigener Erfahrung sprechen, denn ich habe in meiner Zeit u. a. auch einmal ein Fünfsatzmatch in der dritten Runde bei den *Internationalen Meisterschaften* (heute *Czech Open*) im August bei fast 40 Grad genau fünf Stunden und 10 Minuten gespielt und ich habe es im fünften Satz 5:7 verloren. Wir waren beide völlig k. o. man musste uns vom Platz tragen. Dabei war ich damals in einem optimalen konditionellen Zustand. Bei solchen Bedingungen will man nur noch „überleben". Es sind im Tennis sicherlich nur Ausnahmen, sie passieren aber.

5.3.2 Schlaghäufigkeiten

Über die Schlaghäufigkeiten wird nach wie vor diskutiert, denn diese sind nach verschiedenen Analysen im Durchschnitt tatsächlich kurz, obwohl es z. B die nicht involvierten Zuschauer nicht glauben mögen. Diese Tatsache liegt darin begründet, dass es von den kurzen Ballwechseln viele im Match gibt, diese fesseln nicht so sehr, werden schnell vergessen, weil sie sich ähneln, die langen Rallyes sind wesentlich seltener, in denen passieren meistens viele aufregende und sowohl technisch als auch taktisch interessante und bemerkenswerte Momente und Situationen bzw. Situationslösungen, die dann im Gedächtnis bleiben.

Durch die *Tendenz* der letzten Jahre die Platzoberfläche aller Plätze (sogar Rasen) *langsamer* zu gestalten, könnte es sein, dass sich in der Gegenwart und in der nahen Zukunft die Schlaghäufigkeiten etwas verändern, sicherlich aber nur unbedeutend, denn es kommt in den nächsten Jahren beim Wechsel der Generationen wahrscheinlich zu einer weiteren Entwicklung im Tennis, die ich später diskutieren möchte.
Die in den derzeitigen Analysen festgestellten Schlaghäufigkeiten innerhalb eines Punkts betragen im Durchschnitt (Tabelle 1 u. 2):

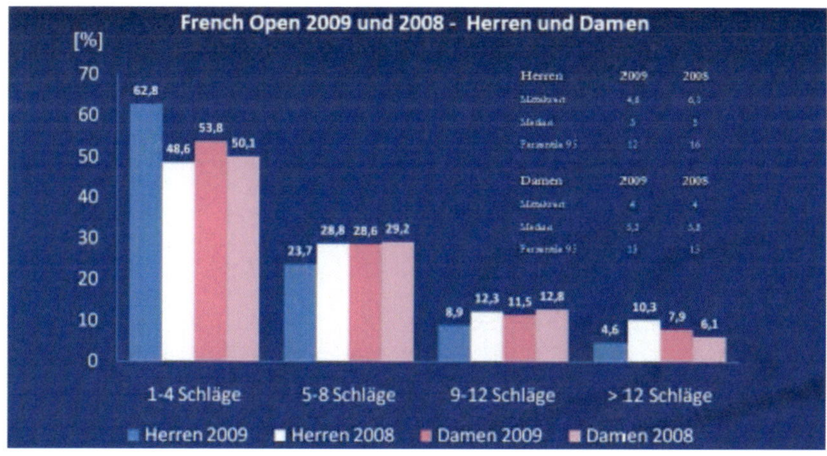

Tab. 1. *French Open* 2009 und 2008 – Herren (blau) und Damen (lila)

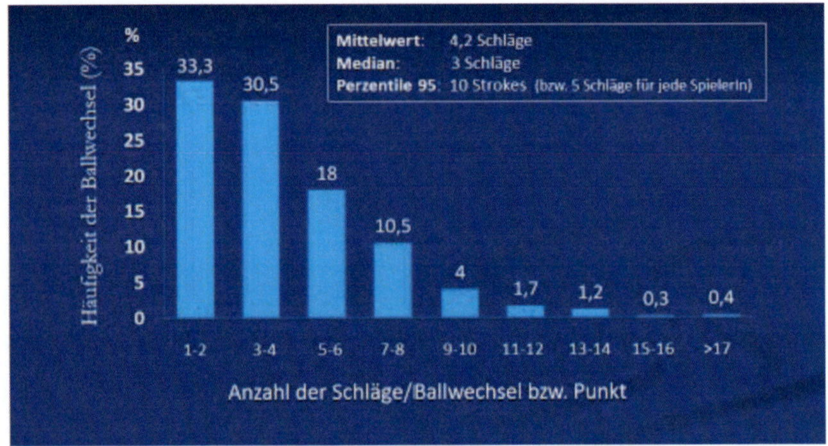

Tab. 2. Anzahl der Schläge/Ballwechsel bzw. Punkt

„Durchschnittlich über 50 % aller Ballwechsel waren bei den FO 2009 (Sandplätze) sowohl bei den Herren als auch bei den Damen *spätestens nach vier Schlägen* beendet (Tabelle 1 u. 2), d. h. nach zwei Schlägen eines jeden Spielers bzw. jeder Spielerin. In der Weltspitze der Herren entfielen im Mittel auf Sand sogar nahezu *zwei Drittel* (62,8 %) aller Punktgewinne auf die ersten vier Schläge, allein mit *Aufschlag* oder *Return* wurden bereits *34,9 % aller Punkte* entschieden (Tabelle 3).

Insbesondere im Herrentennis sind *hervorragende Aufschläge* sowie *ausgezeichnete Returns* von höchster Bedeutung. Folglich müssen bereits bei der Talentsuche sowie in der Nachwuchsförderung die aktuellen Fähigkeiten und vor allem das *Potenzial* für *überdurchschnittliche Aufschläge und Returns* erkannt und systematisch weiterentwickelt werden. In der Zukunft werden körperlich größere Spieler und Spielerinnen Vorteile haben.

Für die Trainingspraxis mit Spielern der nationalen und internationalen Spitzenklasse ergibt sich als *notwendige Konsequenz,* dem Training von Aufschlag (erster und zweiter Aufschlag) und Return, durch die Kombination mit dem *unmittelbar folgenden Schlag* bzw. Schlägen zukünftig *besondere Priorität* einzuräumen. (Ich nenne diese Methode *Vierschlagdrill.* Angefangen und präsentiert habe ich diese Idee schon in der Zeit, in der es noch Weltstars gab, die das Serve- und Volley- und Chip-und-Charge-Spiel bevorzugten (McEnroe, Edberg, Becker, Stich, Ivanisevic und viele andere. Inzwischen ist dieser Drill weltweit bekannt, populär und erfolgreich; Ergänzung des Autors).

det
- 17 % mit dem dritten Schlag
- 11 % mit dem vierten Schlag
- 9 % mit dem fünften Schlag
- 5 % mit dem sechsten Schlag

Auf Sandplätzen werden
- 30–33 % aller Schläge spätestens nach dem Return (dem zweiten Schlag) beendet
- 11 % mit dem dritten Schlag
- 6 % mit dem vierten Schlag
- 7 % mit dem fünften Schlag
- 8 % mit dem sechsten Schlag

Mit zunehmender Ballwechselhäufigkeit werden immer weniger Punkte entschieden

Dem Anfang jeden Punktes kommt demnach eine besondere Bedeutung zu

Tab. 3.

Ca. 80 % aller Ballwechsel bei den Damen und Herren in den beiden Schlussrunden der FO 2008 und 2009 sind nach *maximal acht Schlägen* (vier Schläge pro Spieler/-in) entschieden und nur in ca. 5 % aller Ballwechsel werden mehr als zwölf Schläge beider Spieler/-innen für den Gewinn eines Punktes notwendig (Tabelle 2)“ (Prof. Weber, 2010).

Wenn man wie oben die *Bedeutung der Qualität der Schläge* so hervorhebt, dann kommen wir wieder auf die Inhalte der vorherigen Kapitel zurück. In der allgemeinen als auch in der *spezifischen Bewegungslehre* muss man unbedingt *umdenken* und die neusten Kenntnisse über das „Warum“ in das „Wie“ umsetzen. Das bedeutet, dass das Bewegungs- und damit das Techniklernen auf eine *neue höhere Stufe* gehoben werden muss.

Aus der Tabelle *Ballhäufigkeiten und Zeit* sind die Unterschiede zwischen den drei Platzoberflächen verdeutlicht. Es ist ersichtlich, dass z. B. die Ballwechsel unter 5 s sowohl bei den Herren als auch bei den Frauen auf dem *Rasenplatz* am häufigsten vorkommen und Ballwechsel über 10 s auf diesem Platz sehr gering sind.

Es ist zu empfehlen die *Entwicklung des Bewegungslernens* und damit die technische Schwerpunktsetzung diesen Resultaten anzupassen. Meine Messungen bei den *AO 2014* haben ergeben, dass sich bei der Mehrzahl der Grundlinienballwechsel im Vergleich zu meinen Messungen vor 5–10 Jahren die *Ballflugzeit deutlich verkürzt* hat. Damals betrug die Zeitspanne des Ballflugs zwischen den Treffpunkten beider Spieler im Durchschnitt 1,2–1,5 s. Dieses Mal beträgt die Zeitspanne sehr oft *etwa eine Sekunde,* vielfach sogar darunter. Auch bei den Top-Frauen hat sich der Ballflug zeitlich verkürzt. *Das bedeutet zweierlei:* Die Spieler schlagen *härter* zu und/oder sie *stehen* bei der Mehrzahl der Schläge *näher zur oder sogar vor der Grundlinie oder beides.* Auch dazu später mehr.

5.3.3 Räumliche Dimensionen

Auch wenn sich im Tennis im Lauf der Zeit allerhand verändert hat, die Platzausmaße blieben Gott sei Dank bestehen (Abb. 31).

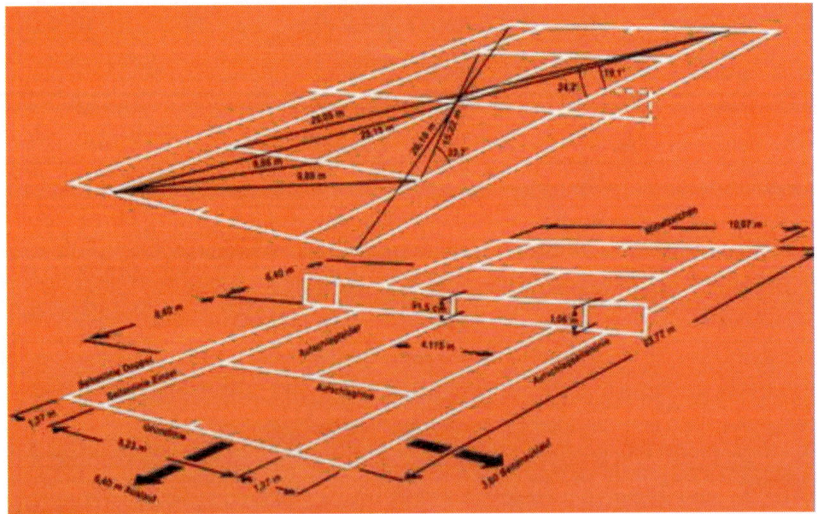

Abb. 31.

Wie ich schon in meinem Buch „Strategie und Taktik im Tennis“ geschrieben habe, ist *Tennis ein Sport des Raumes, der Entfernungen, der Schnelligkeit, der Überraschung und der Winkel.* Eine Kenntnis der *Geometrie des Platzes* ist deswegen enorm wichtig.

Der Einzelplatz ist *relativ schmal* im Verhältnis zu seiner Länge (8,23:23, 77 m). Viel Raum in der Breite steht nicht zur Verfügung. Die *längste Laufstrecke geradeaus* vom Treffpunkt zum Treffpunkt, in der Regel entlang der Grundlinie, ist *ca. 14 m.* Diese Entfernung müssen die Spieler allerdings *sehr selten* zurücklegen. Analysen haben ergeben, dass die Spieler zwischen zwei Schlägen in der Regel *3–7 m* überbrücken müssen. Die durchschnittliche Laufstrecke aller Schläge beträgt nur 3,9 m. Mit Zunahme des Zeitdrucks sind es 5–6 m, selten 8–12 m.

Bei einem Durchschnitt von drei Schlägen pro Rallye läuft der Spieler insgesamt ca. *14–15 m.* Bei einem *Dreisatzmatch* überbrückt der Spieler demnach ca. *1300–2500 m.* Das ist sicherlich nicht viel, wenn man das mit der Zeitdauer des Matches von *ca. 1–1,5 Stunden* vergleicht. Nur zu Illustration der Unkenntnis noch in den fünfziger Jahren: Damals waren die Trainer der Meinung, dass man im Match bis zu 20 km zurücklegen muss. Dementsprechend wurde der größte Wert auf Ausdauertraining gelegt. Wir mussten im Training laufen, bis uns die Lunge aus dem Mund hing. Das war auch das Grundprinzip von H. Hopman. Die Australier waren damals physisch nicht kaputt zu kriegen.

Diese Daten im heutigen Tennis zeugen von einer *kurzen metrischen Gesamtlänge* der Bewegung des Spielers sowohl innerhalb des einzelnen Ballwechsels als auch innerhalb des Matches. *Die Laufrichtungen* wurden auch analysiert. Das Ergebnis zeigt, dass *Kurzsprints zur Seite* 71,8 % ausmachen, *Kurzsprints nach vorne* 17 %, *Läufe nach hinten* 7,8 % und *Läufe zur Seite am Netz* 3,4 %. Aus diesen Zahlen geht hervor, dass die weitaus *häufigsten Bewegungs- und Laufrichtungen solche zur Seite* waren, was eigentlich nicht überrascht. Das sollte bei der Technikentwicklung und beim Training berücksichtigt werden, denn es leuchtet ein, dass *innerhalb dieser Laufrichtungen* entweder die *meisten Punkte* oder aber *Fehler* entstehen. Es entsteht eine situativ unterschiedliche technische Lösung bei einem Lauf seitwärts oder vorwärts und bei einem schnellen oder langsamen Lauf.

Sehr interessant sind die Analyseergebnisse im Bereich der Fehlerhäufigkeit.

Zu diese Thema *zitiere ich* nun aus der 4., überarbeiteten Auflage meines Buchs „Tennis Techniktraining“, denn in diesen Absätzen mit Zitaten von Prof. Dr. Karl Weber wurden etliche Details der Körperbewegung der Spieler detaillierter dargestellt:

„Nach unseren Ergebnissen bei den Australian Open (AO) 2006 nimmt die Zahl der Grundlinienschläge unter Zeitdruck (44,6 %) in Addition mit den unerreichten Bällen (5,9 %) zirka *die Hälfte aller Schläge* mit Vor- oder Rückhand im Bereich der Grundlinie ein. Bei den AO 2006 handelte es sich für jeden Spieler in einem Match über drei Gewinnsätze im Mittel um *105 Schläge* sowie weiteren *12 unerreichten Bällen*. Dies entspricht in einem auf zwei Gewinnsätze angesetzten Spiel auf Hartplatz für jeden Spieler *ca. 55-70 Schläge*, deren Erfolg durch besondere Qualität der Laufschnelligkeit und -präzision positiv beeinflusst werden kann.

Außerdem steigt die Fehlerquote der Grundschläge mit wachsendem Zeitdruck (ZD) von Stufe 1 bis 3 (Tabelle 4), die wir nach trennscharfen Kriterien differenzierten, an (*Stufe 1* „erkennbarer ZD“: 13,6 %; *Stufe* 2 „mittlerer ZD“: 19,1 %; *Stufe* 3 „hoher ZD“: 26,1 %).

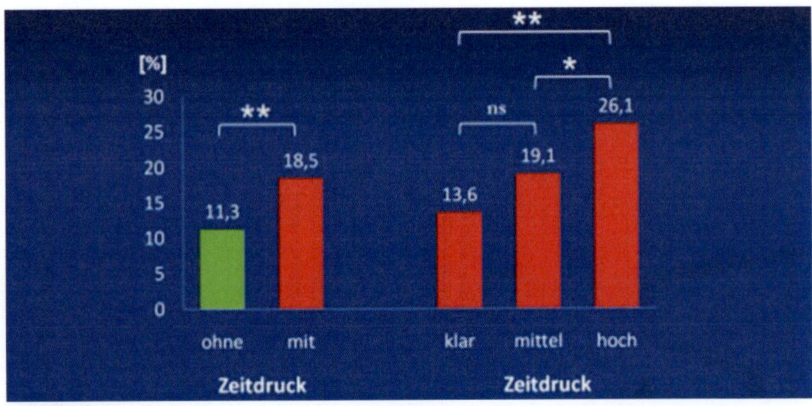

Tab. 4. Diese Daten bestätigen eine der Grundregeln der Taktik – der Gegner muss bewegt werden, er muss so oft es geht in schwierige Schlagsituationen gedrängt werden (Ergänzung des Autors).

Mittels systematischer Verbesserung der Antrittsschnelligkeit in Kombination mit präziser Beinarbeit kann die Zahl bisher unerreichbarer Bälle gesenkt werden; vor allem kann jedoch durch die Absenkung der Stufenhöhe bei den Schläge unter ZD (z. B. aus Stufe 3 „hoher ZD“ zu Stufe 2 „mittlerer ZD“ bzw. aus Stufe 2 auf Stufe 1 „geringer ZD“) die Fehlerquote erheblich reduziert werden (Tabelle 5). Darüber hinaus wird mittels frühzeitiger Positionierung die Vorbereitung zur Vor- oder Rückhand optimiert, so dass die eigenen Schläge druckvoller und präziser gestaltet werden.

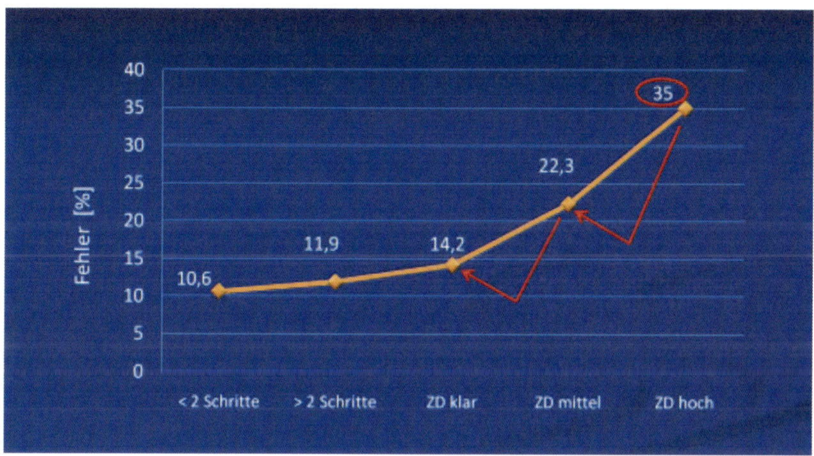

Tab. 5. Auch diese Resultate bezeugen, wie wichtig es ist im Techniktraining zielorientiert zu arbeiten, denn vor allem durch eine hohe Ballpräzision kann man den Gegner in hohen Zeitdruck versetzen (Ergänzung des Autors).

Unsere Untersuchungsergebnisse hinsichtlich der Grundschläge unter ZD auf Hartplatz in Melbourne 2006 konnten wir auf Sand in Paris bei den FO 2007 bestätigen. In sieben Begegnungen der drei Schlussrunden erfolgten *42,9 % aller Schläge an der Grundlinie unter ZD* (Damenendspiel FO 2007: 46,3 % der Grundschläge unter ZD*); bezüglich der Fehlerquote* stellten wir *auf Sand* fest, dass sie bei Schlägen ohne ZD knapp unterhalb jener auf Hartplatz liegt (11,0 %); andererseits bei Schlägen mit ZD die Fehlerquote mit zunehmenden Zeitdruck (Stufe 1-3) jedoch deutlich stärker ansteigt als auf Hartplatz; in den Stufen 2 (mittlerer ZD) und Stufe 3 (hoher ZD) wächst die Fehlerquote gegenüber den Schlägen ohne ZD um mehr als das Zweifache (22,3 %) beziehungsweise Dreifache (35,0 %). (Diese Feststellungen verdienen größere Aufmerksamkeit, denn man müsste eigentlich annehmen, dass auf dem Hartplatz die Fehlerquote bei den Schlägen unter Zeitdruck wesentlich höher sein muss als auf dem Sandplatz. Ich führe das auf die Tatsache zurück, dass auf dem Hartplatz die Spieler *direkt gezwungen* sind sich zum Ball *wesentlich besser zu stellen* und dadurch im *Gleichgewicht* sind, wobei sie es auf dem *Sandplatz* durch *rutschen* lösen. Dabei kommen sie aber aus mehreren Gründen öfter aus dem Gleichgewicht, was dann die Ursache des Fehlers ist; Ergänzung des Autors).

Ferner lag *auf Sand* bei den FO 2007 die *Dominanz der Läufe zur Seite mit 81,0 %* noch höher als bei den AO 2006 (71,8 %). Sowohl bei sieben Rechtshändern im Viertelfinale als auch beim einzigen Linkshänder (Nadal) wurde unter ZD der Lauf *zur VH-Seite* mit jeweils knapp *über 60 % häufiger* gefordert als zur RH-Seite. Der Grund hierfür liegt an der Ausgangsposition der Spieler, die überwiegend deutlich von der Mittellinie entfernt in der RH-Hälfte liegt (die Vorhand ist und bleibt der dominierende Grundschlag; Anmerkung des Autors).

Den signifikanten bzw. hoch signifikanten Anstieg der Fehlerquote bei Schlägen unter ansteigendem Zeitdruck erklären wir mit deutlich *erhöhten Anforderungen an die Koordinationsfähigkeit der Spieler.* Je stärker der *Körperschwerpunkt* unmittelbar vor dem Treffen des Balles von der beabsichtigten Schlag- bzw. Abflugrichtung abweicht und je höher die aktuelle Geschwindigkeit des Körperschwerpunktes liegt, desto schwieriger werden nämlich Treffwahrscheinlichkeit (Kontakt zwischen Schläger und Ball) und Präzision (Aufprallpunkt des Balles im gegnerischen Feld) der Grundschläge; die Ursache für diese Erschwernis der Koordination des Tennisschlages lässt sich sowohl über eine Verbesserung der Antrittsschnelligkeit (einschließlich Antizipation) mit Präzisierung der schlagnahen Beinarbeit als auch mittels Optimierung der Schlagtechnik bzw. -sicherheit erzielen.

Bei den *Australian Open 2007* (Best of Five) wurden im Mittel in jeder der sieben Begegnungen *121 Kurzsprints zur Seite* und *„nur" 28 Kurzsprints nach vorn* gefordert. Folglich bezieht das tennisspezifische Schnelligkeitstraining den Sprint nach vorn ein, Vorrang erhält jedoch der *Kurzsprint zur Seite in Kombination mit präziser Beinarbeit* (Näheres dazu später). Das entsprechende Training muss in der Folge auch die Qualität des Schlages kontrollieren und eine schnelle Rückkehr zur optimalen Ausgangsposition beinhalten. Die unmittelbare Aufeinanderfolge von zwei oder drei Schlägen unter Zeitdruck stellen das Mittel der Wahl dar, unter strenger Qualitätskontrolle von Antrittsschnelligkeit und Schlagtechnik. Unabdingbare Voraussetzung hierfür sind jedoch ausreichende Erholungspausen zwischen den Sprintbelastungen" (Prof. Weber, 2010).

5.3.4 Schläge unter Zeitdruck

Zu den drei unterschiedlichen Beurteilungskriterien der Grundlinienschläge unter Zeitdruck ist eine folgende Ergänzung nötig.

Die Autoren der erwähnten Studie haben die *drei Stufen nach den Möglichkeiten der Schlagausführung* festgelegt.

1. Stufe 1 „erkennbarer ZD"
2. Stufe 2 „mittlerer ZD"
3. Stufe 3 „hoher ZD"

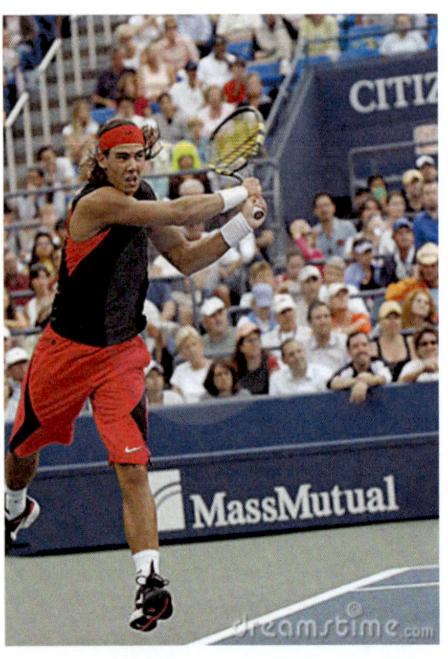

Stufe 1 (erkennbarer bzw. klarer ZD): Oberkörper bewegt sich in Schlagrichtung; der Spieler benötigt nach dem Schlag einen weiteren Schritt zum Abfangen des Körpergewichts (Abb. 32).

Abb. 32. R. Nadal konnte in dieser Situation den Schlag anschließend mit dem Schritt des rechten Beins abfangen.

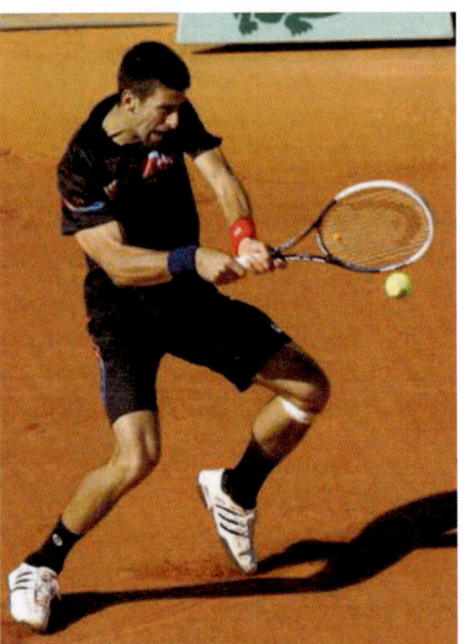

Stufe 2 (Mittlerer ZD): Oberkörper bewegt sich unmittelbar nach dem Treffpunkt des Balls nicht mehr in Schlagrichtung (Abb. 33).

Abb. 33. Djokovic konnte in dieser Situation seinen Körper nicht mehr in die Schlagrichtung bewegen.

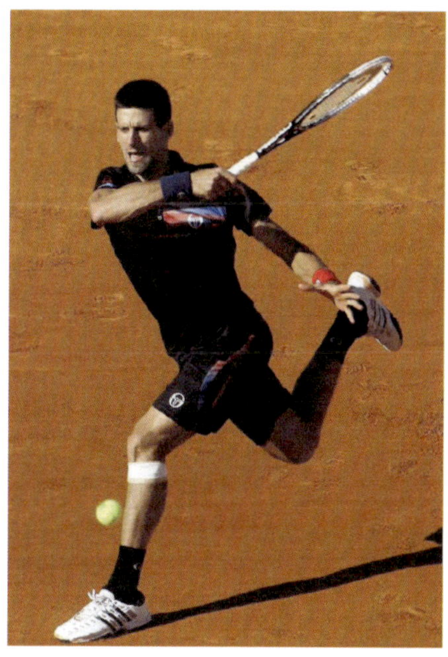

Stufe 3 (Hoher ZD): Oberkörper bewegt sich unmittelbar nach dem Treffpunkt in Fortsetzung der ursprünglichen Laufrichtung (Abb. 35 u. 36).der ursprünglichen Laufrichtung (Abb. 34 u. 35).

Abb. 34. In dieser Schlagsituation musste Djokovic die Körperbewegung in die Schlagrichtung fortsetzen.

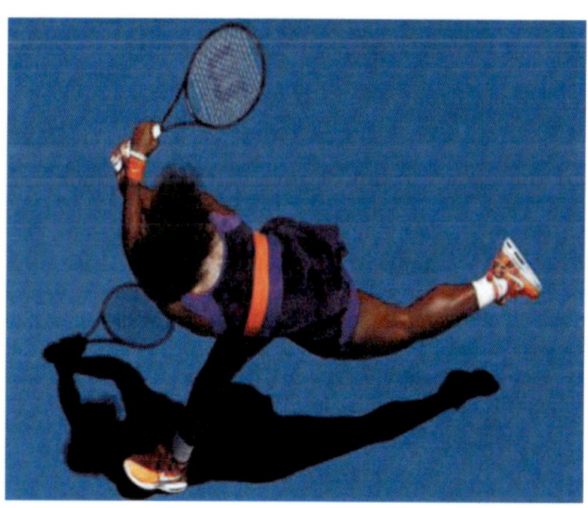

Abb. 35. Serena Williams musste den Schlag im vollen Lauf zur Seite spielen und war dadurch in großem Zeitdruck.

Ich halte *diese Idee* der Einstufung für *hervorragend,* sie ist viel aussagekräftiger als die bisherige Einstufung nach den gelaufenen Metern. Das ist auch der Grund, warum in diese neue Auflage die Korrekturen wörtlich übernommen und eingearbeitet worden sind.

Tennis ist eine *Spielsportart* und als solche soll sie auch gelehrt und trainiert werden. Es ist nachgewiesen, dass der Mensch motorische Elemente wesentlich schneller lernt, wenn er sich in Bewegung befindet als in statischen Positionen. Die Bewegung ist dem Menschen *natürlich,* seit es den Menschen gibt. In der Urzeit war es eigentlich die einzige Möglichkeit sein Leben zu erhalten oder sogar zu retten. Der moderne Mensch verbringt allerdings die meiste Zeit im Sitzen, besonders bei Kindern führt dies zwangsläufig zu späteren gesundheitlichen Problemen. Man sollte aber den ursprünglich natürlichen *Drang der Kinder* (so sind sie ja geboren) *zur Bewegung* ausnutzen und die *vererbten und angeborenen* motorischen Eigenschaften in den Tennisunterricht und später in das Training integrieren.

Aus all den oben angeführten Analysen geht eindeutig hervor, *wie wichtig das allgemeine und das spezifische Bewegungslernen* schon von Kindheit an sind. Um all das, was die Spitzenspieler so eindrucksvoll in den Matches demonstrieren erfolgreich zu erlernen, bedarf es in dem gesamten Bereich der Bewegungslehre einschneidender Veränderungen. Ich komme auf dieses Thema in den Kapiteln 7, 12 und 13 ausführlich zurück.

5.3.5 Ballgeschwindigkeiten und Ballflugzeiten

Im *gesamten Bereich der Bewegungslehre* geht es nicht nur um das Erlernen einer *präzisen technischen Bewegung,* sondern um die Kunst, diese auch *maximal* und *optimal schnell* durchzuführen. Eine *präzise* technische Bewegung (Tennisschlag) und deren *schnelle* Durchführung erkennt man allerdings erst an dem *Resultat dieser Bewegung.* Denn die alleinige Durchführung einer Bewegung sagt noch nichts über ihre Qualität aus. Das heutige Tennis ist schnell und es wird immer schneller. Aber auch die Schnelligkeit hat ihre Grenzen.

An dieser Stelle erst einmal einige Daten aus den durchgeführten Analysen. Erste Aufschläge werden *im Herrentennis* heutzutage problemlos zwischen *190 und 230 km/h* schnell geschlagen. Die jeweilige Ballgeschwindigkeit, die der Spieler jeweils anwendet, ist von der Aufschlagrichtung (nach außen langsamer, nach innen schneller) und von seiner taktischen Entscheidung abhängig.

A. Erster Aufschlag.

A.1 Die durchschnittliche Geschwindigkeit im Viertelfinale, Semifinale und Finale der Herren bei den *FO 2009* lag bei 188,9 km/h

A.2 Die Zahl der Asse betrug 8,6

A.3 Der Prozentsatz der mit dem 1. Aufschlag gewonnenen Punkte lag bei 71.5

A.4 Die Trefferquote lag bei 64,4 %

A.5 Die maximale erreichte Aufschlaggeschwindigkeit war 216 km/h

A.6 Die durchschnittliche Geschwindigkeit der ersten Runde bei den *FO 2009* lag bei 183,9 km/h *(–5 km/h gegenüber den Geschwindigkeiten der Viertel-, Semi- und Finalrunde)*

Fünf km/h Unterschied ist zwar nicht viel, aber es deutet schon auf die unterschiedliche Aufschlagqualität auch in diesem Bereich zwischen den Topstars und der weiteren Schar von Spielern, wobei man nicht vergessen darf, dass sich innerhalb der ersten Runde auch die Topstars befinden, die mit ihren schnelleren Aufschlägen den Durchschnittwert erhöhen.

Sicherlich ist es auch von Interesse, wohin und wie die *ersten Aufschläge* gespielt worden sind.

A.7 Aufschlag von rechts

A.7.1 Nach außen – 32,0 % mit 179,7 km/h

A.7.2 In den Körper – 32,3 % mit 191,4 km/h

A.7.3 In die Mitte – 35,7 % mit 201,1 km/h

A.8 Aufschlag von links

A.8.1 Nach außen – 42,3 % mit 183,9 km/h

A.8.2 In die Mitte – 27,2 % mit 195,3km/h

B. Zweiter Aufschlag

B.1 Im Viertelfinale, Semifinale und Finale der Herren bei den *FO 2009* lag bei den Herren die durchschnittliche Geschwindigkeit bei 153,1 km/h

B.2 Durchschnittliche Geschwindigkeit der ersten Runde bei den *FO 2009:* 149,3 km/h

B.3 Der Prozentsatz der mit dem 2. Aufschlag gewonnenen Punkte lag bei 54,1 %

B.3 Aufschlag von rechts

B.3.1 In den Körper – 56,4 % (damit ist gemeint ein auf Sicherheit gespielter Aufschlag in die Mitte des Aufschlagfelds)

B.4 Aufschlag von links

B.4.1 In den Körper – 60,9 % (siehe oben)

Im Damentennis besteht allerdings noch ein großes Problem mit der Aufschlaggeschwindigkeit. Ich habe mich in der zweiten, erweiterten Auflage des Buchs „Optimales Tennistraining“ in einem gesonderten Kapitel mit dem Damentennis befasst und schon dort die Aufschlagprobleme der Damen geschildert und ein gewisses Unverständnis zum Ausdruck gebracht. Die guten Damen müssten bei richtigem Training *die ersten Aufschläge* mit einer Geschwindigkeit *in der Nähe von 180–200* km/h meistern können. Dies ist aber nur sehr selten der Fall (z. B. Venus und Serena Williams, S. Lisicki).

C. Erster Aufschlag

C.1 Durchschnittliche Geschwindigkeit in Viertelfinale, Semifinale und Finale bei den *FO 2009*: 157,9 km/h (das kann man bei den Top-Stars der Damen schon fast als katastrophal bezeichnen)

C.2 Prozentsatz der mit dem 1. Aufschlag gewonnenen Punkte : 61,8 %

C.3 Zahl der Asse: 2,4 (siehe C.1)

C.4 Trefferquote: 66,7 %

D. Zweiter Aufschlag

D.1 Durchschnittliche Geschwindigkeit der ersten Runde bei den *FO 2009:* 134,9 km/h

D.2 Prozentsatz der mit dem 2. Aufschlag gewonnenen Punkte: 40,0 %!?

Das ist nicht nur eine Frage des Kraftpotenzials, sondern vor allem *der Technik,* der *optimalen Bewegungsfähigkeit* und der *Koordination.* Die *Ballgeschwindigkeit* ist von der Schlägergeschwindigkeit und damit von der *Armgeschwindigkeit* abhängig, die wiederum durch das optimale *Zusammenspiel (Koordination) des gesamten Bewegungsablaufs* des Aufschlags (Bodenreaktivkraft, Körperrotation, Kettenreaktion der einzelnen Glieder – Koordination) gegeben ist. Dies wird somit *nicht nur* durch das geringere Kraftpotenzial der Frauen verursacht. Es geht doch nicht um den *Verglich der maximalen Geschwindigkeiten beider Geschlechter,* welche bekannterweise beim männlichen Geschlecht aufgrund der starken Ausprägung des männlichen Hormons *Testosteron* wesentlich höher ist. Die Frauen sind aber nachweislich von Natur aus *im koordinativen* Bereich *besser* als Männer und somit dürfte es kein Problem sein höhere Aufschlaggeschwindigkeiten zu erreichen, als es bis jetzt der Fall ist (Schönborn, 2010). Es ist eine ausgesprochene Trainingsangelegenheit. Mit diesem Problem müssten sich die Trainer der Damen viel intensiver auseinandersetzen, als sie es wahrscheinlich bis jetzt getan haben. *Für mich schwer verständlich!*

Im Grundlinienspiel sind *die Geschwindigkeiten* in den letzten Jahren merklich gestiegen. Wenn es vor 6–10 Jahren im Durchschnitt ca. 1,3 s vom Treffpunkt zum Treffpunkt waren, wobei eher Geschwindigkeiten über 1,3 s erreicht worden sind, nähert sich heute der Durchschnitt *der Sekundengrenze* und oft wird diese unterboten. Auch bei den *Damen* wurde das Grundlinienspiel *beschleunigt* und Ballflugzeiten um eine Sekunde sind keine Ausnahmen mehr.

Passierbälle und Winner werden mit *130–140 km/h* geschlagen, auch 150 km/h kommen vor.

Um diese Geschwindigkeiten des ankommenden Balls zu meistern muss der *Wahrnehmung* und der *Antizipation* in der gesamten Technikentwicklung große Sorgfalt gewidmet werden. Beim *Return* z. B. könnte man ohne diese Eigenschaften nur mit der reinen *Reaktionszeit* die Mehrzahl der ersten Aufschläge gar nicht erreichen. Das geht allerdings nur bei *variabler Bewegungsentwicklung* im *matchähnlichen situativen Training*. Für die Entwicklung der *Wahrnehmung und Antizipation* muss man sich in den Situationen befinden, in denen diese Bedingung für das erfolgreiche Erreichen des Balls vorhanden ist. Das bedeutet mindestens regelmäßige Übungsformen des Aufschlags, zusammen mit dem folgenden Return! Mit vorprogrammiertem Feeding aus dem Korb oder exakt programmierten Schlagreihen von 2– 6/7 Schlägen ist es nicht möglich. Was man erfolgreich im Match anwenden will, muss man im Training Tausendfach *erfolgreich* üben.

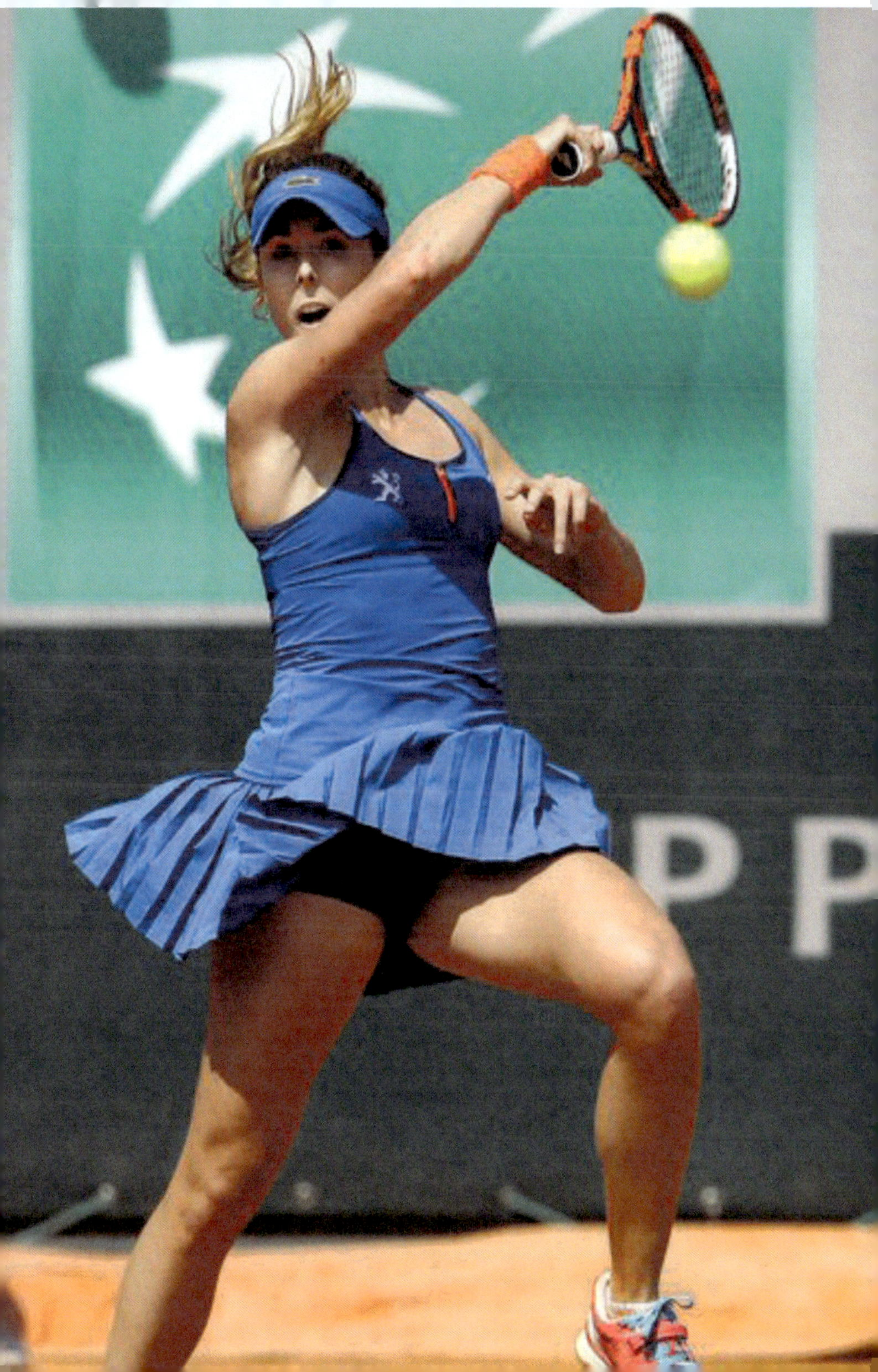

6 Zukunftsperspektiven

Nicht nur all das, was die Weltklasse z. Zt. demonstriert, sondern auch das, was wahrscheinlich in 10 Jahren die *zukünftige Weltklasse spielen wird,* muss man versuchen den Jugendlichen schon heute beibringen. So wie sich der Tennissport bisher in nahezu *jeder Jahrzehntperiode* entwickelt und verändert hat, wird er sich auch in der Zukunft verändern. Vielleicht sogar schneller. Es gibt keinen einzigen Grund, warum er in dem Stadium verharren sollte, in dem er sich z. Zt. befindet.

Gehen wir davon aus, dass es zu keinen wesentlichen Änderungen der derzeitigen Tennisregeln kommen wird und dass es auch zu keinen „revolutionären" Entwicklungen bei Schlägermaterialien kommt. Sowohl die zukünftige Entwicklung der normalen privaten oder beruflichen Lebensweise als auch der allgemeine Fortschritt und die gesellschaftlichen Veränderungen werden einen Einfluss auf den Menschen, auf seine Gewohnheiten und seine Freizeit und damit auf den Sport haben. Damit wird sich die Einstellung der Menschen zu ihrer Umgebung ändern und man wird sich immer wieder *der Umgebung anpassen müssen,* um zu überleben. Alles wird wahrscheinlich *hastiger und schneller* auf der einen Seite und *mehr durchdacht, technisiert und qualitativ fortschrittlicher* auf der anderen Seite sein. Das alles und viel mehr wird sich und muss sich automatisch auch auf den Sport, die einzelnen Athleten und damit auf den Leistungsaufbau und die dafür *notwendigen Lehr- und Trainingsmethoden* der heutigen Jugendlichen auswirken. Der Sportler ist in all den Jahrzehnten ein Produkt der jeweiligen Gesellschaft mit allen positiven und negativen Erscheinungen. *Das betrifft logischerweise auch Tennis.* Es wäre heute *zu vage* eine einwandfreie Prognose zu stellen, man kann aber aus der vergangenen Entwicklung gewisse Rückschlüsse ziehen.

Es steht fest, dass *in den letzten ca. 20 Jahren* Tennis immer schneller, kraftvoller, aggressiver, dynamischer und vielseitiger geworden ist. Das entspricht der oben erwähnten allgemeinen Entwicklung der Gesellschaft. Man kann kaum davon ausgehen, dass man in der weiteren Entwicklung plötzlich den Rückwärtsgang einschalten und sich zurück zu Borgs, Beckers oder Grafs Tennis bewegen wird. Diese Zeit und dieses Tennis sind vorbei, auch wenn es manche Experten und vor allem die Altstars nicht akzeptieren wollen. Wenn wir davon ausgehen (siehe Statistiken oben), dass man heute schon eine hohe Aggressivität und Spielschnelligkeit erreicht hat, dann ist anzunehmen, dass diese Entwicklung weiter fortschreiten wird. *Die Frage ist allerdings wie und wohin.* Welchen Einfluss wird so eine Entwicklung *auf die Bewegungs- und Techniklehre* haben?

Es sind im Rahmen der *Tennisplatzgröße und der geometrischen Abgrenzung und Aufteilung des Platzes physikalische Grenzen* sowohl für die Ballgeschwindigkeit als auch für die *Genauigkeit* der Ballplatzierung festgelegt, die man nicht überschreiten kann. Es können z. B. nur gewisse situative *maximale Ballgeschwindigkeitsgrenzen* erreicht werden, denn bei einer Überschreitung dieser muss der Ball zwangsweise ins Aus gehen (Erdanziehungskraft, Bernoulli-Gesetz, Magnus-Effekt). Somit kann man nicht annehmen, dass die Schlaggeschwindigkeit und damit die Ballgeschwindigkeit markant oder sogar unendlich steigen könnte. Auch die *Platzierung der Bälle* unterliegt in *Kombination* mit der *Ballgeschwindigkeit* und *Ballrotatio*n exakten geometrischen Gegebenheiten und physikalischen Gesetzmäßigkeiten.

Trotzdem gehen wir davon aus, dass das Spiel *noch schneller und aggressiver* sein wird. Aber wodurch denn? Wo sollten oder könnten dann die Veränderungen stattfinden?

Meiner Meinung nach sind vor allem noch drei *folgende, weitgehend noch nicht ausgeschöpfte Reserven* vorhanden:

6.1. Die Positionen der Spieler auf dem Platz bei der Mehrzahl der Grundschläge und die situativen Lösungsmöglichkeiten in diesen Positionen
6.2. Eine weitere Perfektionierung der situativen Lösungen
6.3. Die Genauigkeit und Präzision

Die Positionierung der Spieler kurz nach, vor allem aber vor der Grundlinie führt zu *vier wichtigen Veränderungen*:

6.1.1. *Die Entfernung* zwischen den zwei Spielern verkürzt sich, womit automatisch auch die *Ballflugbahn zeitlich kürzer* wird (Abb. 36).

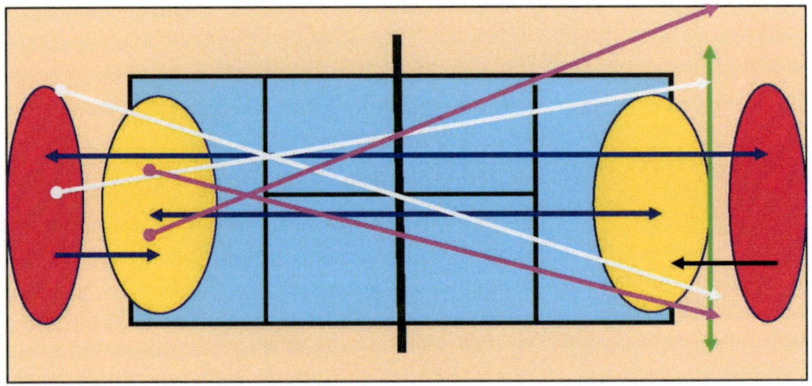

Abb. 36.

Schon bei der Einhaltung (theoretisch gesehen) der heutigen Ballgeschwindigkeiten (siehe oben) würde der Ball den Gegner früher erreichen. Allerdings – eine *hohe Ballgeschwindigkeit* auf eine kürzere Entfernung muss mit *mehr Spin* begleitet werden, um die *ballistische Kurve* zu verkürzen, was wiederum aufgrund physikalischer Gesetze (Bernoulli-Gesetz und Magnus-Effekt) zu einer *Reduzierung* der *Ballgeschwindigkeit* führt. *Rafa Nadal* zeigt uns allerdings, dass man fähig ist mit einer sehr hohen Schlaggeschwindigkeit in Kombination mit viel Drall enorme Ballgeschwindigkeiten zu erzielen. Das alles erfordert von den Spielern höhere *feinmotorische Bewegungsanpassungen*, fein koordinatives Feeling und größere taktische Variation. Das Tennisspiel wird dadurch *technischer.*

6.1.2. *Die Treffpunkte* können viel öfter *kürzer* nach dem Absprung des Balls im *aufsteigenden Ast* oder sogar schon mit einem *Halbflugball* erfolgen, womit es wieder zu einer weiteren Schlag- und Spielbeschleunigung kommen kann (Abb. 37, 38). Ein Beispiel für diese Entwicklung ist die hervorragende deutsche *Spitzenspielerin A. Kerber* (Abb. 39), die auf Halbflugbälle unheimlichen Druck ausüben kann. Dafür wendet sie spezifische technische Elemente an – Schläge aus tiefer Kniebeuge. Darüber hinaus kann man aus solchen Positionen eher ans Netz vorrücken, um den Finalschlag zu platzieren.

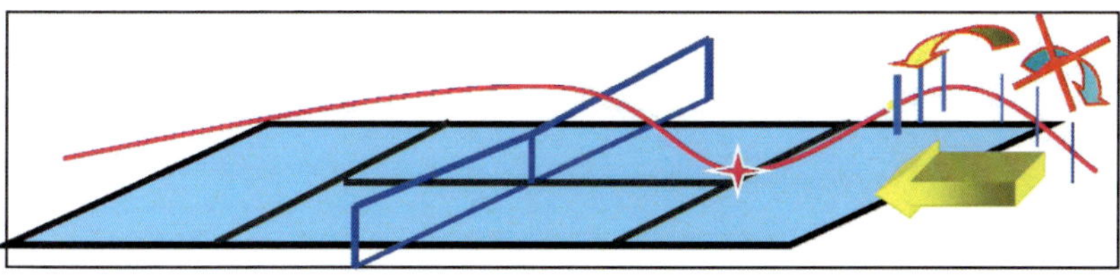

Abb. 37.

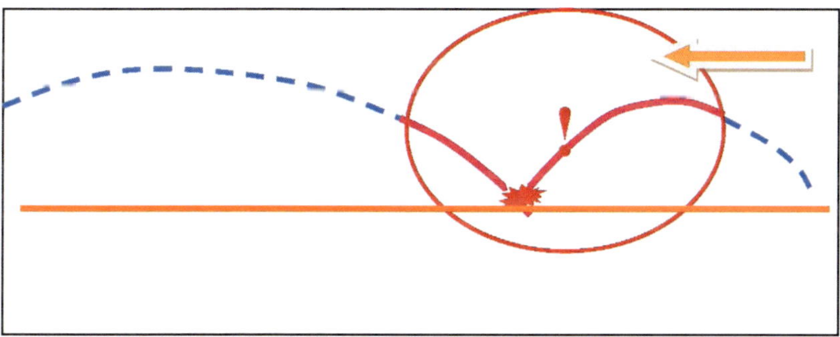

Abb. 38.

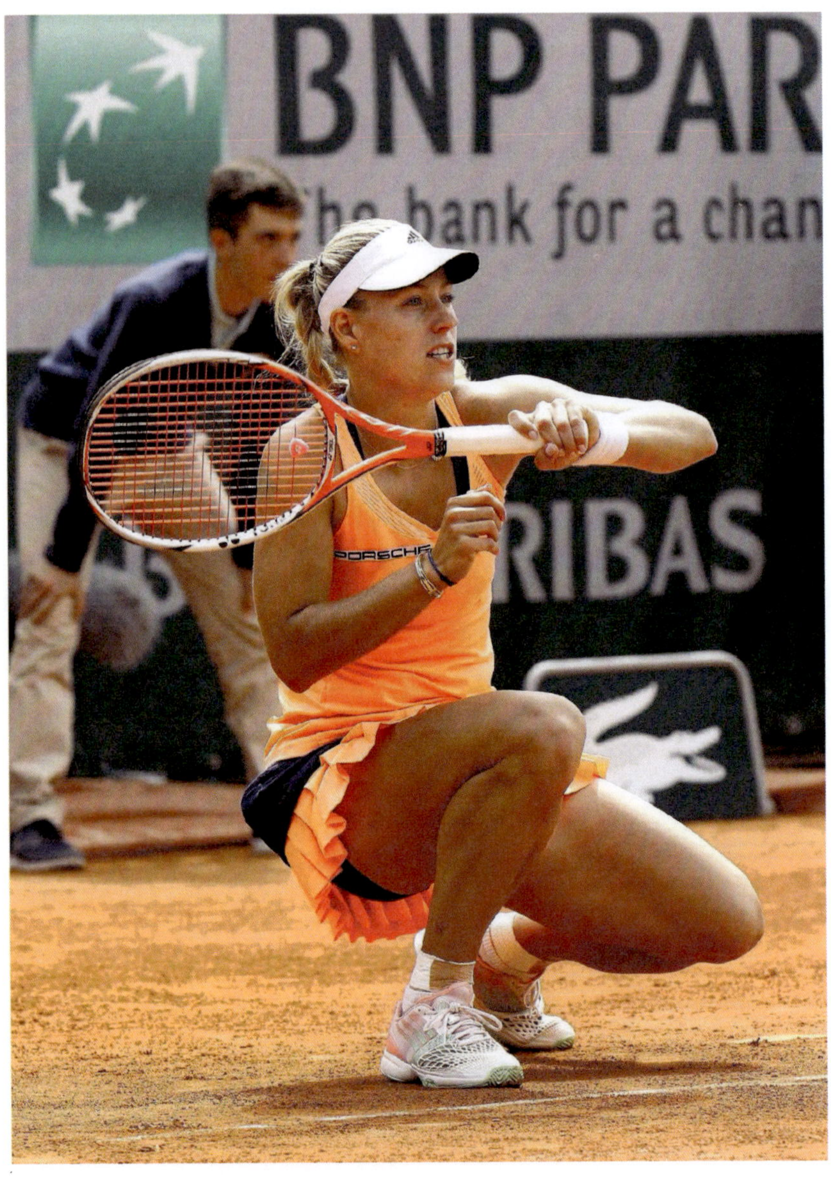

Abb. 39. Diese Schlagposition ist ein Charakteristikum von A. Kerber, sie kann damit viel Druck ausüben und vor allem – sie lässt sich nicht nach hinten drängen, sie behält die Position.

Man muss bei der Ausbildung darauf achten, dass die Spieler an oder hinter der Grundlinie nicht auf den Ball warten, sondern diesem *nach vorne* entgegengehen, wenn er kürzer ist. Das bedeutet wiederum eine weitere Entwicklung der *Wahrnehmung* und der *Antizipation. Im gesamten Bewegungslernen* muss deswegen von Anfang an der *Abschätzung des Ballabsprungs* eine große *Aufmerksamkeit* gewidmet werden. Wenn der Spieler die Vorteile der eben beschriebenen Veränderungen ausnutzen will, dann muss er mit der Annäherung zum Treffpunkt schon *vor dem Ballabsprung* anfangen (Abb. 39). Das müsste zukünftig eine der Hauptaufgaben im Training werden und es gibt dafür sehr gute Drills.

Hinzu kommt, dass dadurch auch die *Schlagdurchführung* angepasst werden muss. *Hohe* und *weite Ausholbewegungen* sind schon heute *passé,* die *Armausholbewegung endet vor der Schulterachse* (Abb. 40).

Die Energie kommt nicht von einem langen Beschleunigungsweg des Schlägers.

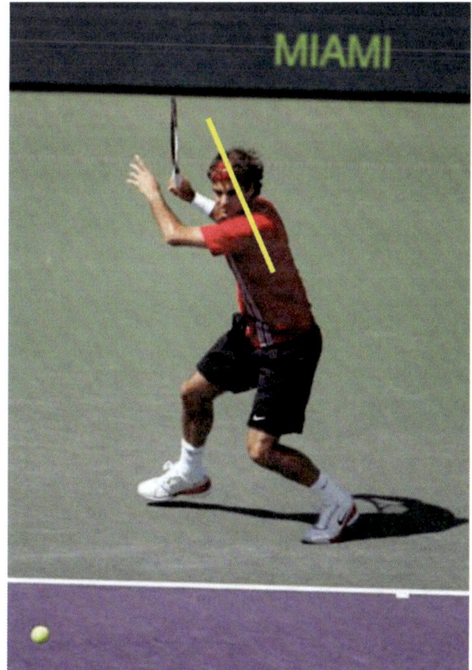

Abb. 40. Roger Federer besitz einen der besten, vielleicht den besten Vorhandschlag der Tennisgeschichte. Seine Technik ist phänomenal. Seine Ausholbewegung ist kurz, er holt die Akzeleration des Schlägers aus der perfekten Körper- und für ihn spezifischen Handgelenkarbeit.

Umso mehr muss die *Rotation des Körpers* in den Schlag eingesetzt werden, um die *starke Hüftmuskulatur* ausnutzen zu können (Abb. 41–44). Eine detaillierte Beschreibung und Begründung findet sich in meinen Büchern „Optimales Tennistraining“ und „Tennis Techniktraining“.

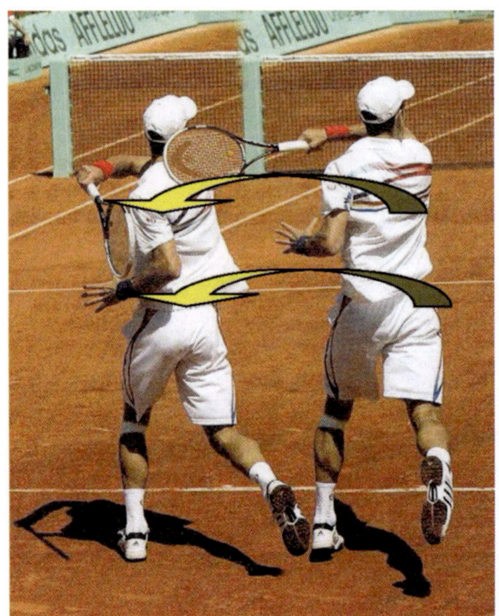

Abb. 41. In dieser Abbildung von Djokovic ist die ausgezeichnete Rotation des Körpers während des Schlags deutlich zu sehen.

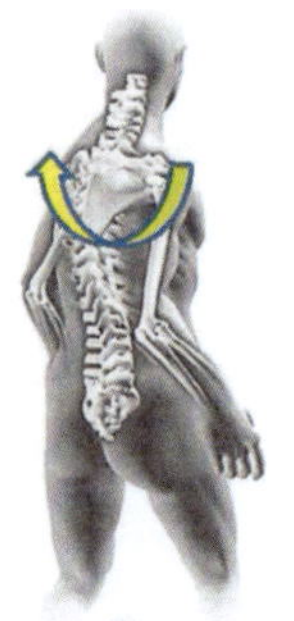

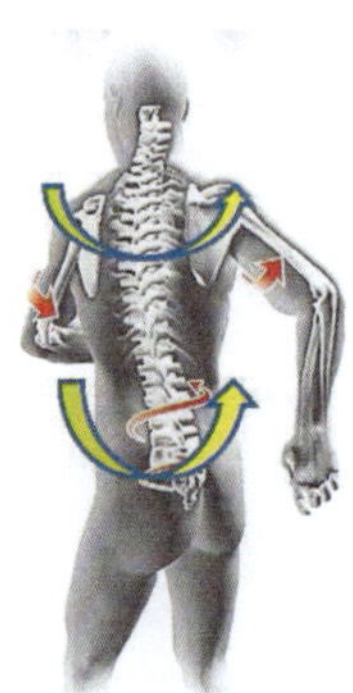

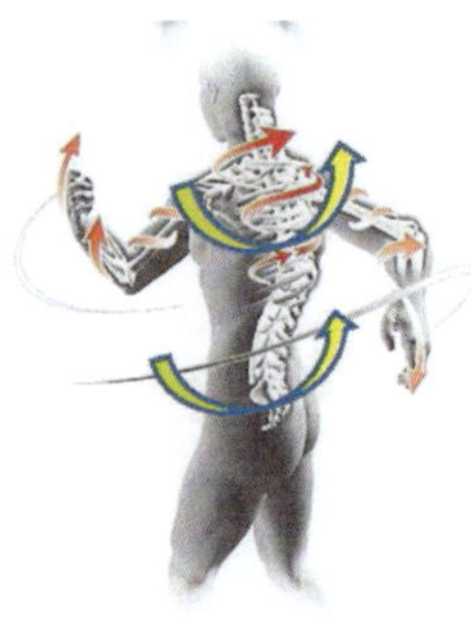

Abb. 42. Das Aufdrehen bei der Ausholbewegung (a) als auch die Rotation vorwärts sind typische Merkmale jeder Wurfbewegung und damit auch des Tennisschlags (Quelle: Tennis Magazine).

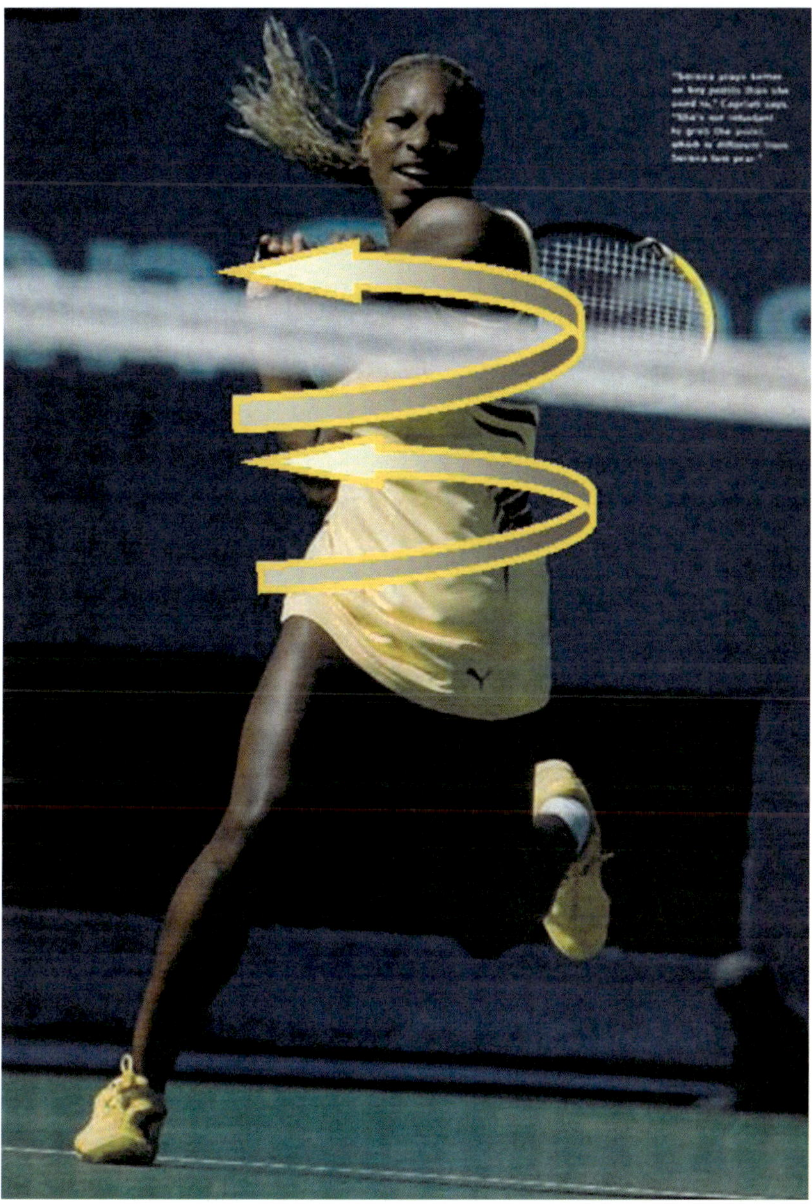

Abb. 43. Serena Williams präsentiert hier eine perfekte und wuchtige Körperrotation bei ihrer doppelhändigen Rückhand. In diesem Bild ist die Dynamik der Rotation direkt zu spüren.

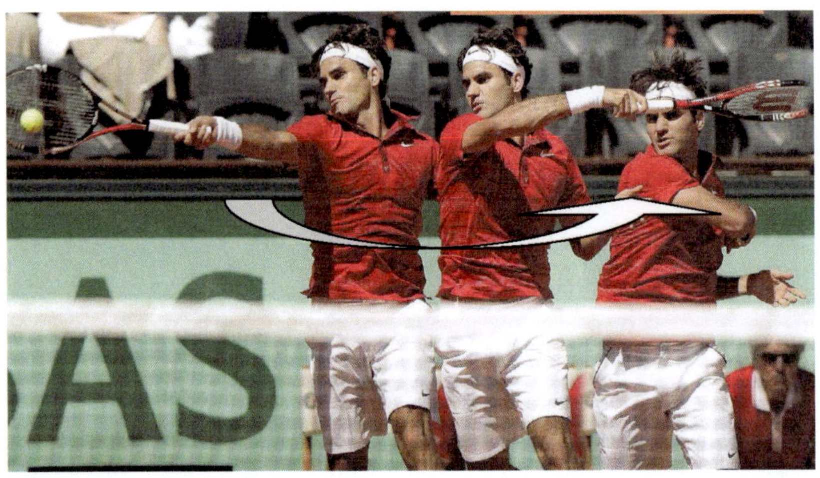

Abb.44. Im Ausschwung vom R. Federer ist die Wucht der Rotation während des Vorhandschlages deutlich zu erkennen. Bild übernommen aus Japanischen Tennismagazine.

6.1.3. Durch die *Schlagstellung vor der Grundlinie* vergrößert sich *die Winkelvariation* bzw. Winkelschärfe (Abb. 45).

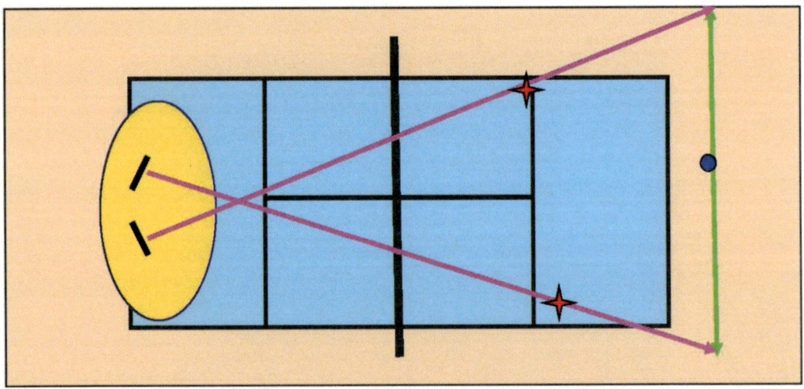

Abb. 45. Das Winkelspiel ist die beste Methode, den Gegner seitlich außerhalb des Platzes zu drängen, um einen eventuellen Winner in die offene Platzhälfte zu spielen. Je näher man an der Grundlinie oder auf ihr selbst steht, kann ein umso schärferer Winkelschlag gespielt werden.

Der Druck auf den Gegner steigt, er wird mehr unter Zeit- und Raumnot und zu Schlägen unter Druck gedrängt, womit seine Fehlerhäufigkeit steigen kann. Hier kommt vor allem *der taktische Effekt* zur Geltung.

6.1.4. Schläge und Schlagabsichten *kurz nach dem Absprungpunkt* sind vom Gegner *schwerer zu lesen* (höhere Ansprüche an seine Wahrnehmung und Antizipation), denn die schnellere und kürzere Schlagausführung ist vom Gegner schwerer bewusst zu registrieren.

6.2. Eine weitere Perfektionierung der situativen Lösungen

Schon heute dominieren in der Weltklasse beiderlei Geschlechter diejenigen Spieler und Spielerinnen, die *wesentlich größere Fähigkeiten und vor allem Fertigkeiten* (Koordination, Gleichgewicht, Schlagvariationsfähigkeit, Anpassungsfähigkeit, technische Experimentfähigkeit) zur erfolgreichen Lösung schwieriger und ungewöhnlicher Lagen und Situationen aufweisen (Abb. 46, 47). Diese Eigenschaften werden in der Zukunft eine noch größere Rolle spielen, übertrieben gesagt – der geschicktere „Tennisartist" wird die Dominanz ergreifen. Und was braucht er dazu? Eine viel *systematischere Ausbildung in der Bewegungslehre.* Damit ist nicht nur die Tennistechnik gemeint, sondern der gesamte Bereich der menschlichen *Bewegungsfähigkeit.*

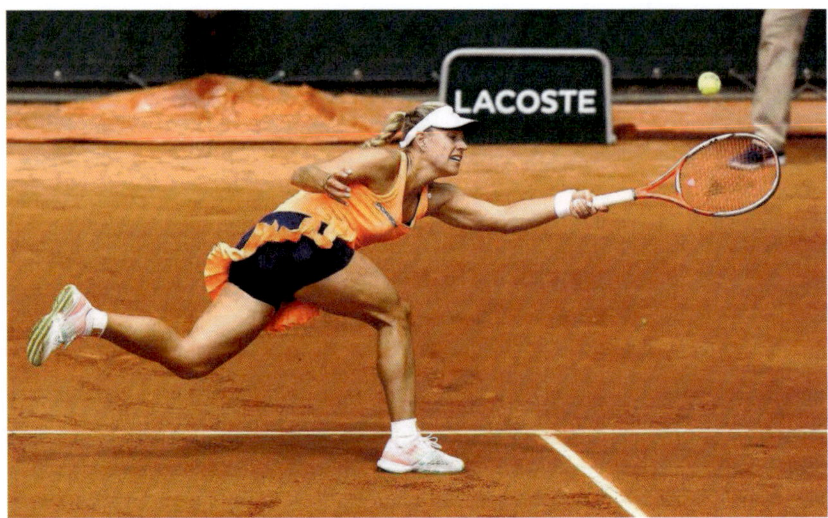

Abb. 46. Schläge im vollen Lauf entlang der Grundlinie sind bei immer häufiger vorkommenden schnellen und platzierten Schlägen des Gegners schon heute die Norm. Man muss dabei oft vom Western- oder Semiwesterngriff auf den Kontinentalgriff umgreifen. Bei vermutlich noch schnellerem Spiel in der Zukunft wird diese Technik zur normalen technischen „Ausstattung" gehören.

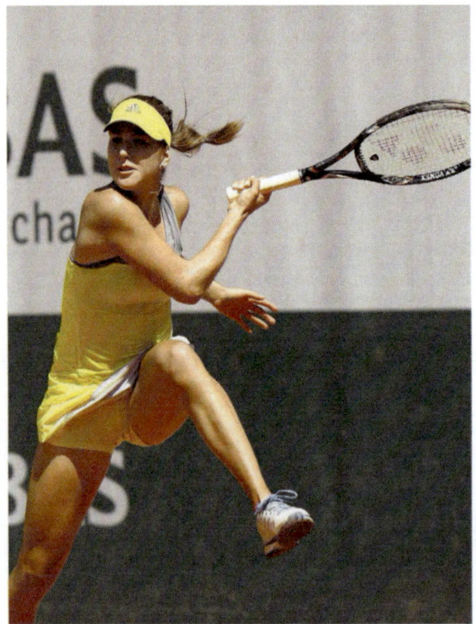

Abb. 47. Erfolgreiche komplizierte situative Improvisationen besonders in wichtigen Momenten sind schon heute Pflicht.

Die normalen Schlagsituationen und -positionen beherrschen die meisten Spieler der TOP 100 und Spielerinnen der TOP 50 mehr oder weniger ohne wesentliche Probleme praktisch in der gleichen Qualität und das wird sich durch perfektere und vor allem moderne Trainingsmethoden im gesamten Jugendbereich steigern, man wird noch schwerer z. B. in die TOP 100 kommen können. Die zukünftige Generation wird noch perfekter sein.

Das bedeutet, dass es schwieriger sein wird den Gegner zu erzwungenen Fehlern zu bringen. Damit wird einerseits die Taktik eine immer wichtigere Rolle spielen, anderseits muss die zielorientierte Ballpräzision perfektioniert werden.

6.3. Die Genauigkeit und Präzision

Diese zwei Faktoren sind meiner Meinung nach immer noch *der schwächste Teil bei allen Spielern und Spielerinnen der Gegenwart, die absolute Spitze inbegriffen,* was mich persönlich nach wie vor sehr überrascht. Wenn man sich die Streuung der Bälle sogar *der Topspieler* in den Matchanalysen anschaut, dann erkennt man, dass relativ wenige Bälle in der unmittelbaren Nähe der Seitenlinien oder der Grundlinie landen und dass die Mehrzahl der *Bälle mehr als zwei Meter* von den Linien entfernt aufspringen. Darüber hinaus gibt es auch noch zu viele „neutrale Schläge“, die im Zentrum des Platzes landen (Abb. 48).

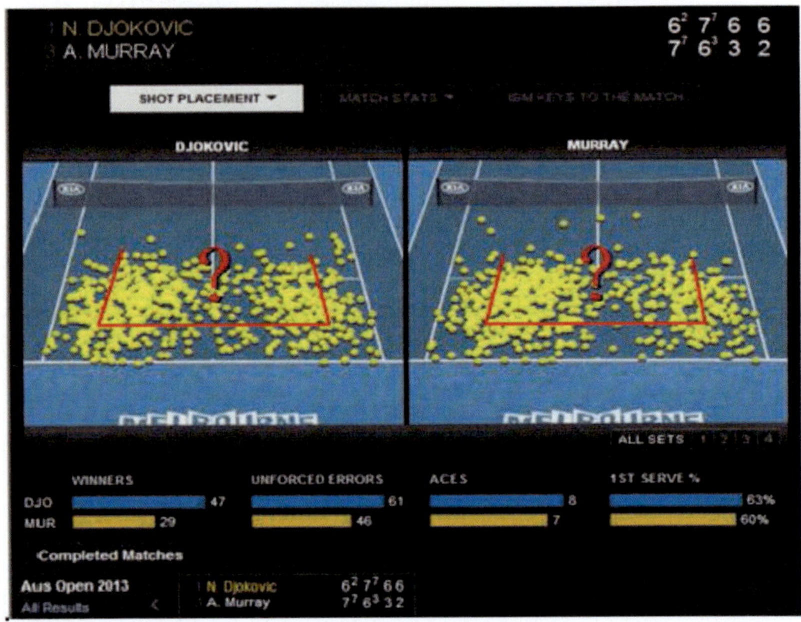

Abb. 48. Sowohl Djokovic als auch Murray haben sich in diesem Match sicherlich nicht durch eine besondere Schlagpräzision ausgezeichnet. Die Mehrzahl der Bälle landete in der Nähe des T.

Diese Tatsachen müssen einen Grund haben. Ich sehe diesen in den bisher allgemein bekannten und praktizierten *konservativen Inhalten* (Routine) der derzeitigen Trainingsmethoden und Trainingsziele schlechthin, man achtet auf und bastelt vor allem an den Details (oft viel zu viel?) der Technikausführungen, man will nach wie vor bei den jungen Spielern den „idealen" oder „perfekten" Schlag formen (meistens noch nach eigener Vorstellung – siehe oben), dann achtet man eventuell auf die Ballgeschwindigkeiten und/oder Schlagrichtungen, *aber nach wie vor zu wenig auf das Resultat des Schlags* – den *Aufsprungpunkt des Balls, die Zielfläche* (siehe Kapitel 8.2). *Das wichtige Ziel* jeder taktischen Entscheidung ist schließlich *den Gegner in Zeit- und Raumnot zu bringen* – siehe oben. Das erreicht man aber nicht durch die Platzierung des Balls im Platzzentrum! Der Gegner muss bewegt werden, um in Notsituationen zu kommen.

Wenn man nach wie vor die Unmengen verschiedener weltweit publizierter Tennismagazine und -zeitungen sowie die Mehrzahl der Fachbücher durchblättert und die dort wohl gemerkt gut gemeinten Tipps (wenigstens die meisten davon) zu verschiedenartigen Drills und Übungsformen betrachtet, dann stellt man Folgendes fest: Es werden Bewegungen oder Positionen der Spieler und *alle möglichen Ballrichtungen* eingezeichnet und im Text beschrieben und begründet, *es fehlen* aber in der Regel die *Zielorte,* wo der Ball eigentlich *landen* sollte (Abb. 49)! Das sollte doch der *allerwichtigste Faktor* aller Schläge sein! Wenn man das schon in den Vorschlägen und später in der Trainingspraxis *ignoriert,* wo sonst soll man dann die Präzision lernen? *Hohe Präzision* bestätigt doch die *Qualität* der Technik und umgekehrt spiegelt sich die *Qualität* der Technik in der *Präzision!* Solche „Vorschläge" zeugen von *mangelndem Wissen* oder von einer Unterschätzung der eigentlichen Ziele des Technikaufbaus, der Technikentwicklung und der *taktischen Philosophie* des Tennisspiels – *der Präzision.* Bei solchen Übungen darf der Ball im „Nirgendwo" landen, was sicherlich nicht das Ziel der taktischen Handlung im Match ist.

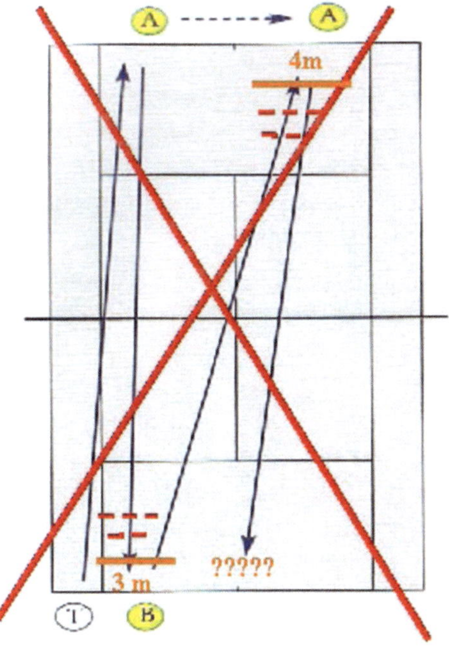

Abb. 49. Ein beliebiges Beispiel aus der Tennisliteratur. Was will man mit solchem Drill erzielen? Soll der Ball lang sein, soll er präzise zu den Linien gehen, wohin soll der zweite Schlag des Spielers A gerichtet sein? Die mögliche Streufreiheit des Balls ist enorm hoch. Dem mir unbekannten Autor gegenüber soll das keine Kritik sein, aber es ist ein typisches Beispiel dafür, wie ein eventuell guter Gedanke im Sand endet.

Was hilft uns taktisch gesehen die tollste Ballrichtung, wenn man nicht weiß, wo man den Ball exakt hin spielen will, um den entsprechenden Effekt zu erzielen oder aber gar nicht beabsichtigt den Ball exakt zu platzieren. Hier ist ja der *Sinn der Übung* auf den Kopf gestellt oder sogar ad absurdum geführt. Man sollte ja *mit jeden Schlag* auf dem Platz ein *Ziel verfolgen*, eine *taktische Aufgabe erfüllen*! Sogar die Senioren in Hintertupfingen versuchen in ihren „lebenswichtigen Doppelkämpfen" die Bälle sinnvoll zu platzieren, soweit ihre Kräfte oder die Technik es erlauben.

Man muss sich nur vorstellen, dass sich z. B. ein *Biathlonathlet* damit zufrieden gibt, nur Richtung Scheibe zu schießen oder dass ein *Basketballspieler* nur Richtung Korb wirft. Oder ein *Handballspieler* oder *Fußballspieler* nur die Torrichtung bei seinem Wurf oder Schuss anstreben würde. Diese Sportler legen einen enormen Wert auf die *exakte Zielsicherheit* (vielleicht mit Ausnahme einer großen Zahl der Fußballspieler, die beim Torschuss regelmäßig den Torwart in der Mitte des großen Tors anschießen, was ich bis heute nicht verstehe – siehe die ersten zwei Kapitel), auf die Kombination des Kraft- oder Gefühlseinsatzes, auf die Genauigkeit und Präzision, auf die Wurf- oder Schussgeschwindigkeit, den Wurf- oder Schusswinkel, die Schusshöhe und -länge und auf vieles mehr. Durch das *Streben nach Zielgenauigkeit verbessert* sich automatisch die *technische Durchführung* des Akteurs. Nur der *Tennisspieler* gibt sich schon im Training (außer vielleicht beim Aufschlag) *mit der Richtung* und eventuell mit der *Schlaggeschwindigkeit* zufrieden. Wie soll er dann im Match regelmäßig und präzise zu den Linien spielen können?

Das Präzisions- und Genauigkeitstraining ist doch nachweislich die *Garantie* für die *Selbstkorrektur der Bewegungsausführung* und der Bewegungsdetails innerhalb des Tennisschlags (Näheres dazu in Kapitel 8).

Wenn man diese „Mängel" betrachtet, dann kommt man automatisch zu folgendem Resultat: Man muss in der *Bewegungslehre* (der Hauptinhalt und das, worauf dieses Buch abzielt) *von Anfang* an *allerlei verändern* oder mindestens *korrigieren* und dem Stand des *heutigen Wissen* anpassen. Man braucht zu der Erfüllung der oben angeführten Prognosepunkte eine perfektere und vielseitigere Schlagtechnik und damit Kenntnisse über deren Grundlage – *perfektere Variationsfertigkeiten im Rahmen der Bewegungsfähigkeiten*. Auch das spricht wieder einmal für das *zielorientierte und situative Bewegungstraining von der Kindheit an* über die Juniorenzeit bis in die Herren- oder Damenspitze, wenn man dem Spieler oder der Spielerin die Möglichkeit bieten will eventuell einmal Toptennis zu spielen. Das Erreichen der *absoluten Leistungshöhen* wird in der kommenden Periode immer schwieriger und anspruchsvoller.

Selbstverständlich besteht der Tennissport nicht nur aus dem Hochleistungstennis, denn das ist nur ein ganz *winziger* und unbedeutender Prozentteil der millionenfachen tennisspielenden Gemeinde weltweit. Wie in allen anderen Sportarten oder Lebensbereichen bringt die *Forschung*, die Entwicklung, die Kreation, der praktische Einsatz der Spitzenprodukte automatisch Erkenntnisse, wie man diese leichter produziert, um die erhofften Ergebnisse zu erzielen und vor allem wie man diese besser und erfolgreicher anwendet und dem breiten Publikum anbietet. Es gibt keinen einzigen Grund, warum die Technik des Otto Normalverbrauchers und des Tennisstars im gesamten Ausführungsbereich unterschiedlich sein muss. Warum soll der normale Klubspieler nur mit dem Schläger und dem Arm herumfuchteln, warum darf nicht auch er den ganzen Körper im Rahmen seiner Fähigkeiten einsetzen?

Das ist allerdings nur dadurch zu erreichen, dass sowohl das talentierte Kind als auch der normale Hobbyanfänger in jedem Alter in allen Elementen der modernen Technik, der Bewegungslehre und der Methodik mit dem heutigen Wissen konfrontiert und unterrichtet werden. Man muss immer auf der Höhe sein! Man könnte nun unendliche Beispiele für die noch immer vorhandenen Qualitätsunterschiede in der Bewegungs- und Techniklehre anführen.

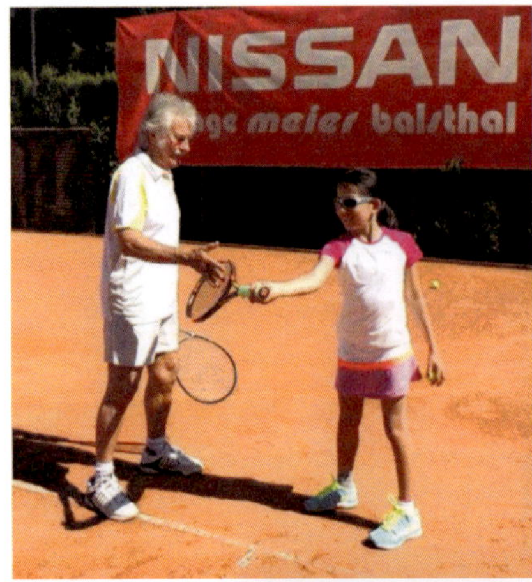

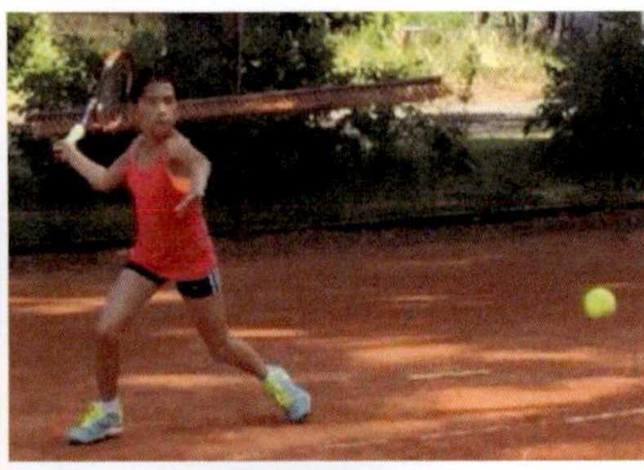

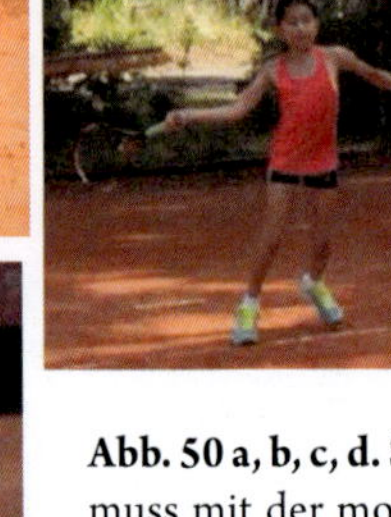

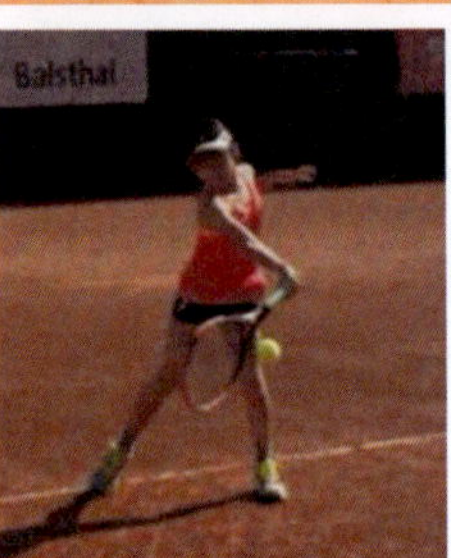

Abb. 50 a, b, c, d. Schon bei kleinen Kindern muss mit der modernen Bewegungs- und damit Techniklehre begonnen werden. In dem frühen Kindesalter lernen die Kinder jedes Bewegungsdetail sehr schnell, darüber hinaus sind sie wissenshungrig, spielfreudig, improvisieren gerne und mögen Variationen und Veränderungen. Ihre natürlichen, angeborenen Bewegungsfähigkeiten müssen nach anfänglichen Instruktionen (Abb. 50 a.) in die Technikentwicklung und –Schulung integriert werden (Abb. 50 b, c, d)

Im Golf z. B. strebt man das doch auch an. Dort versucht schon jeder Anfänger zu rotieren, zur Fahne zu schippen oder ins Loch zu putten. Warum soll es im Tennis anders sein? Ich wiederhole noch einmal: Es gibt kein oder besser gesagt es sollte kein unterschiedliches Tennis, keine unterschiedliche Basistechnik zwischen der Weltspitze und dem Otto Normalverbraucher im Verein geben. Es sollte und muss logischerweise nur zu einer unterschiedlichen Ausführungsweise und zu einem Leistungsunterschied und aufgrund dessen zu einem Qualitätsunterschied zwischen den Technikausführungen der Stars und der Vereinsmasse kommen.

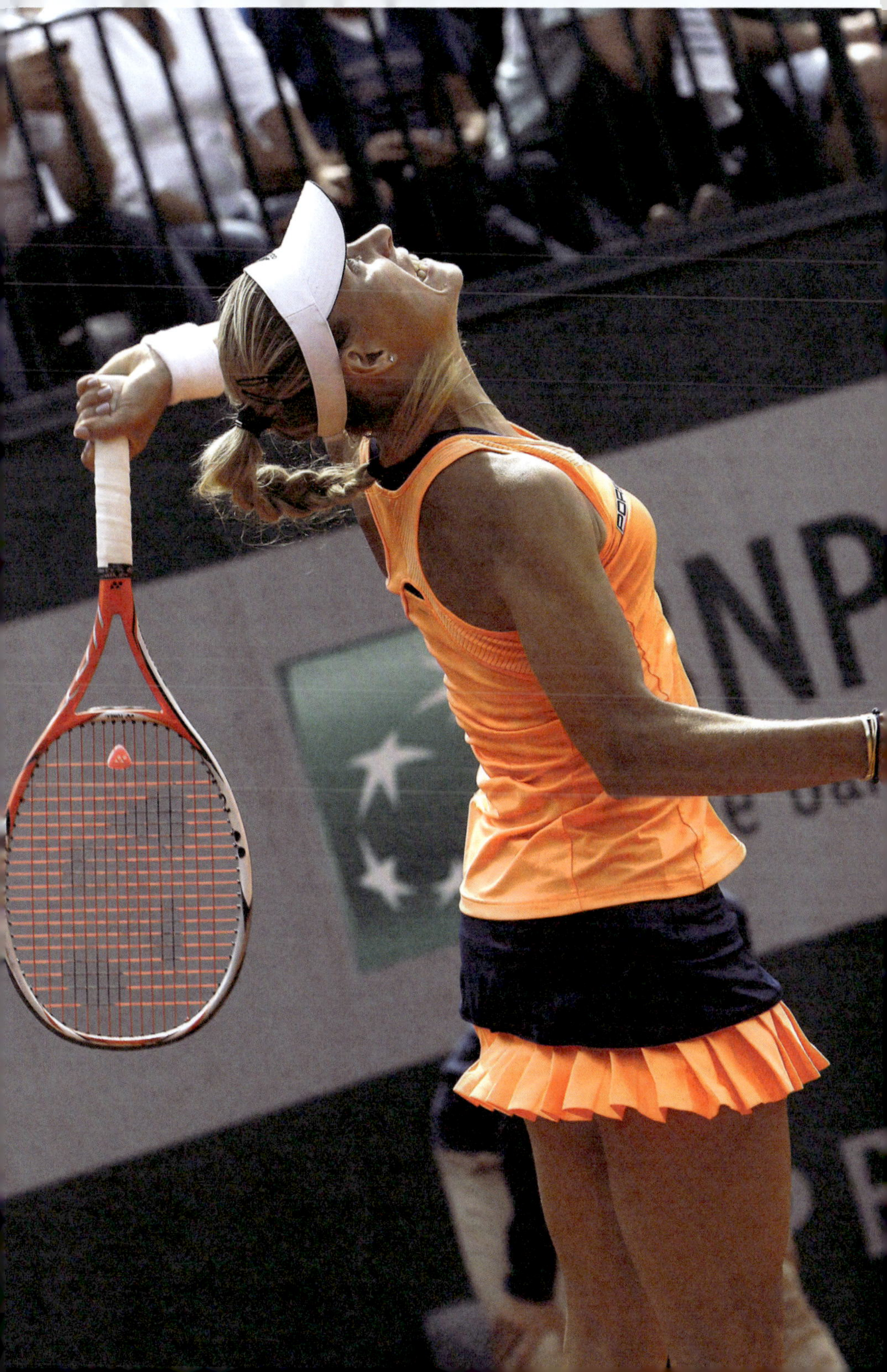

7 Bewegungslernen

7.1 Problematik

Vielleicht fragt sich der ein oder andere Leser, warum man eigentlich so viel über *Bewegungslernen* schreiben muss, schließlich verhält es sich doch mit dem Techniklernen genauso. Diese Meinung wäre allerdings falsch.

Erst einmal sollte man den *Begriff lernen* erklären. Etymologisch betrachtet lautet die ursprüngliche Bedeutung dieses Begriffs: *einer Spur nachgehen*. Wenn man aber einer Spur nachgeht, dann *sucht man doch etwas,* einer Spur nachzugehen, ohne ein Ziel zu haben, wäre wohl überflüssig. Man ist *auf der Suche* (Abb. 51). Wenn man aber auf der Suche ist, dann will man *etwas finden,* sonst braucht man nicht auf der Spur zu sein, um etwas zu suchen. Und wenn man auf dem Weg ist, dann muss man sich den Umweltbedingungen, die einem begegnen, anpassen, man muss dabei allerhand Hindernisse überspringen und diverse Probleme lösen. Man muss die Richtung und das Ziel der Suche festlegen.

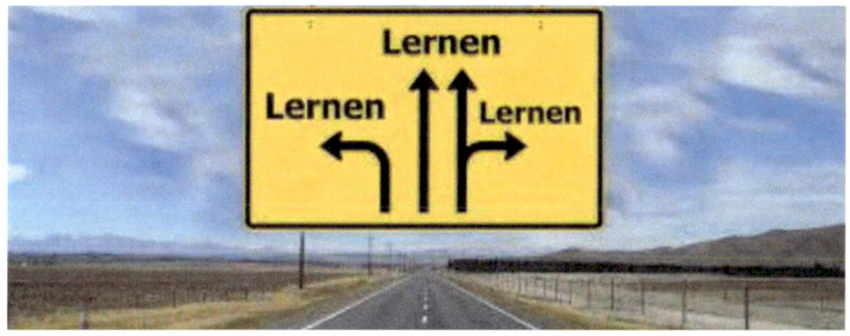

Abb. 51. Man muss sich rechtzeitig entscheiden, welches Ziel man anstrebt, was man finden will und diese Entscheidung bestimmt die Wegrichtung, die Spur und den entsprechenden Lernprozess. Es reicht sicherlich der Spruch nicht: Wenn Du auf eine Weggabelung kommst, dann nehme sie. Man muss schon wissen, wohin man will.

Unter Lernen versteht man den *absichtlichen* und den *beiläufigen* Erwerb von geistigen, *körperlichen* und sozialen Kenntnissen, Fähigkeiten und Fertigkeiten.

„Die Fähigkeit zu lernen ist für Mensch und Tier eine *Grundvoraussetzung* dafür, sich den *Gegebenheiten des Lebens* und der *Umwelt anpassen* zu können, darin *sinnvoll zu agieren* und sie gegebenenfalls im eigenen Interesse *zu verändern*" (Wikipedia).

Wie allerdings schon in den ersten zwei Kapiteln betont wurde – Lernen muss man über das Gehirn bzw. die Gehirntätigkeit steuern (Abb. 52). Das betrifft sowohl den Menschen als auch das Tier. Die Umwelt begreifen, die Anforderungen akzeptieren, Wissen ausbreiten und Erfahrungen mehren. Nicht anders ist es im Sport, nicht anders ist es im Tennis.

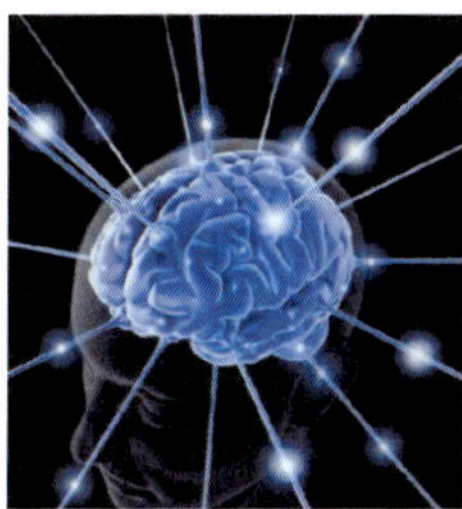

Abb. 52. Das Gehirn ist der Computer und die Schaltzentrale der Lebewesen. Beim Menschen ist es am weitesten entwickelt (Quelle: Wikipedia).

Müssen wir uns auf dem Tennisplatz nicht ununterbrochen der Umwelt *anpassen,* um darin sinnvoll zu agieren? Wir müssen *unzählige Schlagvariationen* in unzähligen Spielsituationen, Körperstellungen und Bewegungsgeschwindigkeiten mit unterschiedlichen Zielen bewältigen. Hinzu kommen die äußeren Bedingungen – Wind, Sonne, Halle, Platzoberfläche, unterschiedliche Ballmarken und -qualitäten und vieles mehr. Die Situation, die Umwelt wird sich niemals an uns anpassen!

Nun komme ich vorerst zurück zum ersten Kapitel und der Betonung der Bedeutung des Gehirns.

Zitat 1: „Die Einleitung und Durchführung *jeglicher Bewegung* unterliegt den *motorischen Zentren des ZNS.* Ihre Aufgabe ist laut Schmidt und Wiesendanger (1985), die *Motoneurone* der entsprechenden Muskulatur so zu erregen, dass die *Muskelkontraktion genau zu der gewünschten Bewegung führt* (Abb. 53) und damit eine direkte oder indirekte Kontrolle über einen Muskel ausüben. Sie bilden die *efferenten Nervenbahnen (siehe Seite 84).* Unter dem Begriff *Motoneuron* werden die *efferenten Nervenzellen* zusammengefasst, die die Muskulatur des Körpers *innervieren* und somit Grundlage aktiver Kontraktionen der Skelettmuskeln sind.

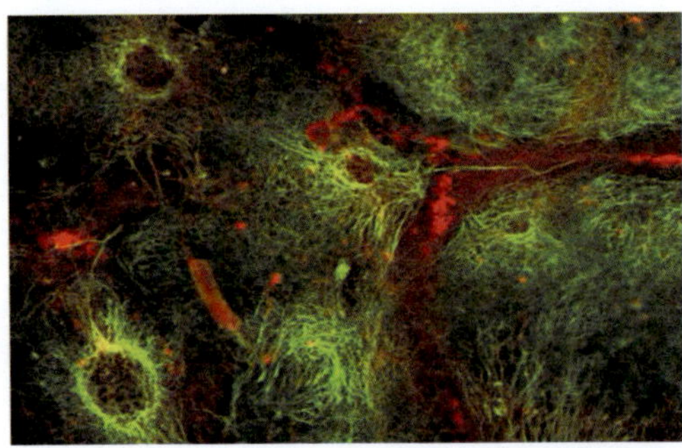

Abb. 53. Quelle: Wikipedia)

Bewegungen können jedoch nur *erfolgreich ausgeführt* werden, wenn durch eine *angemessene Haltung des Körpers und der Extremitäten* die für diese Tätigkeit *notwendige Ausgangsposition* eingenommen wird. Darüber hinaus muss der Körper dem durch die Bewegung *entstehenden Ungleichgewicht entgegenwirken*

(z. B. bei einem Schlag aus vollem Lauf in der Kehrwende (Abb. 54) oder im Ski Alpin bei jedem Schwung (Abb. 55).

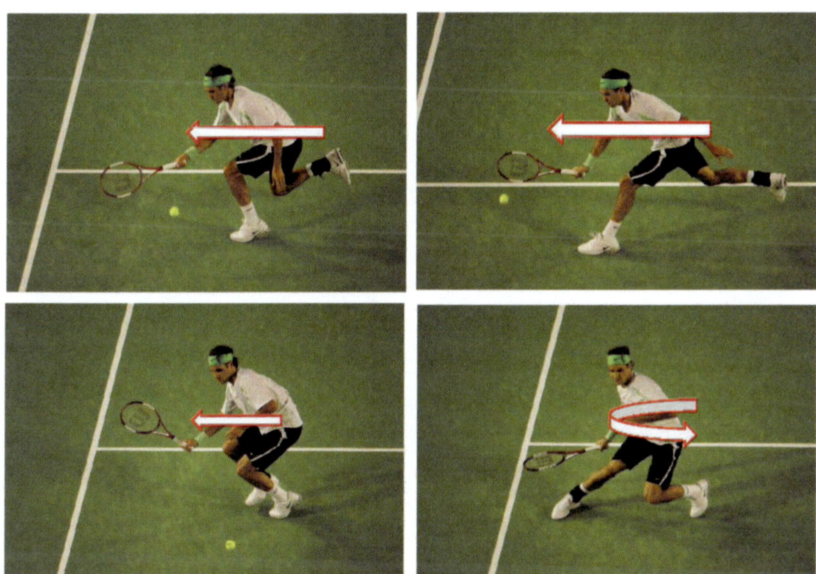

Abb. 54. R. Federer ist z. B. in der Platzecke nach schnellem Lauf in Ungleichgewicht geraten und muss nun dagegensteuern, um wieder in die Platzmitte zu kommen.

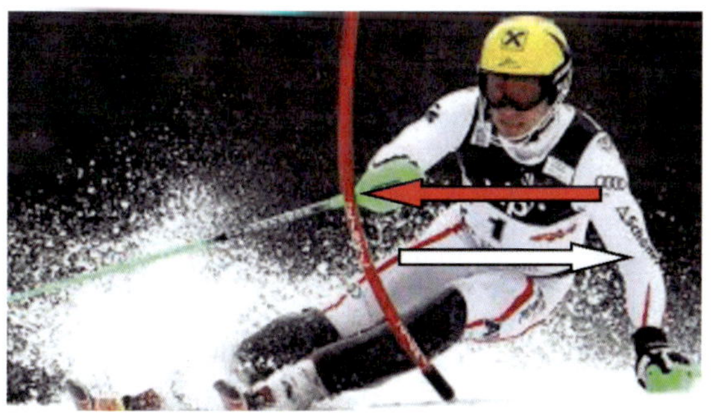

Abb. 55. Die Fliehkraft des Skifahrers nach rechts (rot) ist in diesem Moment groß, der Fahrer muss dementsprechend stark dagegensteuern (weiß) mit einer extremen Neigung gegen den Berg, um den Schwung erfolgreich zu Ende zu bringen.

Die *Stütz- und Zielmotorik* sind funktionell sehr eng miteinander verbunden. Während die Stützmotorik und ihre Koordination mit der Zielmotorik überwiegend von Strukturen des *Hirnstammes und Kleinhirns* (Abb. 56 a, b) kontrolliert werden, ist zur Durchführung von Zielbewegungen *eine Beteiligung höherer Zentren* erforderlich."

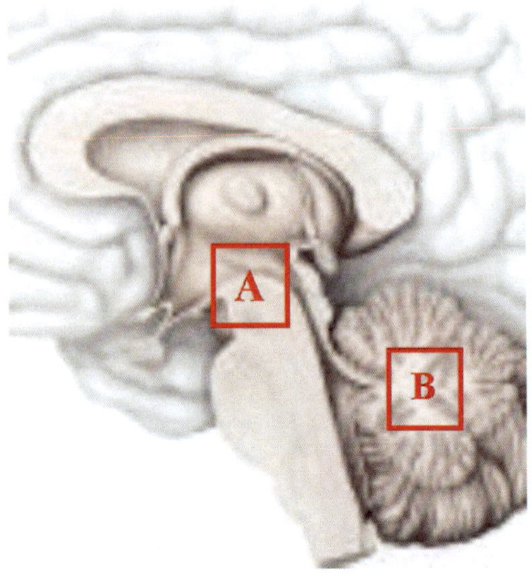

Abb. 56 A. Der Hirnstamm bildet den Übergang zwischen Gehirn und Rückenmark, das Kleinhirn liegt direkt daneben
Abb. 56 B. Das Kleinhirn ist beim Menschen der nach dem Großhirn vom Volumen der zweitgrößte Teil des Gehirns, besitzt aber eine höhere Zelldichte. Ungefähr 50 % aller zentralnervösen Neuronen liegen im Kleinhirn. Das Kleinhirn erfüllt wichtige Aufgaben bei der Steuerung der Motorik: Es ist zuständig für Koordination, Feinabstimmung, unbewusste Planung und das Erlernen von Bewegungsabläufen (B) (Quelle: Wikipedia).

Zitat 2: „Die Anatomie des Hirnstamms (Abb. 56 (A)) hat sich im Lauf der Evolution relativ wenig verändert. Der *Hirnstamm* ist für die *Grundfunktionen des Organismus* zuständig: Uralte Gewohnheiten und Verhaltensweisen sind darin (fast) *unabänderlich* gespeichert. Der Hirnstamm ist auch *Sitz von Kontrollmechanismen,* die unbewusst ablaufen. *Lebenswichtige Reflexe* wie Speichelfluss, Schlucken, Erbrechen, Husten und Niesen werden hier kontrolliert. Zudem werden Atmung, Herzschlag und Blutdruck in Hirnstammzentren überwacht. Kommt es zu einer Störung dieser lebenswichtigen Funktionen z. B. bei einem Genickbruch, tritt unmittelbar der Tod ein.

Das Kleinhirn (Cerebellum) (Abb. 56 (B)), das nur etwa *10 %* des Gehirns ausmacht, *steuert und korrigiert* in erster Linie unsere *Bewegungsabläufe*. Mit Hilfe sensorischer Nerven werden die Körperbewegungen ständig kontrolliert.

Motorische Nerven senden Impulse aus, die zu *Muskelkontraktionen* führen. Diese unbewussten Vorgänge sind *Voraussetzung für Körpergleichgewicht und Motorik.* Zum Kleinhirn gelangen auch alle Informationen, die von unseren Sinnesorganen weitergeleitet werden. Die Gehirnnerven schließen sich auf unterschiedliche Ebenen des Hirnstammes an" (Wikipedia).

Nehmen wir uns nun einige der im oberen *Zitat 1* erwähnten Begriffe heraus:

– *... jegliche Bewegung unterliegt den motorischen Zentren des ZNS; ... Muskelkontraktionen genau zu den gewünschten Bewegungen führt; ... angemessene Haltung des Körpers und der Extremitäten ...; notwenige Ausgangsposition ...; entstehenden Ungleichgewicht entgegenzuwirken ...; Stütz- und Zielmotorik ... ; Unterscheidung sinnvoll ...;*
... Zielbewegungs- oder Haltefunktionen ...; ... Hirnstamm und Kleinhirn ...; ... Beteiligung höherer Zentren ...

Es ist ein *recht großes Paket an Begriffen* in einem einzigen Zitat. Und gerade diese Anzahl an Begriffen zeigt uns, was man bei der *Technikentwicklung* und damit *im Bewegungslernen* alles berücksichtigen sollte. Wenn man allerdings sowohl über unsere gegenwärtig üblichen Lehr- und Trainingsmethoden, über *das Bewegungslernen* und damit über das „Techniklernen", über das, worüber sogar in Fachdiskussionen oder Seminaren regelmäßig gesprochen wird als auch über die *praktische Arbeit* auf dem Platz nachdenkt, dann kommt man zu der Schlussfolgerung, dass etliche dieser Begriffe bzw. deren *Notwenigkeit und Wichtigkeit* in der Lehre relativ *selten* deutlich werden. Es wird in der Regel viel zu viel über *einzelne Details* der Schlagbewegung gesprochen, eher sogar gestritten, aber die grundsätzlichen weitläufigen *Zusammenhänge und Begründungen der gesamtem Bewegungsausführung (der Bewegungslehre schlechthin)* und vor allem, wie man das alles dem Spieler beibringen soll, werden in den Hintergrund geschoben. Selbstverständlich soll man die Schüler und jungen Spieler nicht mit all dieser Theorie „vollstopfen", obwohl eine einfache und verständliche Aufklärung sicherlich nicht schaden kann, als Trainer sollte man sich allerdings *sehr ernsthaft* damit beschäftigen. *Das Gehirn und seine Tätigkeit ist doch der Motor des Handelns!*

Es ist zwar erfreulich, dass man heute die *biomechanischen Prinzipien,* die noch vor 26 Jahren im Tennissport kaum bekannt waren (Tennis war eine der letzten Sportarten, die auf den „biomechanischen Zug" aufgesprungen sind, der Autor war damals intensiv an biomechanischen Analysen von Sampras, Becker und Lendl aufgrund eines Angebots zur Zusammenarbeit mit der Karls-Universität in Prag und aufgrund der Initiativen und eines Auftrags des *Internationalen Kongresses der Biomechanik* im Jahr 1989 beteiligt) und deren Durchsetzung in die Ausbildung sehr lange recht schwierig war, heutzutage schon viel öfter mit einbezieht, das ist aber für das Verständnis der *gesamten Bewegungslehre* relativ wenig. *„Biomechanik* als Teildisziplin der *Biophysik* (interdisziplinäre Wissenschaft, die die Prozesse in biologischen Systemen mit Hilfe der Gesetze der Physik und ihrer Messmethoden untersucht und beschreibt; Anmerkung des Autors) untersucht die *Strukturen und Funktionen biologischer Systeme* unter Verwendung der Begriffe, Methoden und *Gesetzmäßigkeiten der Mechanik.* Bei der Biomechanik des Sports sind der menschliche Körper, seine Bewegungsmöglichkeiten und die Bewegung Gegenstand der wissenschaftlichen Untersuchung. Mit Hilfe *biomechanischer Messverfahren* wird die Bewegung in Orts-, Zeit-, Geschwindigkeits-, Winkel- und Kraftmerkmale zerlegt" (Wikipedia). Für jegliche *technischen Instruktionen, Korrekturen und detaillierten Ein- und eventuell Umstellungen* des Trainers müssen die *Biomechanik,* die *Anatomie* und die *vererbten Bewegungsmerkmale* (siehe oben) die entscheidende Rolle spielen. Und vor allem: Es muss die Individualität des Schülers respektiert werden.

Die Biomechanik ist aber *nur* eine *Teildisziplin der Bewegungswissenschaften.* Man weiß durch sie zwar z. B., *in welcher Reihenfolge die einzelnen Körperglieder* sowohl in der Ausholphase (Vordehnung) als auch in der Schlagphase zum Einsatz kommen sollen und wie der ganze *Bewegungsverlauf* einer *sportlichen Bewegung* mechanisch optimal ablaufen und funktionieren soll, wie die einzelnen Kraftimpulse übertragen werden (Impuls p = Masse * Geschwindigkeit, p = m * v), aber die Gesamtheit und das Verständnis für eine komplexe, vor allem aber situative Bewegung bzw. wie man diese Informationen als solche in das praktische *Bewegungslernen* umsetzt, werden uns damit nicht ausreichend erklärt. Dazu sind *weitere Fachdisziplinen* notwendig.

Wenn man will, dass die *Muskelkontraktionen* genau zu den gewünschten Bewegungen führen, müssen diese Kontraktionen vom ZNS über das PNS nicht nur an die zuständige Muskulatur geleitet, sondern deren Durchführung muss durch das ZNS initiiert, kontrolliert bzw. korrigiert werden.

„Bewegungen können jedoch nur *erfolgreich* ausgeführt werden, wenn durch eine *angemessene Haltung des Körpers und der Extremitäten* die für diese Tätigkeit *notwendige Ausgangsposition* eingenommen wird" (siehe Zitat oben).

Was bedeutet nun z. B. eine „Ausgangsposition" im Tennis? Es gibt keine immer gleiche Ausgangsposition (Nichtwiederholbarkeit von Bewegungen). Man kann im Tennis nie über eine vorher fest bestimmte oder einheitliche *Ausgangsposition* sprechen. *Diese ergibt sich!* Schon deswegen ist es *sinnlos* in der Praxis gewisse Schrittfolgen, Bewegungsdetails oder Annäherungsversuche über unterschiedliche Strecken Schritt für Schritt *exakt vorzuschreiben*. Darüber *existierten* früher ganze Bücher, sogar noch heute wird z. B. durch Fußmarkierungen auf dem Platz und die festgelegte Schrittart diese veraltete Lehrweise von verschiedenen Lehrkräften weltweit praktiziert!

Bei jedem Schlag muss man von einer *unterschiedlichen Ausgangsposition* und *unterschiedlichen Annäherung zum Ball* ausgehen. Aus diesen Tatsachen geht schon eindeutig hervor, dass man von Anfang an den Spieler *bei jedem Schlagversuch* durch kleinere oder im weiteren Stadium größere *Variationen* in unterschiedliche „Ausgangspositionen" bringen muss, ihn immer wieder vor *neue Hürden, neue Probleme* stellen muss, die *er* versuchen muss *zu bewältigen,* was die *konservative Methode* den Schlag aus einer festen Stellung zu lehren und diese immer wieder exakt vorzuschreiben und zu wiederholen *ad absurdum* führt. Der Schüler (Spieler) muss immer wieder auf die „Suche" geschickt werden. *Er muss suchen, wie er aus der Ausgangsposition in die optimale Schlagposition kommt!* „Unter Sport ist die willkürliche *Schaffung von Problemen, Aufgaben oder Konflikten* zu verstehen, die vorwiegend mit körperlichen Mitteln gelöst werden (…)" (Volkamer, 1996).

Was ist aber z. B. bei jeder Ausgangsposition anzustreben, wie soll man diese erklären und begründen? An dieser Stelle möchte ich den nach meiner Meinung *sehr wichtigen und entscheidenden Begriff* für die moderne Auffassung der gesamten Bewegungs- und Techniklehre einsetzen – *die funktionale Bewegungsanalyse (Funktionsphasenanalyse)* nach Göhner (1979). Es ist eine *funktionale (aufgabenbezogene) Betrachtungsweise von Bewegungen. All Bewegungsveränderungen haben eine Funktion (Aufgabe/Bedeutung) bzgl. eines Ziels der entsprechenden Aufgabe.*

Ursprünglich hat man über Jahrzehnte den Bewegungsablauf der Reihe nach von Anfang bis Ende der entsprechenden Bewegung beschrieben (Ablaufanalyse, siehe oben), ohne darüber nachzudenken, *warum* es bei den einzelnen Teilen der Bewegung gerade so sein muss bzw. *warum* man, ohne diese objektiv zu begründen oder sogar wissenschaftlich zu beweisen, mindestens zu untermauern, keinen sichtbaren Erfolg erzielt. Diese Betrachtungsweise führte zwangsläufig zu vielen unterschiedlichen, vor allem aber falschen Ansichten und „illusorischen Begründungen", weil man sich nicht mit den wahren *neurologischen, physiologischen, biologischen, anatomischen und physikalischen Grundlagen* dieser Bewegung beschäftigt hat, dadurch diese nicht verstanden hat bzw. weil man diese sogar überhaupt nicht kannte. Man muss jede Bewegung bzw. jeden Teil einer Bewegung *logisch,* das bedeutet wissenschaftsrelevant begründen können, sonst läuft man Gefahr in eine *Pseudolehre* abzurutschen.

7.2. Lösungen

Aufgrund des eben Erwähnten möchte ich mich der funktionellen (bzw. relationalen) „Lesart" von Bewegungen bedienen (z.B. Hotz, 1996; Lange, 2005).

„Die Bewegung wird als etwas *Lebendiges* verstanden. *Die Bewegung muss demnach*

a. in *Bezug auf einen Akteur* (in unserem Fall der Tennisspieler – Anmerkung des Autors) verstanden werden, der das Subjekt der Bewegung ist.
b. Darüber hinaus findet die Bewegung immer in einer *konkreten Situation* statt.
c. Es gilt die jeweilige *Bewegungsbedeutung* zu berücksichtigen, die vom jeweiligen Akteur (Tennisspieler; Anmerkung des Autors) in der entsprechenden Situation in Erfahrung gebracht werden muss und die die Bewegungsaktion leitet" (H. Lange 2005).

In der Zusammenfassung bedeutet das z.B. auf Tennis übertragen, dass sich ein Spieler in *einer konkreten, einzigartigen* und *nicht wiederholbaren* Spielsituation zum Erreichen eines gewissen beabsichtigten Zwecks und Ziels bewegt. (Oder aber mit den Worten von H. Lange: „Sich-Bewegen ist ein Verhalten der Menschen in einem, persönlich-situativen Bezug'"). In der folgenden Bilderreihe (Abb. 57) möchte ich an einem Beispiel einer Spielerin diese Behauptungen dokumentieren.

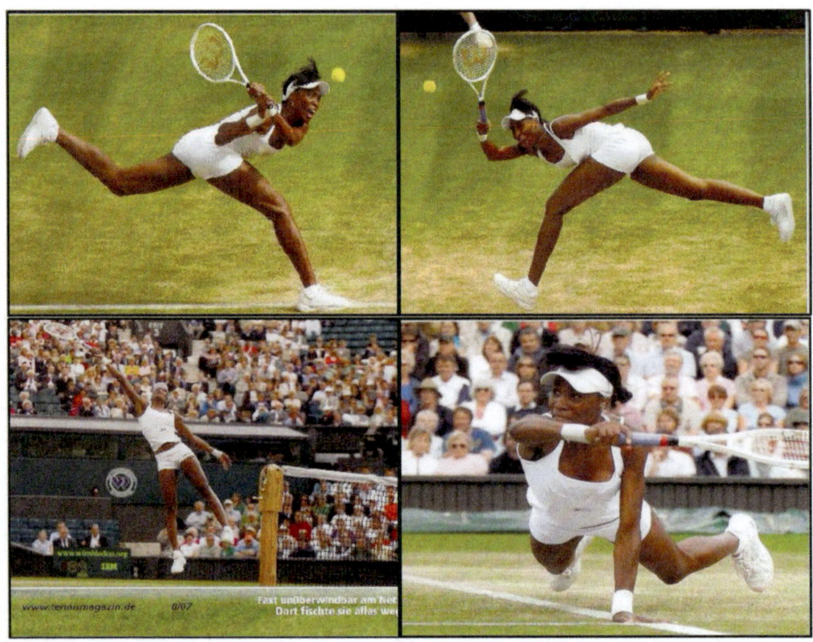

Abb. 57. Venus Williams gehört nicht nur zur absoluten Weltklasse, sie ist von der motorischen Seite aus gesehen sehr beweglich und anpassungsfähig. Eine Spielerin, die die Bälle in den abgebildeten Situationen erfolgreich spielen kann, muss Fähigkeiten und Fertigkeiten besitzen, die sicherlich nicht nur geerbt sind, sondern die erarbeitet wurden. Mit Sicherheit werden diese Situationen nicht über Jahre täglich systematisch trainiert, sondern sie sind das Resultat von hoher technischer Variabilität, der „Schatzkammer" der Spielerin.

Ich fasse nun die *drei* angesprochenen Begriffe zusammen: *Akteur – konkrete Situation – Bewegungsbedeutung.*

Jeder Spieler (Akteur) ist ein *Individuum,* das man in seinem „Ich" nicht mit anderen Spielern vergleichen kann. Das bedeutet, dass es *keinen absolut universalen Weg* zur Vermittlung einer Bewegung geben kann, weil jeder Mensch auf die gegebenen Instruktionen und Reize sowohl mental als auch physisch *unterschiedlich* reagiert. Sicherlich gibt es *Basisinstruktionen,* die aus den Forschungsergebnissen der Bewegungswissenschaft hervorgehen. Die Bewegungswissenschaft befasst sich mit den *äußerlich* beobachtbaren Erscheinungen und Veränderungen (*Außenaspekt)* und den *körperinter-*

nen Steuerungs- und Funktionsprozessen, die eine Bewegung ermöglichen (*Innenaspekt*) (Abb. 59). Eine der wertvollsten Gaben eines Trainers ist die Fähigkeit jedem einzelnen Spieler Falls notwendig *die gleichen Instruktionen* zu geben, *ohne dass diese gleich sind*. Jeden Spieler muss man individuell und damit unterschiedlich angehen, um das Gleiche zu erreichen.

Kurz einmal zurück zu der lustigen Anekdote am Anfang des Buchs – das eben Gesagte gilt nicht nur für Menschen, sondern auch für Pferde und sicherlich für alle anderen Lebenswesen gleichermaßen (Abb. 58).

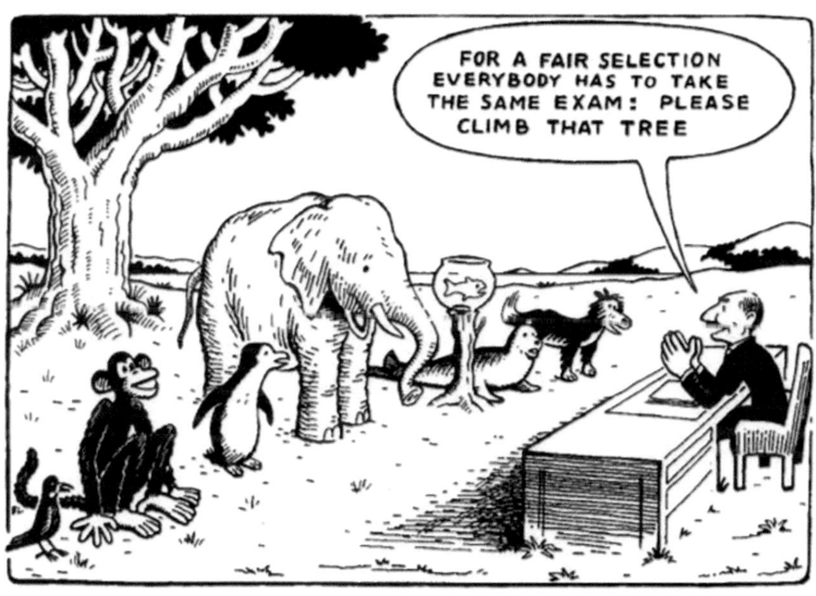

Abb. 58. Wie oft werden z. B. im Gruppentraining ähnliche Methoden verwendet?

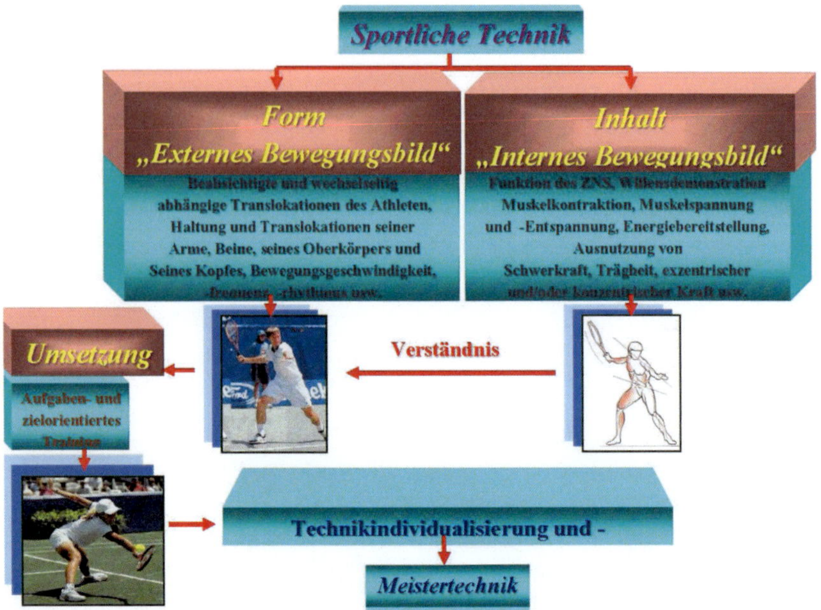

Abb. 59. Nur wer über das „interne Bewegungsbild“ Bescheid weiß, wer die Prozesse des Organismus bei der Bewegung versteht, kann das „externe Bewegungsbild“ verstehen und die Technik richtig lehren.

Beides – sowohl die äußerlichen Erscheinungen als auch die körperinternen Steuerungs- und Funktionsprozesse unterliegen einerseits den oben erwähnten *neurologischen, biologischen, physiologischen, physikalischen, anatomischen und biomechanischen Gesetzmäßigkeiten,* andererseits wirken diese sowohl innerlich als auch äußerlich von einem Individuum zu einem anderen unterschiedlich. Es ist deswegen sinnvoll nach Wegen und Methoden in der Bewegungslehre *zu suchen,* die sowohl die *Individualität respektieren* als auch unabhängig von einzelnen Personen positiv auf das angestrebte Ergebnis wirken.

Diese Wege und Methoden sollen so *einfach* sein wie nur möglich. *Je einfacher* man eine Bewegung ausführen kann, umso *schneller* und vor allem *effektiver* wird das optimale Resultat erreicht. Man muss zwar die ganze Komplexität einer Bewegung *theoretisch beherrschen* (ein Experte oder Trainer ist ja dazu *verpflichtet*), man muss aber die *natürliche* und *realistische* Durchführung anstreben. Realistisch ist das, was man dem Spieler (Schüler) im Rahmen der natürlichen Bewegungsfähigkeit zumuten kann.

Wenn man also sowohl das *Technikerwerbstraining* als auch das *Technikanwendungstraining*, mit anderen Worten *das Bewegungslernen und -trainieren* schlechthin als einen „aktiven Suchprozess" (H. Lange, 2005) betrachtet, dann spielen beim Erwerb und bei der Anwendung Eigenschaften wie *Bewegungsgefühl, Bewegungserfahrung, Bewegungsqualität, Bewegungsantizipation* und *Bewegungsintuition* eine dominierende Rolle. All diese Eigenschaften muss man demnach als ein Ganzes, als eine *Einheit* betrachten. Diese Einheit ist dann für die Qualität des Spielers entscheidend.

Die logische Schlussforderung daraus: Wenn man diese Eigenschaften innerhalb eines *aktiven Suchprozesses* erwerben will, dann bedeutet das, dass man schon *während des Technikerwerbs Situationen schaffen muss*, in denen die *notwendige und geforderte Variabilität* vorkommt. Der Spieler muss ja schließlich die *Gelegenheit zum Suchen* bekommen. *Nur wer sucht, der findet*. Ich betone noch einmal: Wir können *niemandem* etwas *beibringen*, das muss jeder für sich schaffen, wir können durch unser Wissen und unsere Erfahrung bei dem individuellen Suchprozess des Schülers oder Spielers behilflich sein und ihm diesen erleichtern.

Da es keine zwei identischen Bewegungen gibt, *muss es* bei jeder, und ich betone: *bei jeder* erfolgreichen Durchführung einer Bewegung oder Bewegungskombination *Abweichungen* geben. Um diese Abweichungen erfolgreich zu meistern, muss innerhalb des gesamten Lernprozesses dem Lernenden eine große *Bewegungsvariabilität und Bewegungsfreiheit an Bewegungsdurchführungen* angeboten und ermöglicht werden. Diese Feststellung schließt aber die konservative, eher statische und *sogar in Teilabschnitte zerlegte Lernprozedur* mit exakt angeordneter „idealer" Bewegungsdurchführung und der vermuteten Speicherung eines Schlags aus!

An dieser Stelle ist es angebracht ein sehr einprägsames und wichtiges Zitat aus der Publikation „Sportmotorisches Lernen und Techniktraining" des Bundesausschusses für Sportwissenschaft (1991) anzubringen, das eindeutige Argumente *gegen die Zerlegung* einer Bewegung in Einzelteile präsentiert.

„(...) Damit wird eine *molare* (makroskopische) *Betrachtungsweise* (momentane Ereignisse und die momentane Verursachung, mit bloßen Auge erkennbar) favorisiert, in der das *Prinzip der Ganzheitlichkeit* sowie das *Prinzip der Wechselwirkung* eine zentrale Rolle spielt. In dieser Sicht wird *Bewegung* als ein *ganzheitliches Geschehen* betrachtet, das bestimmten – insbesondere aus der Gestalttheorie bekannten – *Ordnungsprinzipien* folgt, nämlich (a) dem *Prinzip Übersummativität* (das Ganze ist mehr als die Summe seiner Teile, d. h., es weist Eigenschaften auf, die an keinen seiner Teile auffindbar sind), (b) das *Prinzip der Kontextwirkung* bzw. des funktionalen Primats des Ganzen (die Eigenschaften von Teilen werden wesentlich durch den jeweiligen *Kontext (Zusammenhang),* in dem sie stehen, bestimmt) und (c) das *Prinzip der dynamischen Interdependenz* (die Veränderung eines Teils führt zur Veränderung des Systems).

Hieraus ergibt sich, *dass Bewegungen durch Zerlegung* in einzelne Komponenten *weder hinreichend beschreibbar noch erklärbar* sind. Die Funktion von Bewegungen ist wesentlich durch ihre Einordnung in *greifende Handlungszusammenhänge* bestimmt." Ich glaube, dass man bekannten Sportwissenschaftlern wie E. Loosch oder R. Pöhlmann schwer widersprechen kann und dass es an der Zeit ist diese Theorien auch im Tennissport *ernst* zu nehmen. Dieses Zitat widerlegt nämlich eindeutig und unmissverständlich die Angemessenheit der *Zerlegung* einer kompletten Schlagbewegung *in* voneinander *unabhängige Einzelteile* während des Lernprozesses.

Und noch ein Zitat einer bekannten Sportwissenschaftlerin, das die Wichtigkeit der Variabilität verdeutlicht: „Die variable Übung besteht dagegen in der Ausführung mehrerer Bewegungen, die *zur gleichen Klasse* gehören, d. h. *mehrere Varianten* eines *einzigen generalisierten motorischen Programms.* Ein Beispiel dafür ist die Ausführung von Ballwürfen (*Tennisschlägen*; Anmerkung des Autors) mit *unterschiedlicher* Geschwindigkeit, über *unterschiedliche* Distanzen und in *unterschiedliche* Richtungen. Die *variierte Übungstechnik* verstärkt das Lernen anscheinend deshalb, weil der Lernende dadurch den Prozess der *Parametrisierung* (Festlegung von Parametern; Ergänzung des Autors) des generalisierten motorischen Programms üben kann„ (C. Pesce, 2003).

Jeder Schüler muss die Gelegenheit bekommen innerhalb einer Situationslösung immer wieder nach richtigen *Bewegungsantworten* und *-reaktionen* im Rahmen seiner Fähigkeiten und Fertigkeiten *suchen zu können*. Er muss sich auf die Suche begeben. Mit anderen Worten: Man kann keine einzelne Bewegungsausführung exakt vorschreiben, sondern dem Schüler *aufgrund einer Bewegungsvorgabe* (z.B. Vorhandtopspin) in einer gewissen Situation im Rahmen der bekannten physikalischen, biomechanischen und anatomischen Gesetze und Voraussetzungen *seine eigene Bewegungsrealisation* ermöglichen. Selbstverständlich müssen dabei eventuell auch *gewisse größere oder kleinere Korrekturhinweise* (Festlegung von gewissen Parametern) seitens des Trainers kommen, diese müssen aber den Entwicklungsstand des Schülers berücksichtigen und müssen auf das Ergebnis, das heißt *die Wirkung, den Erfolg* orientiert werden, nicht auf die Außensicht (etwa die Schönheit) der Durchführung. *Rafael Nadal* würde bei einer Technikschönheitsprüfung sicherlich durchfallen, er war oder ist abwechselnd aber *die Nr. 1 der Welt* (Abb. 60)!

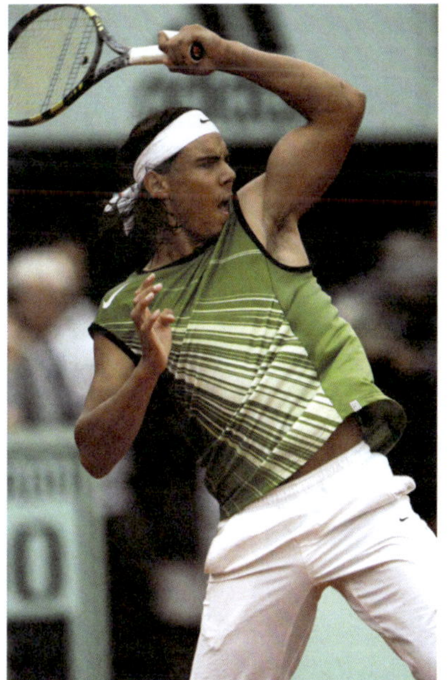

Abb. 60. Nadal schlägt die Vorhand in der Körperrücklage, mit verbleibendem Gewicht auf dem hinteren Fuß mit dem für ihn typischen Ausschwung über die Schlagschulter. Wahrhaftig kein „schulischer" Vorbildschlag. Aber immer sehr erfolgreich!

Am Anfang wird es immer zu einer relativ *großen Streuung der Bewegung* kommen, welche durch die *Streuung der Bälle* gekennzeichnet ist. Diese *Streuungsfunktion* muss man aber als eine *notwendige* und natürliche *Suchfunktion des Spielers* betrachten und akzeptieren. *Der Schüler muss suchen,* nicht der Trainer. Der Trainer muss allerdings dem Spieler durch die Bestimmung der Übungsbeispiele (Methode) und der Festlegung gewisser *notwendiger Parameter* (Technik) den *Pfad* zeigen. Die Parameter dürfen allerdings den angeborenen und natürlichen Bewegungsfähigkeiten, -empfindungen und -freiheiten des Menschen nicht widersprechen, sie dürfen nicht künstlich konstruiert sein.

Wenn nämlich das ZNS mit allen möglichen unterschiedlichen Situationen konfrontiert wird, so scheint es *nicht nur die spezifischen Situationen* zu lernen, sondern innerhalb bestimmter Grenzen auf *dazwischenliegende Zustände* zu schließen, *zu interpolieren* (zwischen *zwei Grenzbereichen* zu ermitteln). Dadurch wird ein *schnelles Reagieren auf veränderte Bedingungen* perfektioniert (Abb. 61).

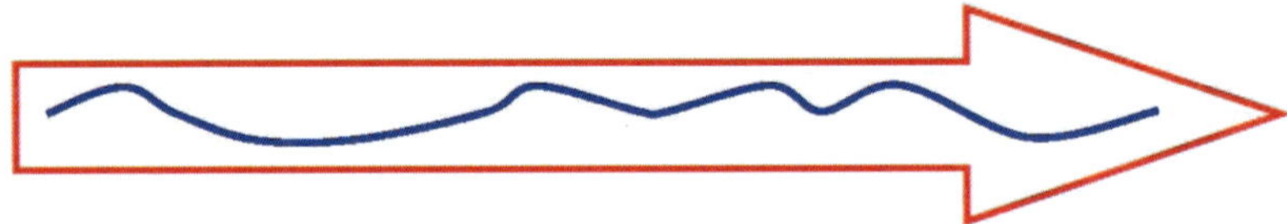

Abb. 61. Im Rahmen der vorgegebenen Grenzparameter (rot) muss der Spieler selber die eigene optimale Durchführung bzw. Situationslösung (blau) suchen und schließlich festlegen und durchführen.

Wenn man davon ausgeht, dass während der Lösung schwieriger Situationen der Tennisspieler aus dem *optimalen Lösungsraum* geworfen wird, so muss er *unabhängig von dem biomechanisch vorgegebenen optimalen Lösungsraum* dazu befähigt werden, *sich selbst* wieder in den Bereich *optimaler Lösungen* der jeweiligen Situation zu bringen. Das fängt eben mit der notwendigen *Ausgangsposition* der Schlagaktion an. Diese ist durch die *Position des Körperschwerpunkts* gegeben. Wie bei fast allen Sportarten drohen bei *falscher Position* des Körperschwerpunkts ein *Gleichgewichtsverlust* und ein folgender technischer Fehler. So muss sich z. B. bei den alpinen Skisportarten (Abfahrt, Slalom, Snowboard, beim Eiskunstlaufen, aber auch beim Fußballschuss, beim Turnen usw.) der Körperschwerpunkt im entscheidenden Augenblick über dem Standbein, dem Sprungbein, der Innenkante des Außenskis, mit anderen Worten in einer Gleichgewichtsposition, die die optimale Bewegungsdurchführung garantiert, befinden.

Bei einem *Tennisschlag* muss der *Körperschwerpunkt innerhalb der Stützzone* liegen (Abb. 62). Wenn der Spieler nun in eine äußerst kritische Situation gerät und z. B. nur mit dem Vorderarm oder sogar nur mit dem Handgelenk den Schlag ausführen kann (Abb. 63), dann muss er dafür sorgen, dass sich wenigstens der Körperschwerpunkt zwischen den zwei Stützen (Füßen) im Augenblick des Treffpunkts befindet. Das ist in der Regel nur durch einen *extrem langen Schlagschritt* oder sogar *langen Schlagsprung* möglich (Abb. 64), auch wenn der Rest des Körpers nicht mehr in eine optimale Schlagposition zu bringen ist. Hierfür benötigt man Kraftpotenzial, eine entsprechende Schwingungsweite der Gelenke, Muskeldehnfähigkeit, Gewandtheit, Geschicklichkeit und motorische Schnelligkeit. Das alles erlernt man eben sowohl im *spezifischen als auch im allgemeinen Bewegungslernen.*

Im Rahmen des Bewegungslernens sollte man die *Lernsituation* so gestalten, dass der Spieler *am Anfang* eine *50-zu-50-Chance den Erfolg seiner Bewegung betreffend bekommt.* Die Situationslösung muss *schwierig,* allerdings *nicht unmöglich* sein. Sie darf auch nicht zu leicht sein. Auch hier ist die Individualität jedes Einzelnen hervorzuheben.

Wiederum muss ich in diesem Zusammenhang auf das fast in allen Tennisschulen praktizierte *Gruppentraining* zurückkommen. So lange man dieses z. B. *zum Spaß, zur Motivation, zur Unterhaltung, als Bewegungstherapie oder einfach als Zeitvertrieb* der Teilnehmer in den weltweiten „Urlaubsschulen" macht und keine richtigen oder wesentlichen Fortschritte erwartet oder vortäuscht, dann kann man das sicherlich akzeptieren. Wenn die Teilnehmer bereit sind viel Geld dafür auszugeben und sich dabei amüsieren und der Trainer das gut und motivierend macht und den Teilnehmern das Gefühl gibt, dass sie doch etwas dazugelernt haben, warum nicht? *In einer Woche* kann aber *kein Mensch* auf diesem Planeten *etwas ernsthaft lernen,* schon gar nicht umlernen und merklich verbessern. Es ist schon physiologisch nicht möglich (siehe vorheriges, vor allem aber die ersten zwei Kapitel).

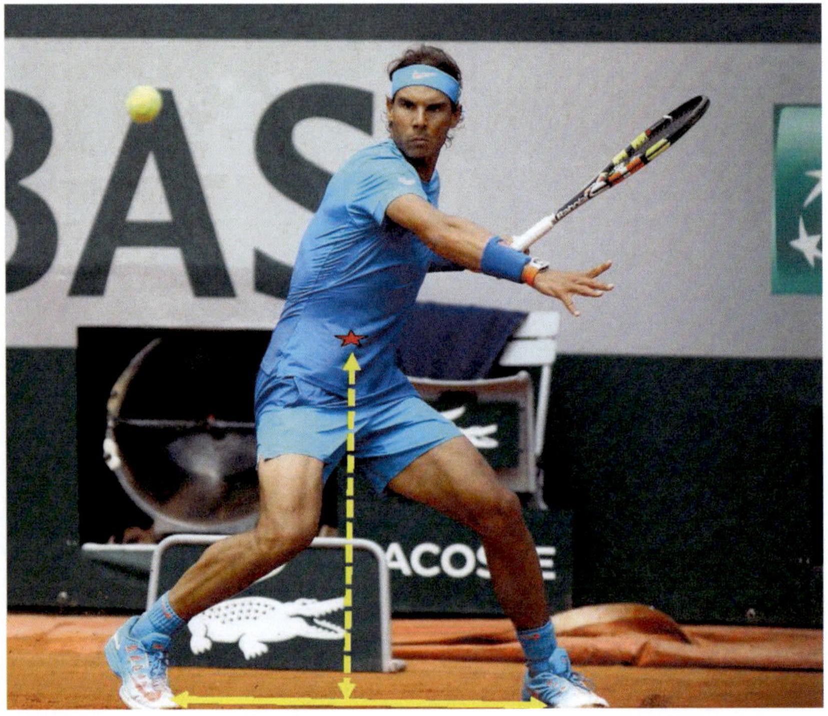

Abb. 62. Relativ leichte Schlagposition in Hinsicht auf den Körperschwerpunkt

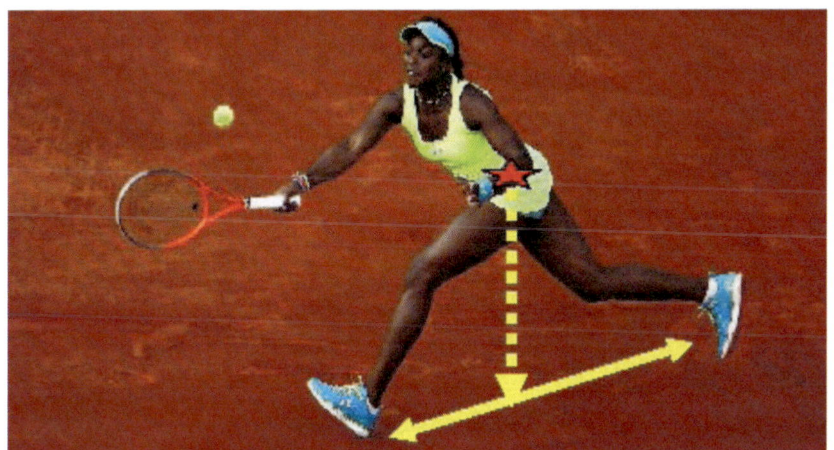

Abb. 63. Schon wesentlich schwierigere Schlagposition, es bedarf eines langen Schlagschritts.

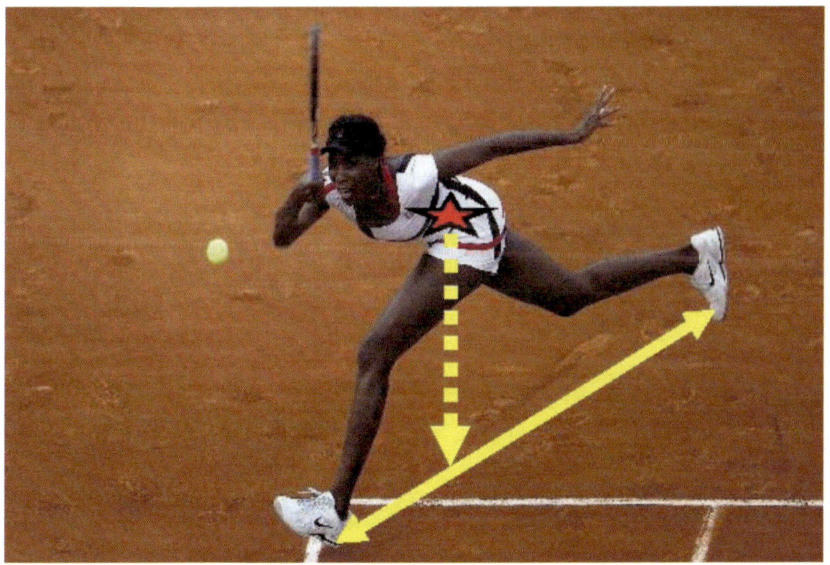

Abb. 64. Im vollen Seitwärts ist es recht schwierig das Gleichgewicht und den Körperschwerpunkt innerhalb der Stützfläche zu halten, es bedarf eines sehr langen Schritts, eher Sprungs.

Für einen ernsthaften Fortschritt der Schüler/Spieler ist das normalerweise praktizierte Gruppentraining mit *vielen* Personen auf dem Platz *ungeeignet. Drei bis vier Spieler sind das Maximum,* dabei müssen allerdings die Übungsformen so gestaltet werden, dass für jeden Einzelnen der Schwierigkeitsgrad und das Übungsziel etwa gleich konzipiert sind und dass alle gleichzeitig mitmachen können. Wenn der Technik- oder Leistungsunterschied zu groß ist, müssen die Schwächeren oder die Stärkeren leiden, je nachdem, auf wen man Rücksicht nehmen muss. In der Regel sind es immer die Schwächeren, weil umgekehrt die Übung gar nicht funktionieren würde, wodurch die Stärkeren wiederum nichts davon haben.

„In Verbindung mit der geringen Wahrscheinlichkeit *identischer Bewegungsausführung* selbst innerhalb des optimalen Lösungsraums scheint es im Sinne einer Ökonomisierung des Trainings- oder Lernprozesses plausibel, sich hier eher eine *generelle Adaptationsfähigkeit* anzueignen, als ausgewählte Techniken tausendmal wiederholen zu lassen in der Hoffnung, dass sämtliche mögliche Situationen einmal abgedeckt sein werden. *Von zentraler Bedeutung* ist hier also ein Interesse an der *Adaptationsfähigkeit auf verschiedenen Zeitskalen* und weniger das spezifische Erlernen ausgewählter *Idealtechniken*" (W. Schöllhorn, 2008).

Man kann eben keine Situationslösung duplizieren, jede ist anders und jede muss deswegen als ein *Original* betrachtet werden, das muss man immer wieder wiederholen. Durch diese Umwelteinflüsse (Kreation und Angebot vieler Variationen einer spezifischen situativen Lösung) werden die weiteren Veränderungen sowie die möglichen Differenzierungen bestimmt. Im menschlichen Gehirn laufen in einem Netzwerk von verschiedenen Systemen *elektrophysiologische und biochemische Prozesse* ab, die die Grundlage aller motorischen, sensorischen und kognitiven Leistungen bilden.

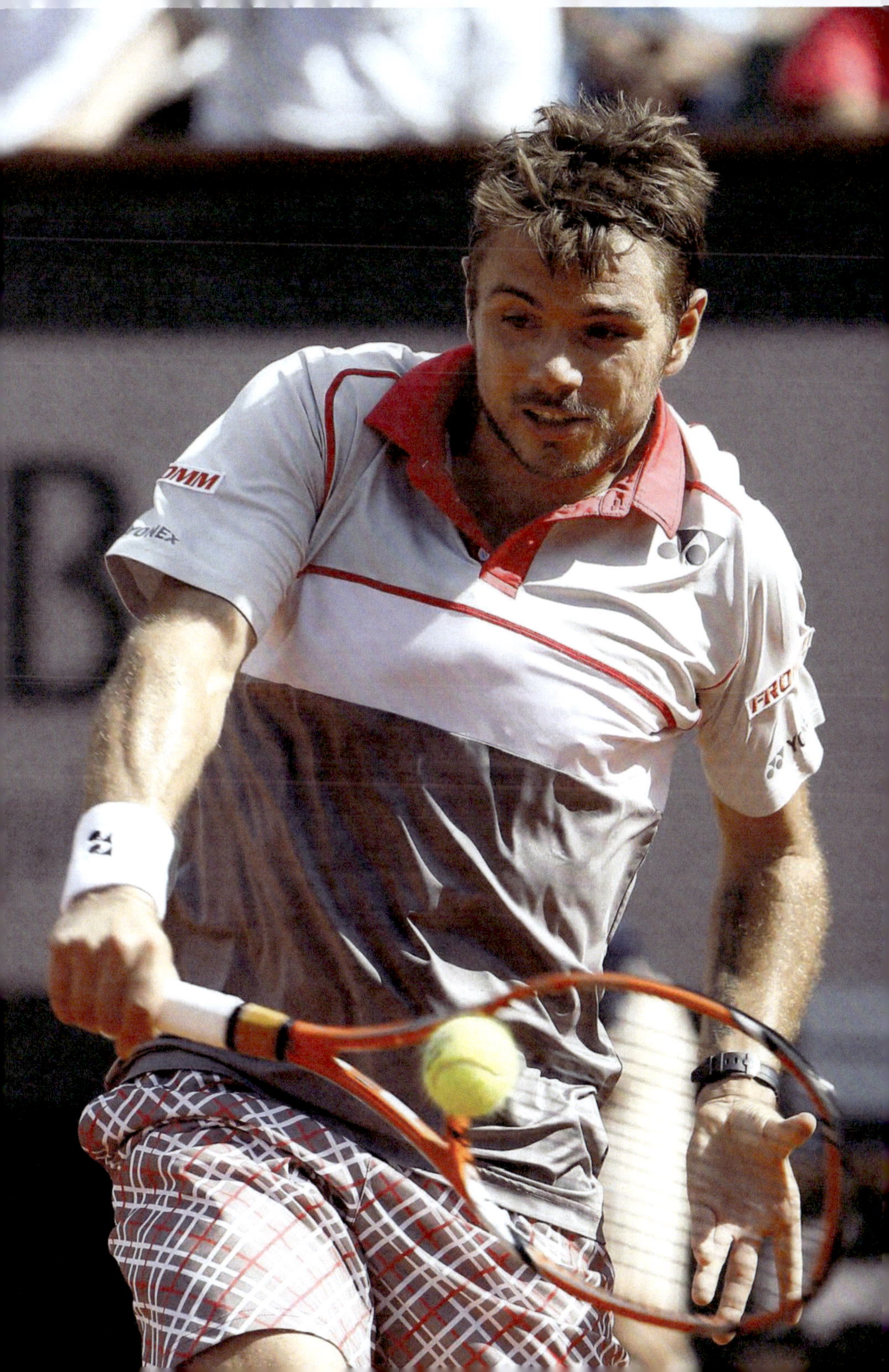

8 Differenziertes Lernen und Variation

8.1. Streuung der Bälle und der Bewegung

In der *modernen Literatur* wird das *Bewegungslernen* als *differenziertes Lernen* bezeichnet, bei dem es im Verlauf des Lern- und damit Suchprozesses zu einer immer größeren *Einengung der Streuung der Bewegungsdetails* kommt, wodurch die Bewegungsausführung immer mehr an Qualität gewinnt. All das ist durch das Angebot einer *variierenden situativen Bewegungsausführung* erreichbar. Mit der *Einengung der Streuung* sind zwei Bereiche gemeint:

1. Einengung der Streuung der Bewegung
2. Einengung der Ballstreuung

Beides hängt eng miteinander zusammen. Je *größer* die *Ballstreuung* ist, umso *größer* war die vorangegangene *Bewegungsstreuung innerhalb der Schlagausführungen,* oder aber je kleiner die *Ballstreuung* ist, umso *kleiner* war die *Bewegungsstreuung*. Das ist sicherlich verständlich, aber was sagt es uns nun für das Bewegungslernen? Eine *kleine Ball- und Bewegungsstreuung* dokumentieren *höhere* Qualität!

Bei all unserer Tätigkeit sollte man irgendwelche *Kontrollmechanismen* finden, die die Qualität und/oder die Perfektion dieser Tätigkeit überprüfen und dokumentieren. Also einen *Check*. Was ist nun sowohl für den Lehrer als auch für den Spieler/Schüler leichter zu kontrollieren – *die Tausend Details der technischen Durchführung des Schlages,* bei denen viele gleichzeitig und die meistens aneinandergereiht in Millisekunden ablaufen oder das *Ergebnis des Schlags,* die Erfüllung der gegebenen Aufgabe, die *Genauigkeit* und *Präzision* des Ballaufsprungs?

Aus den Ausführungen sowohl im ersten Kapitel als auch im weiteren Text ist sicherlich zu ersehen, dass man die *Details des Bewegungsablaufs,* die in den *Schaltzentralen des Gehirns* initiiert und weitergeleitet werden, gar *nicht erfassen* kann. Bei einem Tennisschlag handelt es sich, wie schon gesagt, um eine sogenannte *ballistische Bewegung,* die nach ihren Beginn nicht mehr über *Rückkopplungsmechanismen* korrigiert werden kann. Der Bewegungsablauf ist viel zu schnell (Dauer eines sensorischen Feedbacks: *mindestens 200 ms*). Entscheidend sind deswegen die ganze *neuronale Vorbereitung* und die *Einstellung* zum Schlag.

Die kleinsten Unterschiede sind *optisch nicht* wahrnehmbar und dadurch *nicht kontrollierbar*. Bei Anfängern sind die äußeren Bewegungsdarstellungen und damit grobe Bewegungsfehler noch sichtbar, je besser und reifer der Spieler allerdings ist, je mehr er seinen Stil und seine individuelle Bewegungs- und Schlagdurchführung kreiert, gefestigt und automatisiert hat, umso weniger werden die Ursachen einer Fehlausführung feststellbar, denn die *Schlagbewegung bis zum Treffpunkt* beträgt, wie ich schon oben erwähnt habe, nicht einmal eine *halbe Sekunde* und es sind an ihr über *300 Muskeln* beteiligt. Obwohl man immer wieder zu hören bekommt, dass manche zuschauenden Mitmenschen (Laien oder sogar „Fachleute“) bei einem Ausfehler eines Topspielers von einem oder zwei Zentimetern genau die Ursachen des Fehlschlags erkannt haben, muss man Zweifel anmelden, denn das kann nur eine *individuelle fiktive Einschätzung* sein, die man durch *nichts* begründen kann. Es sein denn, dass es wirklich ein visuell eindeutig feststellbarer Fehler war (z. B. Gleichgewichtsverlust, sehr später Treffpunkt).

Manchmal wundere ich mich z. B. bei Fernsehübertragungen über den Mut der dort geäußerten Ansichten und verschiedenartigen Begründungen. Es genügt ja z. B. den Treffpunkt nur um *eine Tausendstelsekunde* später oder früher zu erwischen oder den Schlägerkopf im Treffpunkt um *ein Grad* offener oder geschlossener zu stellen und schon ist es ein Fehlschlag. Den Treffpunkt und die Schlägerstellung bei diesem kann man nämlich gar nicht sehen, der Zusammenprall Ball – Schläger dauert im Schnitt doch nur die schon früher erwähnte *Viertausendstelsekunde*. Selbstverständlich spürt der *Spitzenspieler* in der Regel sofort nach dem Treffpunkt einen eventuellen Schlagfehler oder ein vorausgegangenes Schlagproblem und ahnt oder weiß sogar ziemlich genau, dass der Ball im Aus, im Netz oder im Platzzentrum landet, er weiß aber in der Regel nicht, wo der exakte Ursprung war, er fühlt, dass „etwas" nicht stimmte, er hat oft ein merkwürdiges Gefühl, es kommt zu einer gewissen Warnung sofort nach dem Treffpunkt. Er kann es *schätzen* und oft auch richtig, denn *sein Gefühl* und seine *große Erfahrung* registrieren sofort gewisse Abweichungen, aber meistens ist es nicht nur eine einzige Abweichung, sondern mehrere daraus resultierende „Folgeschäden" (in Millisekunden ablaufende kleine Teile der Bewegungsausführung eines Schlags) und diese alle zusammen kann man im ZNS nicht bewusst nachvollziehen.

Woraus man aber das eventuelle *Problem der Fehlleistung* ganz klar ersehen kann, ist das *Schlagresultat*. Wenn z. B. der Passierball viel höher oder in einem schlechteren Winkel war als beabsichtigt und vom Gegner abgefangen wird, wenn der Winner zu weit im Feld und nicht in der Platzecke, wo er hin sollte, gelandet ist, dann ging dem ein *Mangel in der Schlagdurchführung* voraus, wo auch immer dieser gewesen ist. Man sieht auch sehr oft, dass die Spieler nach einem Fehlschlag „trockene Probeschläge" durchführen, um den Fehler zu finden. Das ist allerdings eine *Fehlspekulation*, denn den Fehler können sie damit nicht entdecken. Man denkt allerdings, dass man damit die „richtige" Schlagausführung (Schlagschwung, Routine, Rhythmus) imitiert und dadurch erfährt, wie es beim nächsten Schlag korrigiert werden soll. Aber auch das ist falsch, denn der nächste Schlag wird unter ganz anderen Umständen gespielt, er wird keine Kopie des vorangegangenen Fehlschlags sein. Wenn es aber den

Spieler beruhigt, sein Gefühl und Selbstvertrauen stärkt, dann ist es O.K. Ich habe es seinerzeit auch gemacht.

Mit anderen Worten: Das Erreichen der beabsichtigten *Zielfläche, Balllänge* und *Ballhöhe* ist der Maßstab für die gelungene technische Bewegungsdurchführung. *Je kleiner die Streuung der Bälle* im Zielsektor ist, umso *präziser war die Schlagdurchführung*. So einfach ist das.

8.2. Zielorientiertes Training

Hiermit komme ich wieder auf meine langjährigen Instruktionen zurück. Ich weiß, dass das oftmalige Wiederholen dieser Idee und der Instruktionen in etlichen Magazinbeiträgen oder Vorträgen von mir oder sogar in meinen Büchern manchen Mitbewohnern dieser Erde schon auf die Nerven geht, ich gebe aber so lange nicht auf, bis es auch diese Menschen endlich einmal einsehen und verstehen werden. Es handelt sich um das *zielorientierte Training*.

Nicht nur im Tennis, sondern in allen anderen Sportarten setzt man sich bestimmte Ziele, *was* man erreichen, und gewisse Vorstellungen, *wie* man das erreichen will, sprich *spezielle Methoden*. Das betrifft allerdings nicht nur den perspektiven Weg, sondern die Schlagtechnik schlechthin.

Nun habe ich schon oben erwähnt, dass einer der *schwächsten Teilbereiche* sogar der Spitzenprofis die *Genauigkeit* und die *Präzision* ist (Abb. 65, 66).

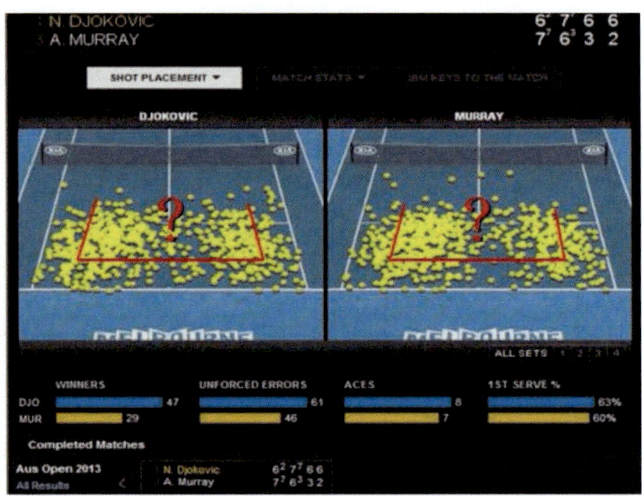

Abb. 65. Auch solche Könner wie Federer oder Murray glänzten in diesem Match nicht mit großer Präzision.

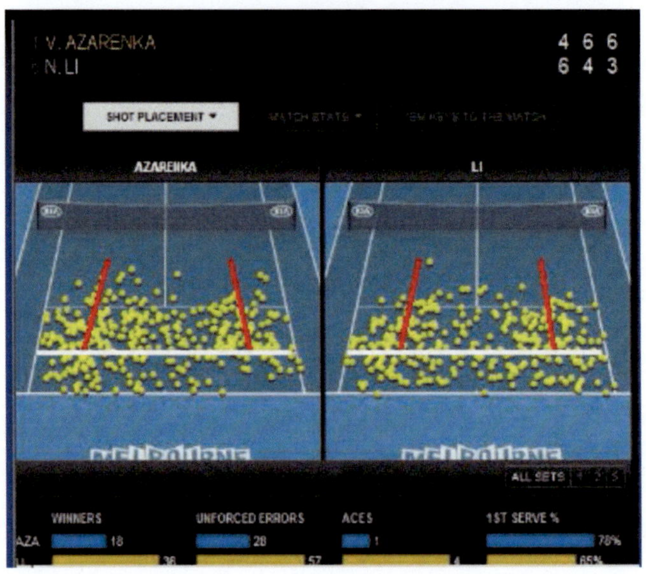

Abb. 66. Azarenka und Li streuten die Bälle über den ganzen Platz. Irgendwelche taktischen Absichten oder gar ein Bemühen um Präzision sind daraus kaum zu erkennen. Ganz nebenbei – das war ein Finale eines großen WTA-Turniers!

Wie man in den Abbildungen sehen kann, ist das *Streugebiet sogar der absoluten Spitzenprofis* ziemlich groß. Das müsste eigentlich überraschen, denn wenn man bedenkt, dass ein Profi an die 5–7 *Stunden* täglich trainiert, dass er sich vielleicht fünfzehn und mehr Jahre systematisch vorbereitet und übt (das sind ca. 23.000 Spielstunden!) und dass seine Technik in der Durchführung eigentlich ausgereift und fehlerfrei ist, dann muss man doch fragen dürfen, warum gerade die Genauigkeit und Präzision zu wünschen übrig lässt.

Meiner Meinung nach existieren dafür *vier Hauptgründe*:

8.2.1. Der Spieler spielt etliche Bälle gedanken- und ziellos so dahin.
8.2.2. Der Spieler hat Bedenken oder sogar Angst vor Fehlern ins Aus und sichert sich bewusst ab.
8.2.3. Der Spieler ist in seiner Schlagkreation oder/und -situation bewegungsmäßig eingeschränkt.
8.2.4. Der Spieler weiß in dem Moment nicht, wie er taktisch entscheiden soll und wartet lieber ab.

Obwohl man in etlichen Matchsituationen für die mangelhafte Präzision sogar Verständnis haben kann, ist es eigentlich rätselhaft.
Ich kann mich erinnern, dass wir in unserer DC-Mannschaft schon *zu Anfang der fünfziger Jahre* (!), vor allem aus einem Mangel hinsichtlich der Anzahl der damals bekannten Trainingsmethoden und Drills heraus z. B. beim Aufschlag- oder -flugballtraining regelmäßig *Getränkedosen oder -flaschen* in regelmäßigen Abständen ins Zielfeld vor die Aufschlag- oder Grundlinie gestellt und gewettet haben, wer diese als erster „abschießt". Was war das? Eben *Zieltraining!* Und das ist schon mehr als *60 Jahre her*. Wir haben auch schon damals eine *zweite Grundlinie,* in der damaligen Zeit noch auf Sandplatz mit Kalk und der damaligen archaischen großen, schweren und lärmenden Linienmaschine (ob es diese überhaupt noch irgendwo gibt, vielleicht im Museum?) ca. *2,5 Meter* vor die Grundlinie gezogen und beim Grundschlagtraining haben wir gewettet, wer bei den Grundlinienrallyes innerhalb einer gewissen Zeitspanne die meisten Bälle in dieses Zielfeld spielt. Später war eine meiner großen Stärken, neben der „angeborenen" Vorhand und dem Flugballspiel, *die gleichmäßige Länge* meiner Schläge.

Bei dieser Gelegenheit sei mir eine *kleine Erinnerung* an diese Zeit erlaubt. In Abbildung 67 stehe ich (ganz links) in Reih und Glied mit unserer damaligen DC-Mannschaft aus dem Jahr 1960. Damals war ich nationaler Meister, Nr. 1 auf der nationalen Rangliste und hatte mir unmittelbar davor im Turnier in Sotschi meinen rechten Daumen ausgekugelt. Leider sind schon zwei Kollegen dieses Teams und unser damaliger unvergessener Kapitän Dr. Jiři Rössler tot. Ich habe ihn geliebt und verehrt, er hat mir sehr geholfen. Er war neben seinem Beruf als Anwalt auch Sportwart beim Spitzenklub Sparta Prag, wo ich „zu Hause" war und wo er mich in allen Bereichen betreut hat. Ich könnte über ihn unzählige lustige Geschichten erzählen. Eine vielleicht doch – er war grundsätzlich immer recht zappelig und ganz besonders vor einem Davis-Cup-Match. Und so erschien er einmal zum DC-Match auf der berühmten und berüchtigten „Hetzinsel" in Prag, zwar immerhin nicht barfuß, sondern in zwei Schuhen, wie es sich gehört, einer war allerdings schwarz und zum Schnüren, der andere war ein brauner Mokassin. *Das ist wirklich kein Witz!* Wir mussten einen Boten mit Taxi zu ihm nach Hause schicken, um den zweiten schwarzen Schuh zu holen. Gecoacht hat er aber trotzdem ausgezeichnet. Rösler ist im Übrigen der Schwiegervater des späteren Wimbledonsiegers Jan Kodes.

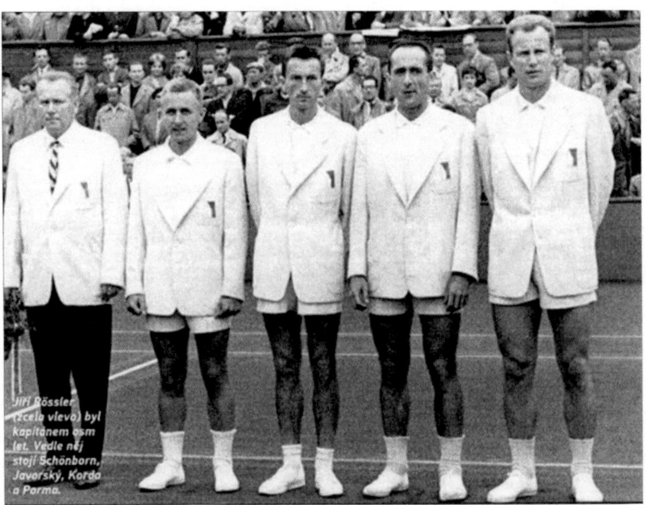

Abb. 67. Die tschechische Davis-Cup-Mannschaft 1960 – Dr. Jiři Rössler, meine Wenigkeit, Jiři Javoský, Pavel Korda und Jiři Parma. Tolle Spieler und prima Menschen.

Übrigens – wenn ich mich doch noch einmal auf den Tennisplatz stelle, was leider immer seltener ist, ist diese Einstellung bzw. *Zielsetzung* in meinem zunehmend „löchriger“ werdenden Gehirn doch noch bis heute *tief gespeichert, regelrecht eingebrannt* und zu meiner Überraschung – *es funktioniert,* wenigstens meistens. Ich ziele automatisch auf die Grundlinie sowohl bei den Grundlinien- als auch bei den Flugballschlägen, *ohne darüber nachzudenken.* Es läuft in meinem Gehirn ganz einfach ab. *Das vergisst man eben nicht.* Selbstverständlich hat die Qualität der Technik *leider* sehr stark nachgelassen (vom Leistungspotenzial schon gar nicht zu reden) und der damalige Schönborn hätte den derzeitigen Schönborn wahrscheinlich sogar mit der linken Hand vorgeführt und zur Schnecke gemacht. Schade, dass es den damaligen nicht mehr gibt. Ich erinnere aber an die Einführung – die Vergangenheit, die Lokomotive, der Rauch usw.

Lieber aber zurück zur *Gegenwart* und den *vier Gründen.*

8.2.1. Man müsste einen Spion im Gehirn des jeweiligen Spielers platziert haben, um herauszufinden, was oder wie er bei den, wie ich es nenne, „neutralen“, mehr oder weniger in oder um das Platzzentrum gespielten Bällen denkt, falls er dabei überhaupt denkt.

Und das ist eben eine der *Hauptbegründungen* dieser ungenauen Schläge. Der Spieler will eigentlich *gar nichts Konkretes unternehmen;* entweder er weiß selber nicht, was er machen soll, oder er wartet ab, was der Gegner eigentlich will. Er spielt vielleicht sogar schon mit Absicht „cross“ oder „long-line“, er bemüht sich aber nicht den Ball präzise irgendwohin zu platzieren. Selbstverständlich gibt es noch die *dritte Alternative* – es ist ganz einfach ein *misslungener Schlag.* Auf jeden Fall sind solche Schläge gegen einen starken Gegner „Selbstmord“, denn heutzutage wartet jeder Spieler auf so eine Gelegenheit, um den Ballwechsel mit einem einzigen Schlag siegreich zu beenden. So eine Situation, aus dem Mittelfeld heraus einen Winner zu schlagen, ist dafür prädestiniert.

8.2.2. Diese Begründung für ein ungenaues Spiel kommt wahrscheinlich der Realität am nächsten, obwohl es bei den Topspielern eigentlich überrascht.

Scheinbar *mangelt es an Selbstvertrauen.* Das überrascht wiederum von neuem, denn z. B. bei riskanten Passierschlägen, Schlägen, die einen Winner vorbereiten (z. B. scharfe Winkelschläge) und bei einem Winner selbst können diese Spieler in der Regel sehr präzise und genau spielen. Das bedeutet, dass sie die *Fähigkeiten* und technischen *Fertigkeiten* zu einem genauen Spiel durchaus besitzen. Sie streuen aber trotzdem die Bälle innerhalb der Rallye recht oft und recht viel. Warum aber?

Man muss sich vorstellen, dass z. B. der schon einmal erwähnte Biathlonathlet seine Schüsse auf diese Art streuen würde. Er würde die Betonwand oder den Hügel hinter der Scheibe demolieren und die Scheibe, besonders deren Zentrum, würde heil blieben. Obwohl dieser Vergleich dem einen oder anderen Leser vielleicht unrealistisch vorkommen mag, kann man ihn nicht so leicht beiseiteschieben. Der Schütze muss sich *exakt* auf ein einziges Ziel konzentrieren – *das Zentrum der Zielscheibe.* Diesem Unterfangen muss er die *ganze körperliche und technische Vorbereitung* widmen, mit anderen Worten: *Die Zielfläche bestimmt die gesamte technische Durchführung der Aktion!* Dabei liegt oder steht er und muss sich nicht bewegen, d. h. er kann wie ein Tennisspieler beim Aufschlag unbeeinflusst die volle Konzentration auf das Ziel richten und trotzdem, wie auch der Tennisspieler beim Aufschlag, schießt er ab und zu daneben. Eben – *die schon beschriebene Nichtwiederholbarkeit der Bewegung.*

In diesem Sinne trainiert der Biathlonathlet auch das ganze Jahr hindurch. Tut dies so auch der Tennisspieler? *Das Ziel bestimmt den Weg und nicht umgekehrt* (Abb. 68 a, b). Aus der Abbildung sind die zwei unterschiedlichen Alternativen ersichtlich. Die konservative sollte schon der Vergangenheit angehören.

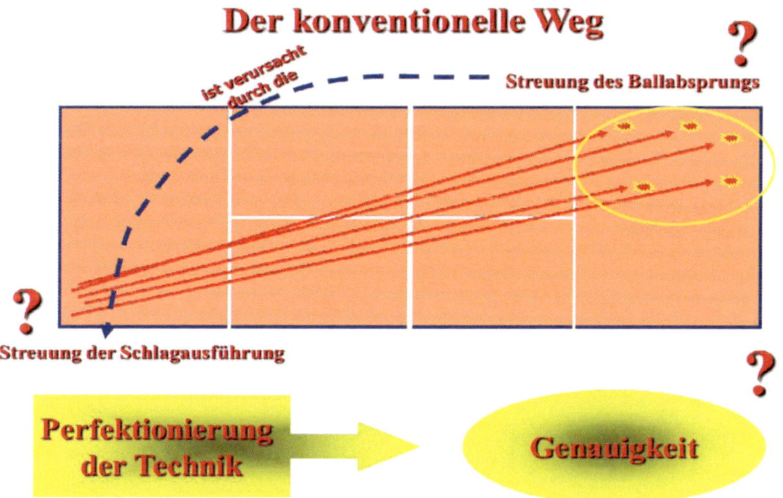

Abb. 68 a. Eine Streuung der Bälle zeugt von einer technischen Streuung (Probleme) der Bewegungsausführung, was die Folge eines ziellosen Crossschlags ist, wobei es darüber hinaus auch nicht zu einem Richtungswechsel kommt.

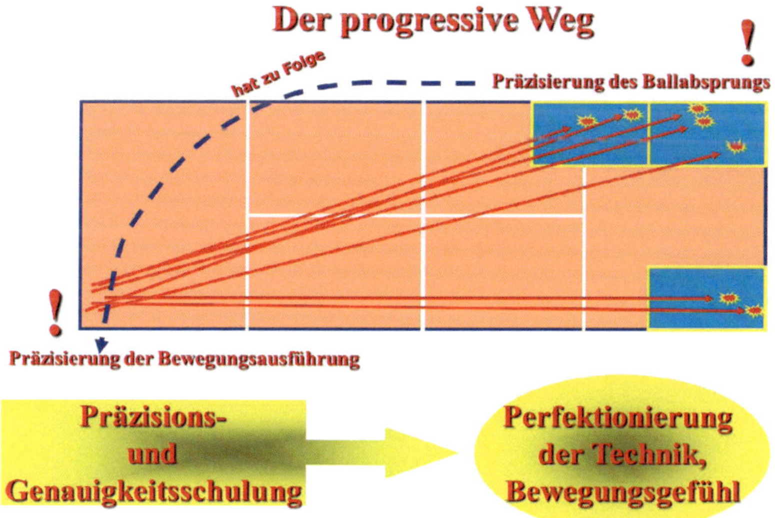

Abb. 68 b. Wenn man Zielflächen angibt, diese verschiedenartig bestimmt und mit dem Schlag ansteuert, dann wird man zwangsweise die Bewegungsausführung instinktiv mehr und mehr anpassen, wissentlich oder intuitiv korrigieren und dadurch qualitativ präzisieren.

Eine Veränderung der Schlägerflächenstellung im Treffpunkt um 10 Grad verursacht aber schon eine Streuung des Balls im Absprungpunkt von 6–7 m (Abb. 69).

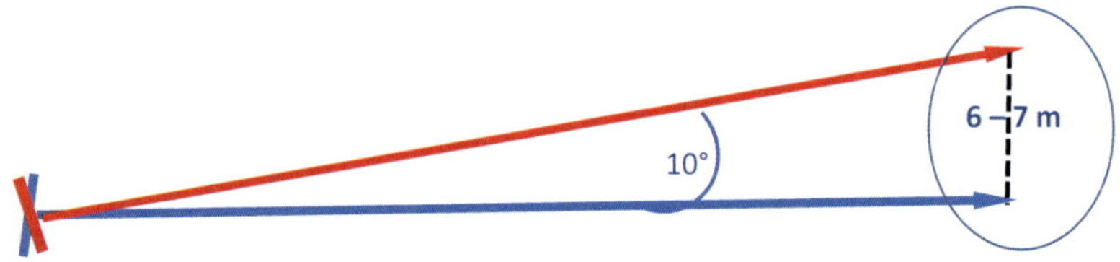

Abb. 69.

Es existiert inzwischen eine Reihe von Untersuchungen im Tennissport, welche sowohl die Variation im Training als auch das zielorientierte Training als effektiv für einen schnellen Fortschritt nachweisen. So beobachteten Wissenschaftler z. B. in einer *Untersuchung der Universität in Athen (S. J. Douvis: Variable praktice in learning the forehand drive in tennis, 2005)* den Erfolg von Tennisanfängern (40 Probanden im Alter von 9–10 Jahren und 40 Probanden zwischen 18 und 20 Jahren) beim Erlernen des Vorhand-Drives mit unterschiedlichen Lernmethoden.

Es wurden jeweils *100 Vorhände* in verschiedenen Ausrichtungen gespielt, nach einem vom Trainer zugespielten Ball.

Es wurden *vier Gruppen* gebildet:

A – spielte den Ball in ein Zielfeld in der Platzmitte,
B – spielte den Ball in vier Zielfelder jeweils long-line und cross,
C – spielte den Ball wie Gruppe B, allerdings zusätzlich noch auf eine Zielfläche in der Platzmitte und
D – spielte den Ball ziellos.

Das Training wurde *dreimal wöchentlich* über *sechs Wochen* durchgeführt. Danach erfolgte ein Abschlusstest: 60 Vorhandschläge in ein Zielfeld in der Platzmitte.

Resultate:

- *Signifikant höhere Trefferquote* der Erwachsenen im Vergleich zu den Kindern
- Spieler der *Gruppe C* (fünf Zielfelder), erzielten die *meisten Treffer*
- *Gruppe B* (vier Zielfelder) und *Gruppe C* (fünf Zielfelder) *signifikant bessere Ergebnisse gegenüber A* (ein Zielfeld in der Mitte) und D (ziellos)

Fazit der Untersuchung:

Schon das Technikerwerbstraining soll frühzeitig mit variablen Zielfeldern erfolgen.

Shim J., Carlton J. W. Chow W. Chae S. (2005) aus verschiedenen US Universitäten untersuchten das *Antizipationsverhalten* von Tennisspielern;

Ergebnisse:

- Erfahrene Tennisspieler sollten im Training mit *vielen verschiedenen realen Schlagsituationen* konfrontiert werden
- Das *Zuspiel* auf höherem Trainingsniveau sollte nach vorliegenden Ergebnissen vermehrt *von den Schülern* selbst nach einer Anspielsituation geschehen, als immer standardisiert vom Trainer oder gar der Ballwurfmaschine.

Nach den Ergebnissen der Studie lässt sich damit die Präzision und dadurch die Qualität der technischen Ausführung des Schlags verbessern. *Präzision ist trainierbar!*

Nicht nur der Biathlonathlet, sondern praktisch fast jeder Sportler (selbstverständlich abhängig von der Sportart) muss heutzutage die zweite Alternative wählen. Selbst z. B. ein *Abfahrts- oder Slalomfahrer* muss genau vorausberechnen, wann er den Schwung technisch, raummäßig und zeitlich ansetzen muss, sonst rutscht er ab, muss kanten und die Zeit geht flöten. *Das Ziel* (der perfekte zeitliche und räumliche Schwungeinsatz) bestimmt die technische Vorbereitung und Durchführung des Schwungs. Auch hier, genauso wie im Tennis, muss der Rennläufer *in Millisekunden* über die Bewegung entscheiden. Darüber hinaus hat er eine Fahrgeschwindigkeit von u. U. um die 100 km/h. Auch der Skifahrer muss das ununterbrochen und systematisch trainieren.

Die Frage ist nun: Wie viel Zeit und welche Inhalte des Trainings widmet der Tennisspieler einem *zielorientierten* Präzisions- und Genauigkeitstraining? Ich wiederhole noch einmal: Man kann im Match nur das *erfolgreich einsetzen,* was man sich im Training *zigtausendfach erfolgreich angeeignet* hat. Schon beim Einschlagen besteht bei den meisten Spielern keine Tendenz, den Ball präzise irgendwohin zu schlagen. Auf meine Frage bei verschiedenen weltweiten Juniorencamps, wohin der Spieler eigentlich den letzten Ball schlagen wollte, bekam ich zu 99 % die gleiche Antwort – *übers Netz!* Toll, hätte ich beim Tennis nicht gedacht. Meine Empfehlung den Spielern gegenüber: Spiele nie *und ich betone – nie – einen einzigen Ball ohne Ziel* nur so dahin. Man lernt das, man muss es nur versuchen und man muss es wollen!

Neben dem Training auf exakt festgelegten Zielflächen (siehe die über 90 Übungsformen und Begründungen in den Büchern „Tennis Techniktraining" und „Optimales Tennistraining") eignet sich für das Genauigkeitstraining hervorragend das Training mit der von mir entworfenen „Roten Zone" (Abb. 70).

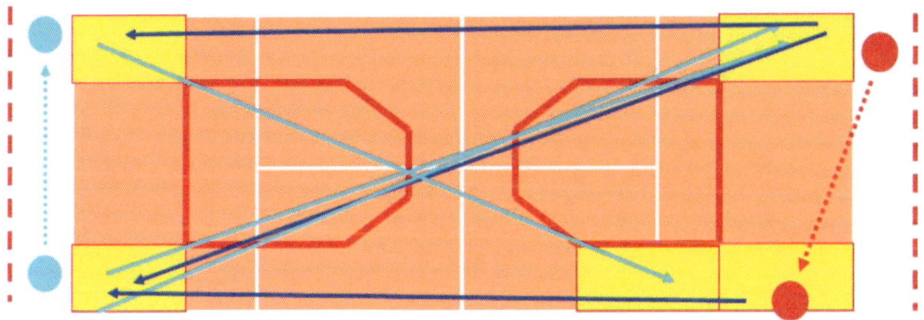

Abb. 70

Die Zone kann man beliebig vergrößern oder verkleinern, je nach der Spielstärke der jeweiligen Spieler. Man kann z. B. exakte Zielflächen festlegen (siehe Abbildung) und bestimmt die Reihenfolge der Zielansteuerung der einzelnen Spieler oder man lässt ganz einfach Punkte ausspielen oder sogar ein Match spielen ohne Zielflächen; dabei werden nicht nur Bälle ins Aus oder ins Netz, sondern auch *Bälle in die „Rote Zone"* als *Verlustpunkte* gezählt. Die Spieler *müssen grundsätzlich* versuchen *neutrale Schläge zu vermeiden* und sehr genau aus *jeder* Position und Spielsituation die Bälle außerhalb der Zone platzieren. Es ist wirklich *sehr überraschend,* wie *schnell* das auch recht junge Spieler lernen. Ich benutze diese Trainingsart sehr oft. Man kann sich vorstellen, welche Konzentration und technische Schlagfertigkeit die Spieler aufbringen müssen, wenn z. B. die Umrandung der Zone auf eine Breite von nur 1,5 m (seitwärts) und 2,5 m (vor der Grundlinie) reduziert wird. *Das Ziel bestimmt die Bewegungs- und Schlagdurchführung*! Ich habe diese Übung schon vor mehr als drei Jahrzehnten kreiert, zahlreich publiziert und bei verschiedenen Seminaren vorgeführt, immer mit schnellem Erfolg, es ist rätselhaft, warum sie nach wie vor kaum benutzt wird.

8.2.3. Selbstverständlich ist eine genaue Platzierung eines Balls in einer komplizierten Spielsituation recht schwierig. Trotzdem ist sie machbar. Dort wo eine Nr. 30–100 der Weltrangleiste den Ball überhaupt „nur zurückzubringen" versucht, spielt z. B. ein Nadal, Djokovic oder Federer einen perfekt platzierten Passierball oder sogar einen perfekten Winner. Das ist eben *einer der Gründe* für den Leistungsunterschied.

Und eine hohe Leistung zu erzielen ist wiederum durch ein *Angebot an realistischen Spielsituationen* in der natürlichen Umwelt des Tennisgeschehens möglich. „Ziel ist einen Dialog zwischen der Umwelt (Spielfeld, Gegner usw.; Ergänzung des Autors), dem Bewegungsobjekt (Schläger, Ball usw.; Ergänzung des Autors) und dem Spieler herzustellen" (H. Lange 2005).

Damit ist nichts anderes gemeint, als die gesamte *natürliche Spielsituation* in das Bewegungslernen zu integrieren oder aber umgekehrt. Und weil sich auch eine Spielsituation *nie* in der absolut gleichen Art und Weise *wiederholt,* muss man die *Variation der Spielsituationen* und damit die Anpassungsfähigkeit und Realisierungsfähigkeit des Spielers fördern. Hiermit wird aber auch die *Variation der Schlagausführung* automatisch stattfinden müssen, was eben den modernen Bedürfnissen in der Bewegungslehre entspricht.

Deswegen muss man in der heutigen Bewegungs- und Trainingslehre eine *fortlaufende Variation der Spiel- und Aufgabenbedingungen* anstreben und den Mut aufbringen sich ständig neuen ungewohnten (spielerisch „gefährlichen") Situationen auszusetzen. Nur so können die Spieler die notwendigen Bewegungserfahrungen sammeln. *Die Spieler müssen selber herausfinden, wie man eine bestimmte Situation erfolgreich lösen muss.* Wir als Trainer können es nicht diktieren oder den Spielern in ihre Köpfen programmieren. *„Sage es mir, und ich vergesse* *es; zeige es mir, und ich erinnere mich; lass es mich tun, und ich behalte es!"* (Konfuzius , 6. Jh. v. Chr.)

Wir können nur von unseren Erfahrungen erzählen, wir können diese aber nicht auf den Schüler übertragen. Jeder Mensch muss sie selber machen. Das entscheidende Endziel muss sein das *individuelle Situations-, Bewegungs- und dadurch Schlaggefühl* (siehe unten) des Spielers zu erreichen. Ich wünsche mir sehr, dass nun jeder Zweifler den Sinn des zielorientierten Trainings einsieht. Er muss es nur ausprobieren.

Man kann dabei verschiedene Methoden wählen (Abb. 71 a, b). Es sollte aber immer eine realistische, matchorientierte Rallye gewählt werden. Der Spieler muss lernen seinen Bewegungsablauf der Situation anzupassen. Das bedeutet das Gefühl für die Ballgeschwindigkeit, die Balllänge, die entsprechende Drallzahl sowie die Ballhöhe zu erwerben. Ich halte nichts von künstlichen Methoden, wie z. B. ein Seil höher über das Netz zu spannen, um einen „langen" Ball spielen zu lernen oder andere unnatürliche „Vorschläge" zu benutzen. Jede Zielfläche muss doch mit jeder *vertretbaren Ballgeschwindigkeit* (bei einer übertrieben hohen Ballgeschwindigkeit wird der Ball immer im Aus landen – das sind physikalische Gesetze) ob aus einer Position (a) oder im Lauf aus mehreren Positionen und dadurch mit entsprechender Ballflughöhe erreicht werden.

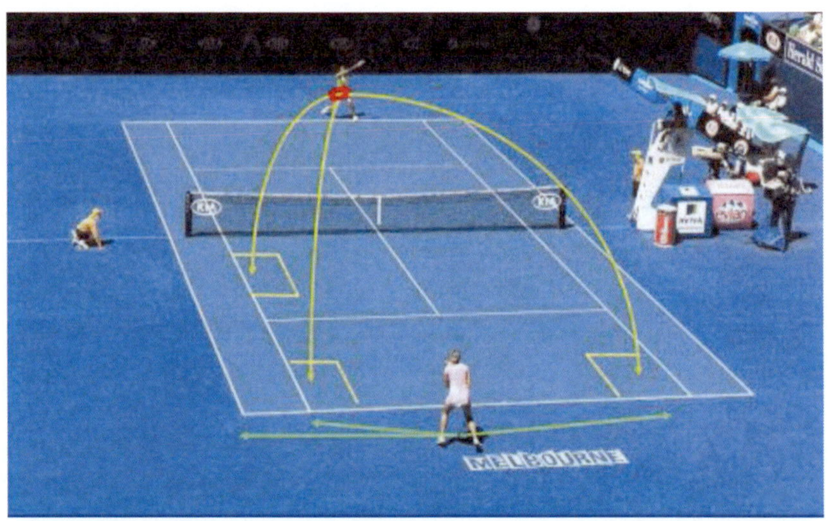

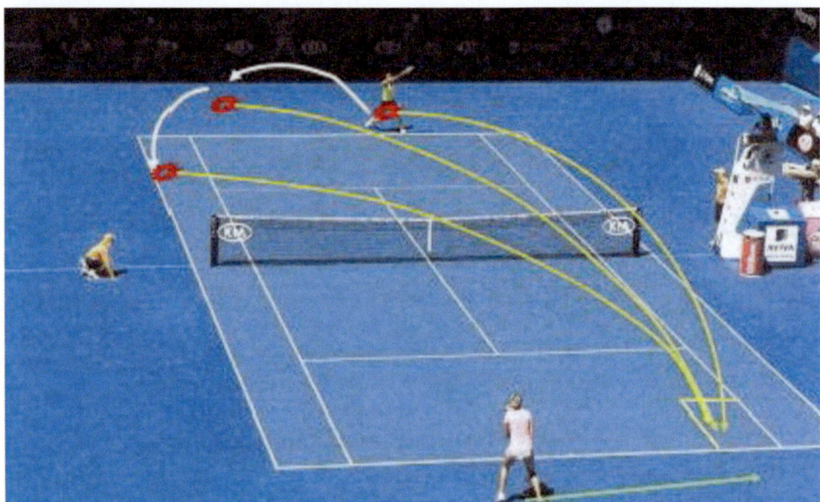

Abb. 71 a u. b. Man kann mehrere Zielflächen ansteuern oder aber aus verschiedenen Schlagpositionen verschiedene Kombinationen kreieren. Je mehr man variiert, umso mehr ist man gezwungen die Schlagausführung zu präzisieren. Das Tempo des Spiels sowie die Zielflächenanordnung (um dadurch den Druck auf den einen oder anderen Spieler zu erhöhen) müssen immer der Spielfertigkeit der einzelnen Spieler angepasst werden.

8.2.4. Diese Situation kann jederzeit, u. U. sogar ziemlich oft vorkommen, denn Tennis ist ein recht *variationsreiches Spiel* und nicht jede Spielsituation eignet sich für einen „genialen taktischen-technischen" Streich. Das soll allerdings kein Grund für einen neutralen Schlag in das Platzzentrum sein. Was man in der Regel in so einer Situation spielen sollte, ist z. B., je nach Situation, ein sehr *tiefer Schlag* in die *unmittelbare Nähe* und in die *Mitte* der Grundlinie. So ein Schlag entlastet und gibt dem Gegner nicht so viele Möglichkeiten zu überraschenden Aktionen. Auch das ist in *Trainingsmatches* trainierbar.

Alle *vier Alternativen* haben mit dem schon erwähnten *Ausbau der neuralen Netzverbindungen* (Vernetzung) und somit der Ausweitung der *strukturellen Verhaltensmuster* in unserem Gehirn zu tun. Je mehr diese vorhanden sind, umso *größere Bewegungsvariabilität* und *Zielsicherheit* steht zur Verfügung.

Es ist ziemlich wahrscheinlich, dass alle vier erwähnten Alternativen abwechselnd vor allem in den längeren Rallyes vorkommen können, die dann zu der größeren oder kleineren Streuung führen.

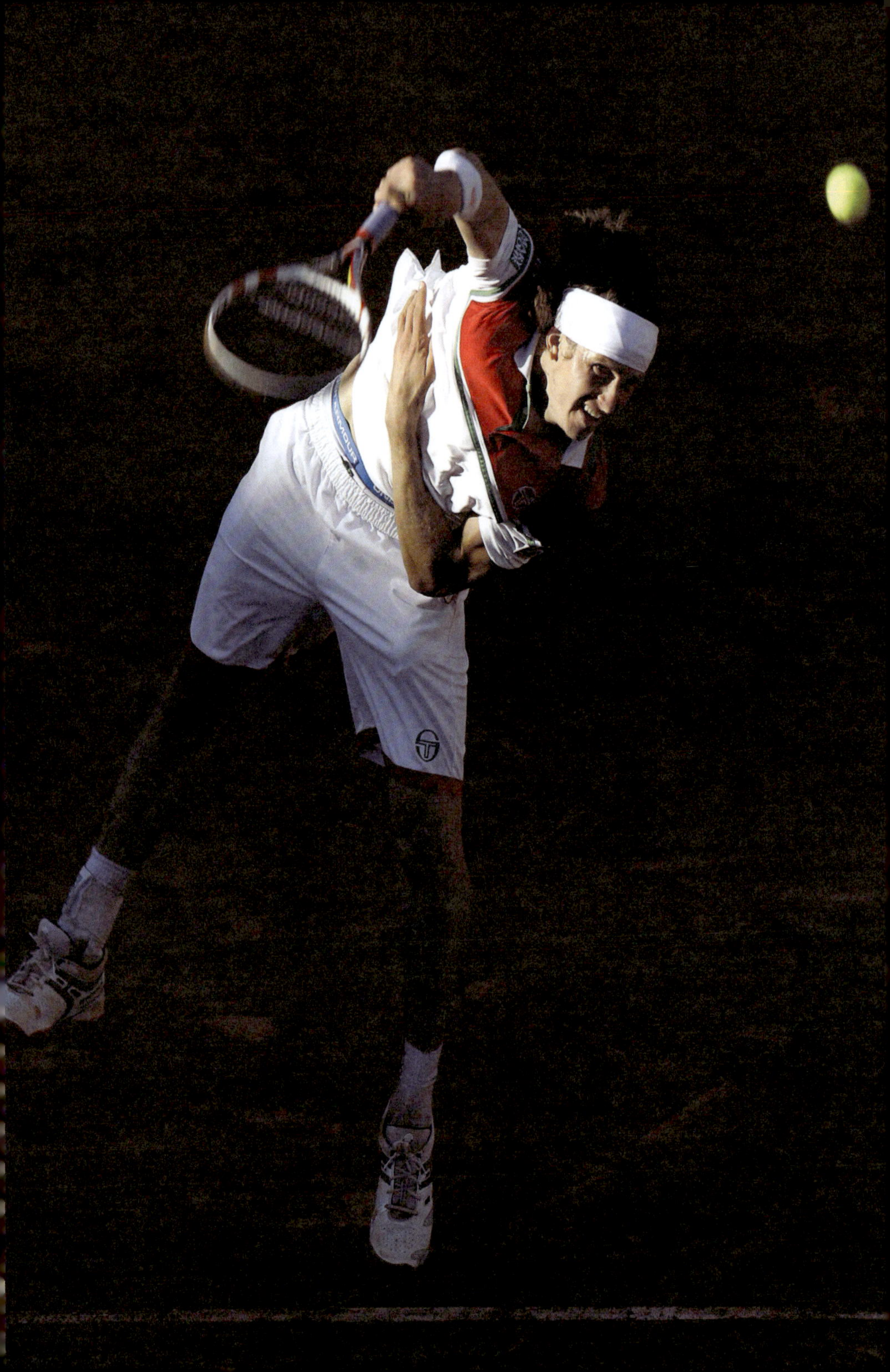

9 Bewegungsgefühl

A. Trebels hat schon 1990 Folgendes gesagt: „Ein erster und nach meiner Erfahrung erfolgreicher Zugang zu den begleitenden *Bewegungsgefühlen* ist möglich, wenn man sich *stark kontrastierenden Bewegungsausführungen* bedient. Soweit die Unterschiedlichkeit der Übung *bewusst gesteuert* werden kann, ist es meist auch möglich, sich dabei begleitenden Lage- und Spannungsgefühlen bewusst zu werden und dabei im *inneren Bewegungsgefühl* auf zentrale Momente der Bewegung zu stoßen."

Und gerade das ist das *Geheimnis der absoluten Topspieler* der Gegenwart – erfolgreiche, stark kontrastierende *Bewegungsausführungen bei schwierigen Situationslösungen!* Diese erreicht man doch nicht durch stumpfsinniges Wiederholen eines vermeintlich gleichen einfachen Schlags in einer *gleichen einfachen, statischen Situation* und *Richtung.* Standardisierte Übungsprogramme oder vorgefertigte methodische Reihen sollten nun schon wirklich der Vergangenheit angehören. Gezielte und durchdachte *sinnvolle Variation* ist angesagt.

Das optimale Bewegungsgefühl ist weitgehend *angeboren.* Man kann es selbstverständlich bei jedem Menschen verbessern und weiterentwickeln, allerdings nur im Rahmen seiner Fähigkeiten, seines „Talents". Wie bekannt, gibt es *umgangssprachlich ausgedrückt motorisch geschickte und ungeschickte* Menschen. Diesen begegnet man im täglichen Zusammenleben und Zusammenwirken, nicht nur im Sport. Es ist einleuchtend, dass bei den meisten Sportarten und ganz besonders in *Spielsportarten* und damit auch im *Tennis* das *Bewegungsgefühl* für die Entwicklung und Anwendung der Technik eine *dominante Rolle* spielt. Ich habe diesen Faktor schon in meinem leider längst vergriffenen Buch „Die Tennis-Praxis“ in etwa folgendermaßen dargestellt: Wenn jemand beim Aufhängen eines Bildes die Nachbarwohnung demoliert, dann kann man nicht gerade von besonderer Geschicklichkeit und Gefühl sprechen.

Im dem oben angeführten Zitat von A. Trebels ist von *stark kontrastierenden Bewegungsausführungen* die Rede. Diese sollten nicht nur systematisch in das heutige Training mit einbezogen werden, sondern sie haben auch eine natürliche Entwicklung über den Jahrhunderttausende andauernden Weg des Homo sapiens durchlaufen. Bei dieser Gelegenheit halte ich es für sinnvoll sich noch einmal der Bewegungsentwicklung des Menschen zu erinnern (siehe Kapitel 3).

Eine der wichtigsten *positiven Folgen* des modernen Variationstrainings ist der *steigende Spaß* und damit die immer wieder *neu hergestellte Motivation* der Spieler, denn bei dieser Trainingsform ist die Kreativität und Improvisationskunst des Spielers gefordert und durch die Möglichkeit des *Suchprozesses* kann er die individuellen und feinen situativen Abweichungen *spüren* und umsetzen. Man sollte das „Streicheln“ des Balls anstreben. Das heutige Tennis ist nicht nur durch Kraft oder Geschwindigkeit gekennzeichnet, sondern gerade die Spitzenprofis beherrschen die *feinmotorische Ballbehandlung* hervorragend. Ohne *allgemeines* und *spezifisches* Bewegungsgefühl würden sie nie da oben stehen. Das gilt übrigens genauso für Fußball-, Basketball- oder Eishockeyspieler wie auch für Skifahrer und eine ganze Menge anderer Sportarten.

Das Bewegungsgefühl ist allerdings nicht nur auf die Ballbehandlung gerichtet, sondern *auf die Gesamtbewegung auf dem Platz schlechthin*. Das betrifft die Beinarbeit, die situative körperliche Anpassungsfähigkeit, die Antizipation und die situative Abschätzungsfähigkeit. Man darf nie einen Faktor im Tennis separat betrachten, sondern in jeder Phase jeglicher Bewegung ist eine *Vielzahl an Bewegungsvoraussetzungen* und *Bewegungsmustern* beteiligt, man muss alles immer *komplex* betrachten, was wiederum die Bedeutung der *situativen Bewegungsausbildung* unterstreicht. Noch einmal möchte ich in diesem Zusammenhang die *Ausweitung* der *strukturellen Verhaltensmuster* im Gehirn hervorheben. Im menschlichen Gehirn laufen in einem Netzwerk von verschiedenen Systemen *elektrophysiologische* und *biochemische* Prozesse ab, die die Grundlage aller motorischen, sensorischen und kognitiven Leistungen bilden.

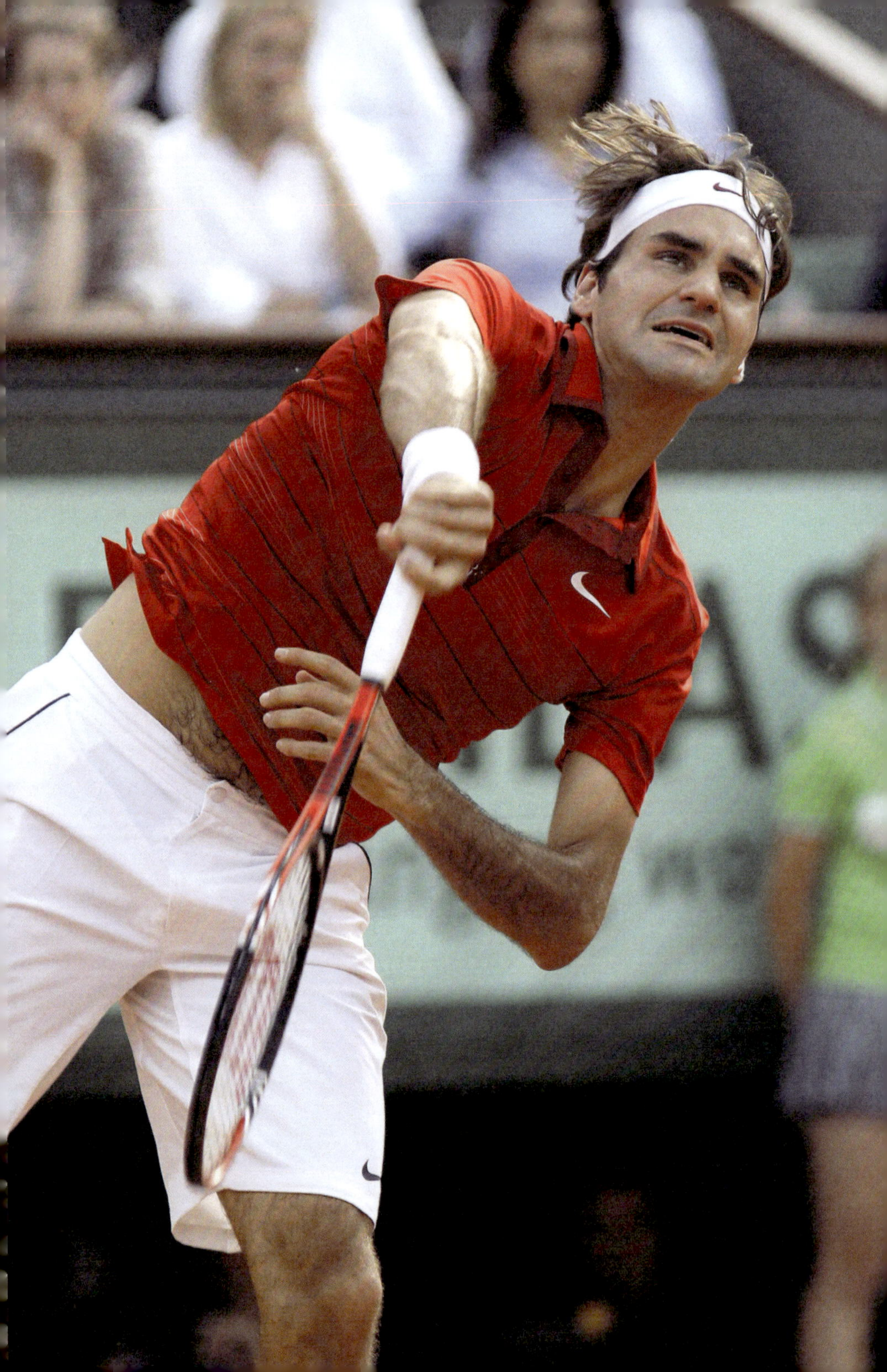

10
Koordination.

Der nächste enorm wichtige Faktor ist *die Perfektionierung der Koordinationsfähigkeit. Sowohl allgemeines und spezifisches Bewegungstraining als auch Techniktraining sind ja nichts anderes als Koordinationstraining* (Abb. 72).

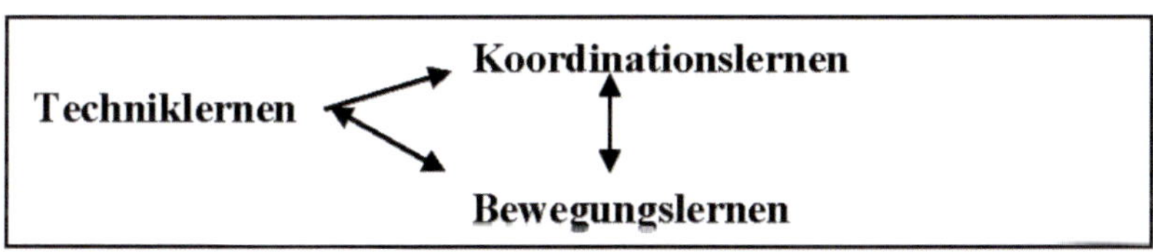

Abb. 72. Koordinationsfähigkeit ist im Tennis der entscheidende leistungslimitierende Faktor schlechthin.

Die Steigerung der Koordinationsfähigkeit wird vor allem durch steigende Ansprüche an *Informationsanforderungen* und an *Druckbedingungen* erreicht. Und beides wird wiederum vor allem durch eine weitere Variation der Trainingsaufgaben gefördert.

„Das Koordinationstraining verbindet die Ausführung sicher beherrschter Bewegungsfertigkeiten bzw. sportlicher Techniken mit einer *systematischen Variation* bzw. *Erschwerung* in den *Informationsanforderungen* (sensorische Vielfalt; Ergänzung des Autors) und in den *Druckbedingungen* und führt so zu ungewohnten, anspruchsvollen Bewegungsaufgaben" (A. Neumaier, 2006).

Nach H. Lange wird die Grundeinstellung des sogenannten *Koordinations-Anforderungs-Reglers (KAR)* bei jeder Übung so *verändert,* dass der Sportler mit etwas *Neuem, Ungewohntem* und deshalb *mit etwas Lernwirksamem* konfrontiert wird.

Selbstverständlich sind damit nicht immer nur absolute oder sogar totale Veränderungen gemeint, sondern z. B. schon beim Technikerwerbstraining kleinere neue Ansprüche, die den Schüler zu neuen *Anpassungsvorgängen* (Adaptionen) zwingen (z. B. „Spiel mir den Ball auf meine Rückhandseite flach zu meinen Füßen") (Abb. 73). Wenn man das dann in der Vielfalt der vorhandenen Möglichkeiten betrachtet, dann ist es z. B. die Variation verschiedener Schlagorte am Platz, verschiedener Schlagrichtungen, Schlaglängen, Schlaggeschwindigkeiten, Schlagarten und Schlagziele. In diesem Bereich gibt es eine fast *unbegrenzte Zahl* verschiedener Kombinationen und Variationen. Wichtig ist allerdings, dass das alles *bewusst* und *systematisch* gesteuert wird und nicht willkürlich oder zufällig nach Lust und Laune passiert.

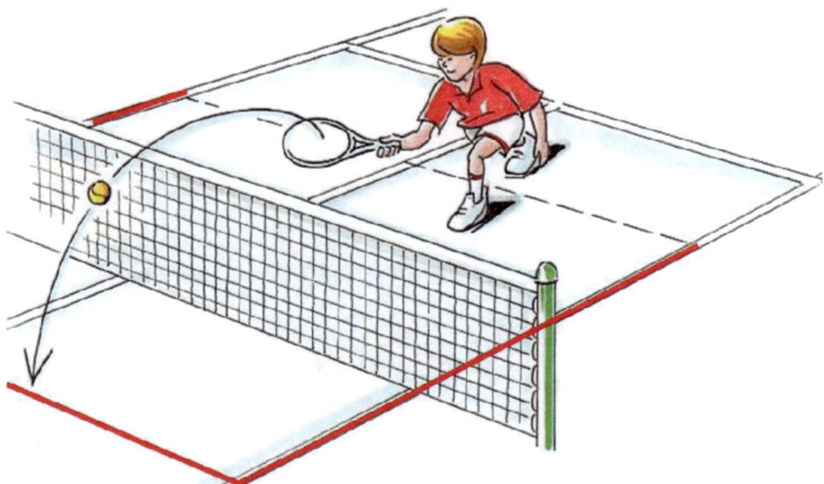

Abb. 73. Schon der Hinweis an den Schüler „Spiele den Ball kurz zu meinen Füßen" bedeutet den Anfang des zielorientierten Lernens und der Selbstkontrolle und Selbstgestaltung der Technik.

„Während es sich beim *Techniktraining im Volleyball* um den Erwerb neuer Fertigkeiten handelt, die zu individuell optimierten Techniken ausgebaut und in typischen Handlungssituationen automatisiert werden, geht es *im Koordinationstraining* zunächst um *die Schaffung breiter sensomotorischer Grundlagen,* später um akzentuierte Variation und Erhöhung verschiedener Informationsanforderungen und Druckbedingungen und schließlich um *gezieltes Überpotential* unter Beachtung der hochspezifischen Bewegungs- und Handlungsabläufe. *Gradmesser* aller *Bemühungen zum Koordinationstraining* muss letztlich die *Verbesserung der Spielkompetenz* sein" (L. Niebel; A. Thiel).

Obwohl das Zitat das Volleyballspiel betrifft, gilt das gleiche im Tennis auch und man kann es *voll übernehmen.*
Taktische Kreativität und Vielseitigkeit im Match müssen vorerst durch eine große Ansammlung von verschiedenartigen *situativen Lösungsvarianten* (Patterns) und dadurch durch systematisches Training (Bewegungslernprozesse) der sogenannten *geschlossenen* (technischen) *Drills* abgesichert werden. Das bedeutet, dass man innerhalb der technischen Drills exakte, aber *variable* Vorgaben (z.B. zweimal long-line lang – einmal cross kurz – einmal long-line lang – zweimal cross lang usw. und das aus jeder Schlagsituation und -position) geben muss und dass der Spieler immer wieder vor die Herausforderung einer präzisen Lösung der gesetzten Aufgaben gestellt wird und diese nicht nach seinen „bequemen", das heißt bis dahin verfügbaren Lösungsmöglichkeiten (vorhandenes Waffenpotenzial) realisieren darf. Der Spieler muss ein *großes Arsenal* an „wirksamen Waffen" aufbauen, die er später im Match je nach der Erfolg versprechendsten taktischen Variante technisch problemlos einsetzen kann.
Man macht allerdings oft den Fehler, dass man die Koordination *fast ausschließlich* mit der Schlagdurchführung, sprich mit den Inhalten der Technik und den ergänzenden Faktoren (Kraft, Schnelligkeit usw.) verbindet. Das ist nicht falsch, soweit man den Begriff „ausschließlich" herauslässt.

Weil die Koordinationsfähigkeit nicht als ein vergessener und einsamer Faktor irgendwo im Raum steht, sondern weil man diese in jeder Situation, bei *jeder Bewegung*, bei jedem Schlag benötigt, muss man diese mit der Situation bzw. mit *der Umwelt* in Verbindung sehen. Damit sind vor allem die *räumliche* und die *zeitliche* Anpassungsfähigkeit des Spielers gemeint. Das obige Zitat von L. Niebel und A. Thiel kommt diesem Problem sehr nahe, denn es wird u. a. die sogenannte *Spielkompetenz* hervorgehoben.

Eine der hervorragenden Eigenschaften der Weltspitze ist die *erfolgreiche Realisierung der schwierigen Situationen* und die schon oft erwähnte *situative Anpassungsfähigkeit*, mit anderen Worten: *Handlungskompetenz und Spielkompetenz!*

Es ist ein großer Unterschied in der gesamten Realisation z. B. einer Vorhand, wenn man diese in ganz kurzer körperlichen Distanzanpassung und in einer relativ optimalen Position und Platzlage spielen kann (Abb. 74) oder ob man diese Vorhand im vollen Lauf unter Druck irgendwo in der Ecke bewältigen muss (Abb. 75). Man spricht hier zwar von einer schwierigen situativen Lösung und diese habe ich in diesem Buch schon sehr oft in verschiedenen Zusammenhängen erwähnt, erklärt und deren Wichtigkeit betont, aber weil diese Vorhand in dieser Form in derselben Situation oder Position einzigartig und nicht wiederholbar ist, muss man sich damit detaillierter beschäftigen.

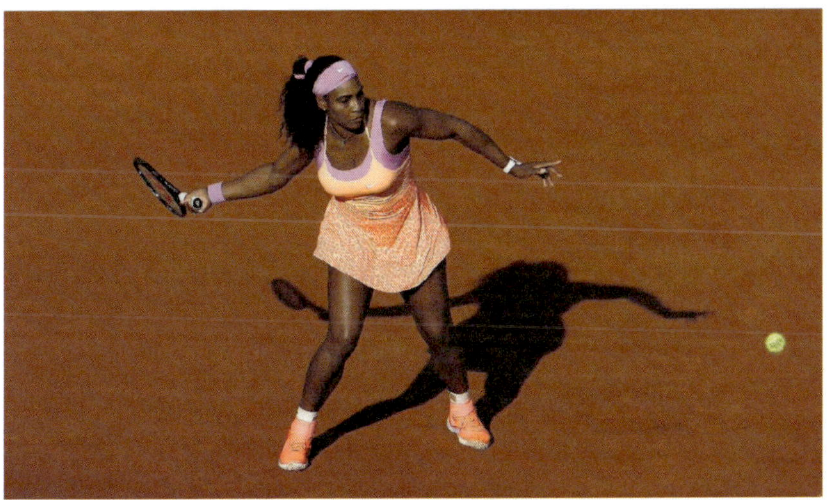

Abb. 74. In dieser Schlagposition und -situation wird einer guten Spielerin die Bewältigung der Vorhand kaum Schwierigkeiten bereiten.

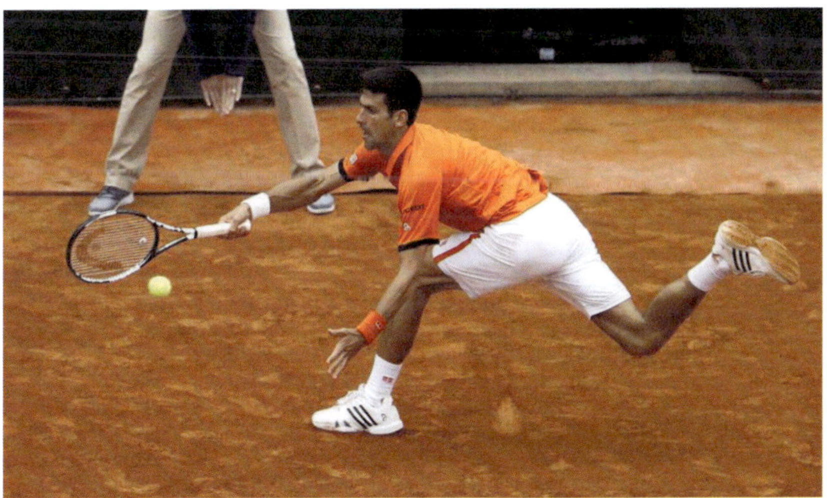

Abb. 75. In diese Schlagsituation kommt der Spieler relativ selten, sie wird auch in dieser Form nicht regelmäßig oder systematisch trainiert, und trotzdem können die Profis sie im Match sehr erfolgreich meistern. Die Gründe dafür wurden bereits ausreichend oft erläutert.

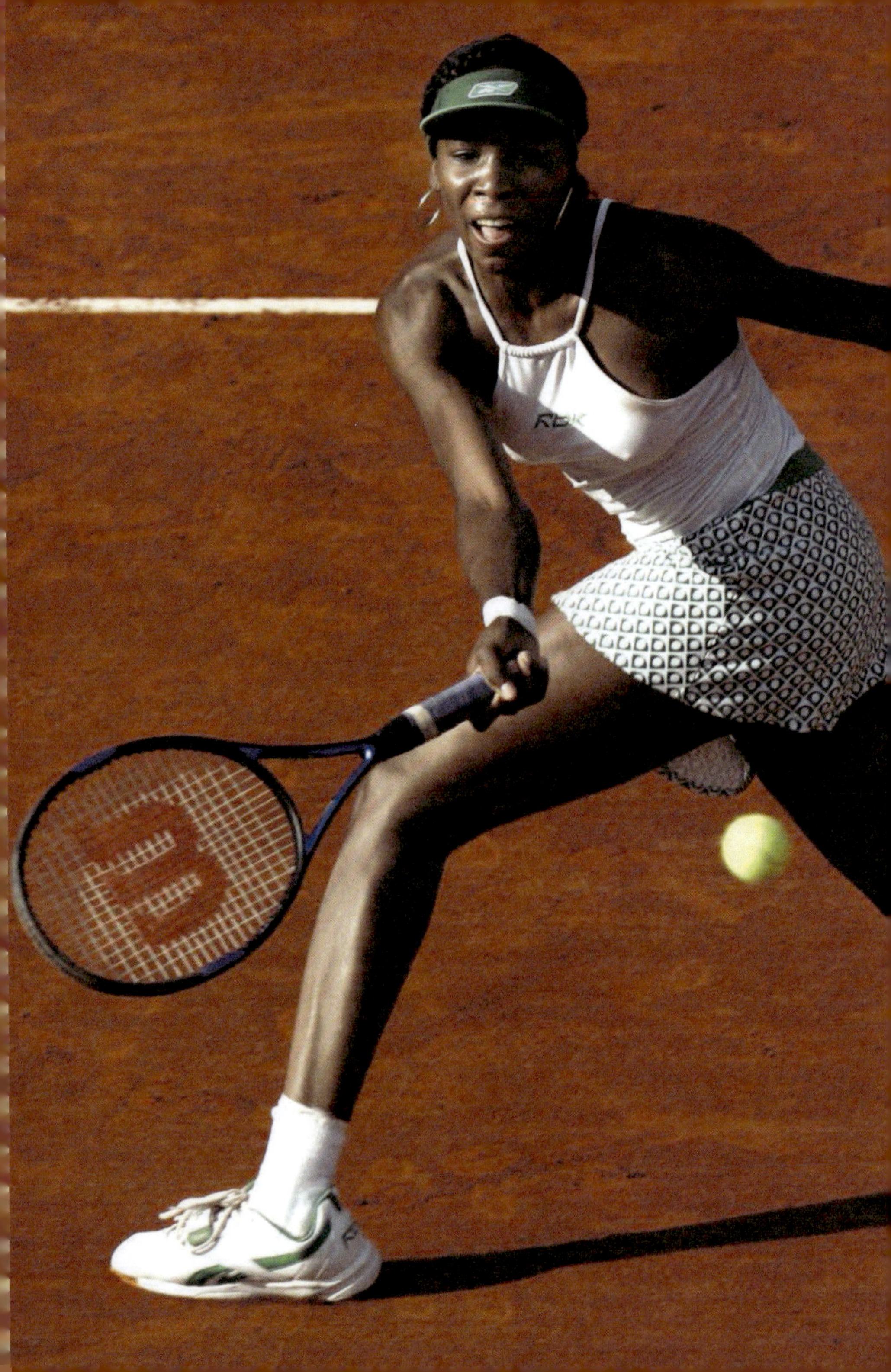
RBK

11 Handlungskompetenz, Spielkompetenz.

***Handlungskompetenz* ist eine *komplexe personale Disposition* für menschliches Verhalten.**

Damit ist die *momentane Disposition* gemeint (Disposition von lat.: dispositio = Aufteilung, Einteilung, Zuweisung; Anordnung) oder in unserem Fall anders ausgedrückt – *das kurzzeitige Zur-Verfügung-Stellen* aller Fähigkeiten und Fertigkeiten der *menschlichen Bewegungsausführung* in der gegebenen Situation für die optimale und erfolgreiche Lösung dieser Situation. Eine der wichtigsten Faktoren ist dabei die *Koordinationsfähigkeit.*

Je größer der *Erfahrungsschatz* und das „Waffenpotenzial" sind, umso mehr Lösungsvarianten und -möglichkeiten kann der Spieler im Match in jeder Situation abrufen, er steigert damit seine individuelle *situativ-variable Handlungs- und Spielkompetenz.* Und gerade *diese* entscheidet über die Siege und bei der Weltklasse und Weltspitze über die vorderen Platzierungen in den Weltranglisten und den Grand-Slam-Turnieren.

11.1 Beinarbeit

Der erste wichtige Faktor im Bereich der motorischen Voraussetzungen ist zweifellos die *Beinarbeit* bzw. präziser ausgedrückt die *gesamte Beintätigkeit*. Die Beine/Füße tragen den Spieler nicht nur an den Ort des Geschehens, sondern dort entscheiden sie über den Ausgang des Schlags. Der Zusammenhang mit der Beinarbeit wird in der Regel vor allem in der eigentlichen Schlagdurchführung gesucht, wobei man dabei eher die ruhige Schlagposition betrachtet.

Bei *Fehlschlägen* können allerhand Gründe eine Rolle spielen. Einer der wichtigsten und *häufigsten* ist der *Verlust des Gleichgewichts*. Unsere Untersuchungen der deutschen Junioren und Juniorinnen in Viertelfinalmatches während der deutschen Jugendmeisterschaften in den achtziger Jahren über eine Periode von drei Jahren sowohl outdoor als auch indoor haben gezeigt, dass bis zu 70 % der Fehler *direkt* oder *indirekt* (Folgestörungen) durch *Gleichgewichtsverlust* verursacht worden sind. Der Gleichgewichtsverlust wird vor allem mit der *Position des Körperschwerpunkts* außerhalb der *Stützfläche* in Verbindung gebracht (Abb. 76).

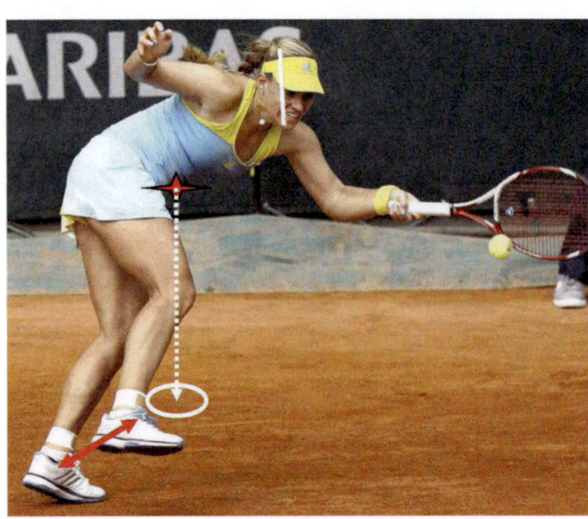

Abb. 76. Die Spielerin ist in dieser Schlagsituation aus dem Gleichgewicht geraten, der Körperschwerpunkt ist durch das Vorbeugen vor den Körper „verrutscht", darüber hinaus befindet er sich außerhalb der Stützfläche. Es ist eine Notsituation, die Stars können sie trotzdem in der Mehrzahl meistern.

Übrigens ist es wirklich sehr schwierig unter den Hunderten Fotos der Profis, die ich auf meinem Computer gespeichert habe, ein Foto zu finden, auf dem der Spieler (in diesem Fall Spielerin) beim Schlag außerhalb des Gleichgewichts zu finden ist. Auch bei der deutschen Spitzenfrau A. Kerber ist es eine *absolute Ausnahme*, die Profis wissen sich fast immer mit einem *extrem langen Schlagschritt* zu helfen, um im Gleichgewicht zu bleiben. Ich habe schon weiter oben den *langen Schlagschritt* im Zusammenhang mit der optimalen Schlagdurchführung erwähnt. Es ist der *gesamte Bereich – Annäherung* (eventuell Sprint), *abbremsen, einnehmen der Schlaggrundposition, abfangen der Fliehkraft.* Fliehkraft/Zentrifugalkraft ist in unseren Fall eine *Trägheitskraft* des Körpers sowohl bei der Körperrotation bei einem Schlag aus dem Stand als auch bei sehr hohen Körpergeschwindigkeit über den Treffpunkt hinweg (Abb. 77).

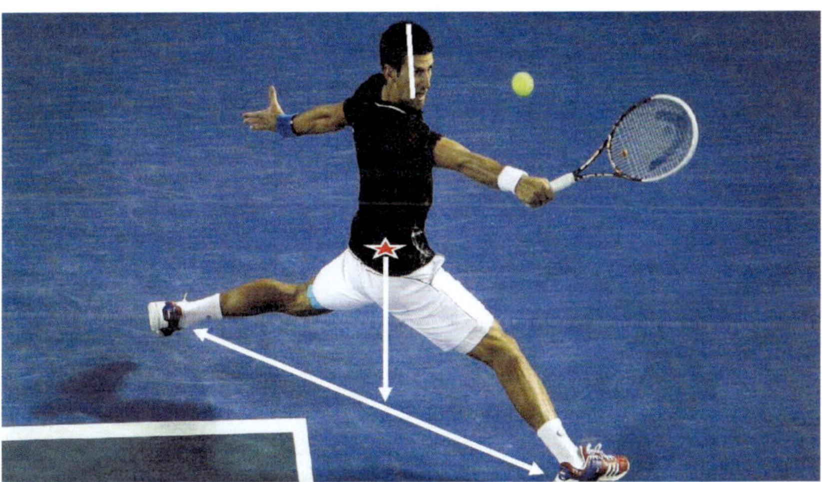

Abb. 77. Man muss sich vorstellen, dass der Beidhänder Djokovic auf diesem Foto bei einem Return nicht nur in einer sehr schwierigen Situation ist, sondern dass er gezwungen ist seine Rückhand einhändig zu schlagen und dass er dabei in perfektem Gleichgewicht ist. Chapeau bas!

Wie man die Wirkung der Fliehkraft neutralisieren muss, hängt von der jeweiligen Situation ab. *Für das Abwägen*, wie lang der Schlagschritt sein muss, wie tief man dabei den Körper und damit den *Körperschwerpunkt* senken muss oder aber wann man im vollen Lauf seitwärts exakt treffen muss, bleiben nur Millisekunden Zeit, mit anderen Worten: *keine Zeit*. Das muss automatisch ablaufen, es muss aus dem oben erwähnten *generalisierenden motorischen Programm (GMP), aus dem Grundmuster der Bewegung* „herausgezogen“ werden. Für die optimale motorische Bewegungslösung all dieser unterschiedlichen Situationen muss eine *hervorragende Koordinationsfertigkeit* zur Verfügung stehen.

11.2 Körperarbeit

Der zweite wichtige Faktor ist die Körperarbeit.
Es leuchtet ein, dass, vor allem bei höherer oder sogar hoher Körpergeschwindigkeit und ganz besonders bei der Bewegung entlang der Grundlinie, es nicht einfach ist eine wünschenswerte Körperposition einzunehmen und darüber hinaus den Körper, vor allem den *Oberkörper* in den Schlag bzw. in die Schlagrichtung einzusetzen. Trotzdem ist die Position des Körpers und des Kopfes enorm wichtig. *Der Torso* (Rumpf) macht ca. 42 % des Körpergewichts aus. Bei einer stärkeren Neigung (vorwärts, rückwärts, seitwärts), ohne dabei auf die Position des Körperschwerpunkts zu achten, gerät man sehr schnell aus dem Gleichgewicht (siehe Abb. 76). Deswegen ist es notwendig in allen möglichen schwierigen Situationen darauf zu achten, dass der Oberkörper *so weit wie möglich in einer mehr oder weniger aufrechten Position bleibt* (Abb. 78).

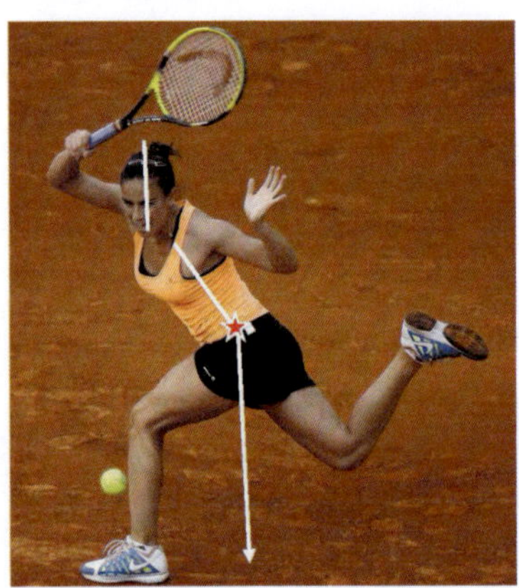

Abb. 78. Obwohl unter Druck, die Spielerin versucht sowohl den Oberkörper als auch den Kopf in einer aufrechten Position zu halten

In einem engen Zusammenhang hiermit ist auch die *Kopfposition* zu nennen. Auf jeden Fall sollte man versuchen mindestens den *Kopf aufrecht* zu halten (Abb. 76–78), denn dort sitzt das Vestibularorgan (Gleichgewichtsorgan) im Innenohr. Dieses ist für die *Orientierung im Raum* und für eine präzise *Steuerung der Körperbewegungen* zuständig. Insbesondere bei *komplexen Bewegungsabfolgen,* wie sie etwa Turner oder Artisten ausführen, scheint diese Funktion eine besonders wichtige Rolle zu spielen. Tennis ist zwar keine Artistik (noch nicht?), aber in den komplizierten Situationen kommt es zu *komplexen Bewegungsabfolgen,* welche eine der Situation angepasste *optimale Körperposition erfordern.* Entnommen aus Wikipedia: Das Gleichgewichtsorgan bilden *drei Bogengänge,* die senkrecht zueinander stehen und mit Flüssigkeit gefüllt sind (Abb. 79). Zusätzlich wachsen Sinneszellen in diesen Bögen. Je nach *Körperhaltung und Bewegung* verändert die Flüssigkeit in den Bögen ihre Lage. Die winzigen *Strömungsveränderungen* reizen die Sinneszellen. Diesen Reiz leiten Nerven *zum Gehirn* weiter, womit wir wieder beim Gehirn gelandet sind.

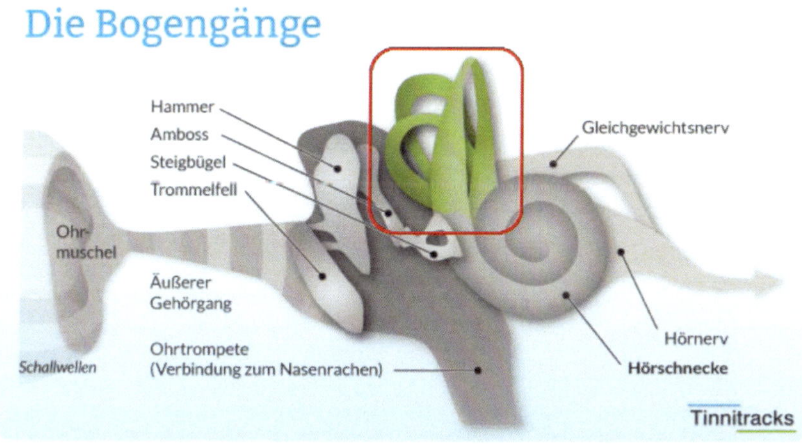

Abb. 79. Das Vestibularorgan befindet sich im Kopf. Bild aus Wikipedia übernommen.

11.3 Arm- und Handgelenkarbeit

Der dritte wichtige Faktor ist die Fähigkeit zu einer Improvisation der Arm- und Handgelenkbewegungen.

In den äußerst kritischen Situationen und Schlagpositionen kann man sich weder auf eine optimale Beinarbeit noch auf eine ideale Körperstellung verlassen, man muss mit dem *Arm* oder aber mit dem *Handgelenk* zu *improvisieren versuchen,* was eine *hohe Kunst der Feinmotorik* und damit der Koordination ist. Unter Umständen muss man z. B. bei der Vorhand vom Westerngriff zum Kontinentalgriff oder von einer doppelhändigen zu einer einhändigen Rückhand wechseln (Abb. 80, 81).

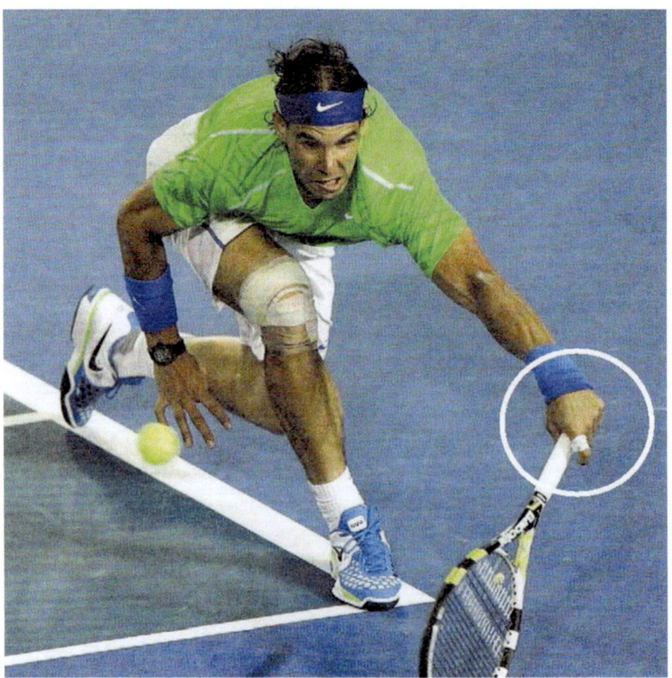

Abb. 80. Die Lösung dieser Situation ist eigentlich die Spezialität von Nadal, keiner auf der Welt beherrscht diesen Schlag so perfekt. Gestreckt, im letzten Augenblick, mit Kontinentalgriff (!) und aus dem Handgelenk zaubert er die besten Passierschläge.

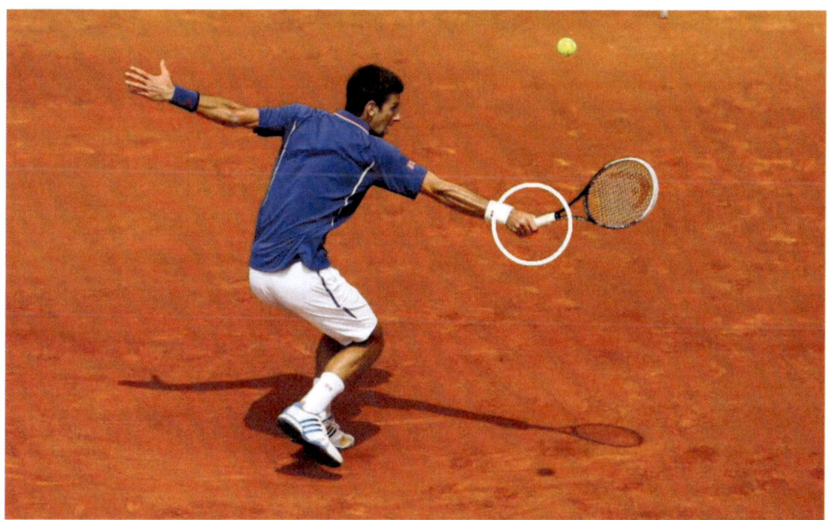

Abb. 81. Djokovic kann mit dem Rücken zum Netz mit starker Hilfe des Handgelenks und dazu noch einhändig auch die schwierigste Situation meistern.

11.4 Wahrnehmung und Antizipation

Der vierte Faktor ist die Wahrnehmung und die Antizipation.
Damit meint man in diesem Fall die richtige Abschätzung der gegnerischen Absichten. Mit anderen Worten: die Wahl der *passenden Antwort* auf gegnerische Maßnahmen womöglich schon bevor der Gegner diese Maßnahmen ergreift. Und das geht wieder *nicht* durch ein Training von konservativen Standardsituationen wie z. B. das ewige Wiederholen einer Vorhand cross und Ähnlichem oder sogar mit Feeding aus dem Korb. Wenn man weiß, was man eigentlich in einer gewissen *Spielsituation* selber fähig ist technisch und taktisch zu unternehmen und was überhaupt machbar ist, dann kann man auch wesentlich besser abschätzen, was der Gegner in einer ähnlichen Situation machen könnte. Man kann den Gegner besser „lesen". Auch deswegen muss man auch im Training den Spieler mit *komplexen, offenen, unübersichtlichen* und ständig variierenden Spielsituationen konfrontieren.

In der Regel ist *Tennis* taktisch gesehen eigentlich eine *relativ einfache Sportart.* Damit ist selbstverständlich nicht gemeint, dass Taktik eine unwesentliche Rolle spielt, *ganz im Gegenteil.* Schließlich habe ich über *Strategie und Taktik* ein recht *umfangreiches Buch* geschrieben, wobei ich einige Bereiche aus Platzgründen noch gar nicht ansprechen konnte. Das geschieht hoffentlich bei der zweiten, erweiterten Auflage.

Man hat aber einen relativ engen und im Verhältnis dazu einen langen Einzelplatz zur Verfügung (8,23 m zu 23,77 m oder aber 34,62 % zu 65,38 %, die üblichen Bilder mit den Doppellinien täuschen) und es ist deswegen nicht immer so einfach den Gegner Schachmatt zu setzen. Es gibt eine Fülle an Rallyeabläufen oder Ballwechseln, die sich fast in jeder Rallye wiederholen oder sich oft ähneln und die jeder Spieler benutzt und kennt. Mit diesen kann man den Gegner nicht besonders überraschen, höchstens bei entsprechender Ballgeschwindigkeit und vor allem -genauigkeit (siehe oben) unter Druck und damit unter *Raum- und/oder Zeitnot* setzen. Ich wiederhole: Einer der wichtigsten und *entscheidendsten taktischen Faktoren* ist der *Überraschungseffekt!*

Zum Punktgewinn braucht man sehr oft den *Überraschungsschlag,* die *Überraschungsentscheidung.* Übrigens ist der Überraschungsschlag fast die beste und häufigste Gelegenheit einen Winner zu schlagen. Gerade hierbei spielt die Wahrnehmung und Antizipation eine wichtige Rolle. Das ist auch der Grund, warum man diese zwei Eigenschaften in das Training integrieren muss.

11.5 Intuition

Der fünfte Faktor ist die Intuition.
In manchen, vor allem in entscheidenden Situationen, steht man im Match unter sehr starkem *Zeit- und Raumdruck* und in solch einem Fall muss man eine *Blitzentscheidung* treffen. Auch diese kann aber nur dann zum Erfolg führen, wenn sie *technisch machbar* ist. Man spricht dann von *Wahrschein-*

lichkeits- oder Zufallsentscheidungen. H. Lange vergleicht das passend mit dem *Hakenschlagen* bei *gejagten Antilopen* oder *Hasen.* Dieses ist nicht vorher geplant, es passiert intuitiv und beruht auf dem *Zufallsprinzip,* es ist aber von den Tieren *technisch machbar! Intuition* und ein antrainiertes *Potenzial an Variation und Entscheidungsmöglichkeiten* sind der Schlüssel zur *Kreativität.* Diese drei Eigenschaften kommen dann vor allem im *taktischen Training* (offene Drills) und im Match zur Geltung.

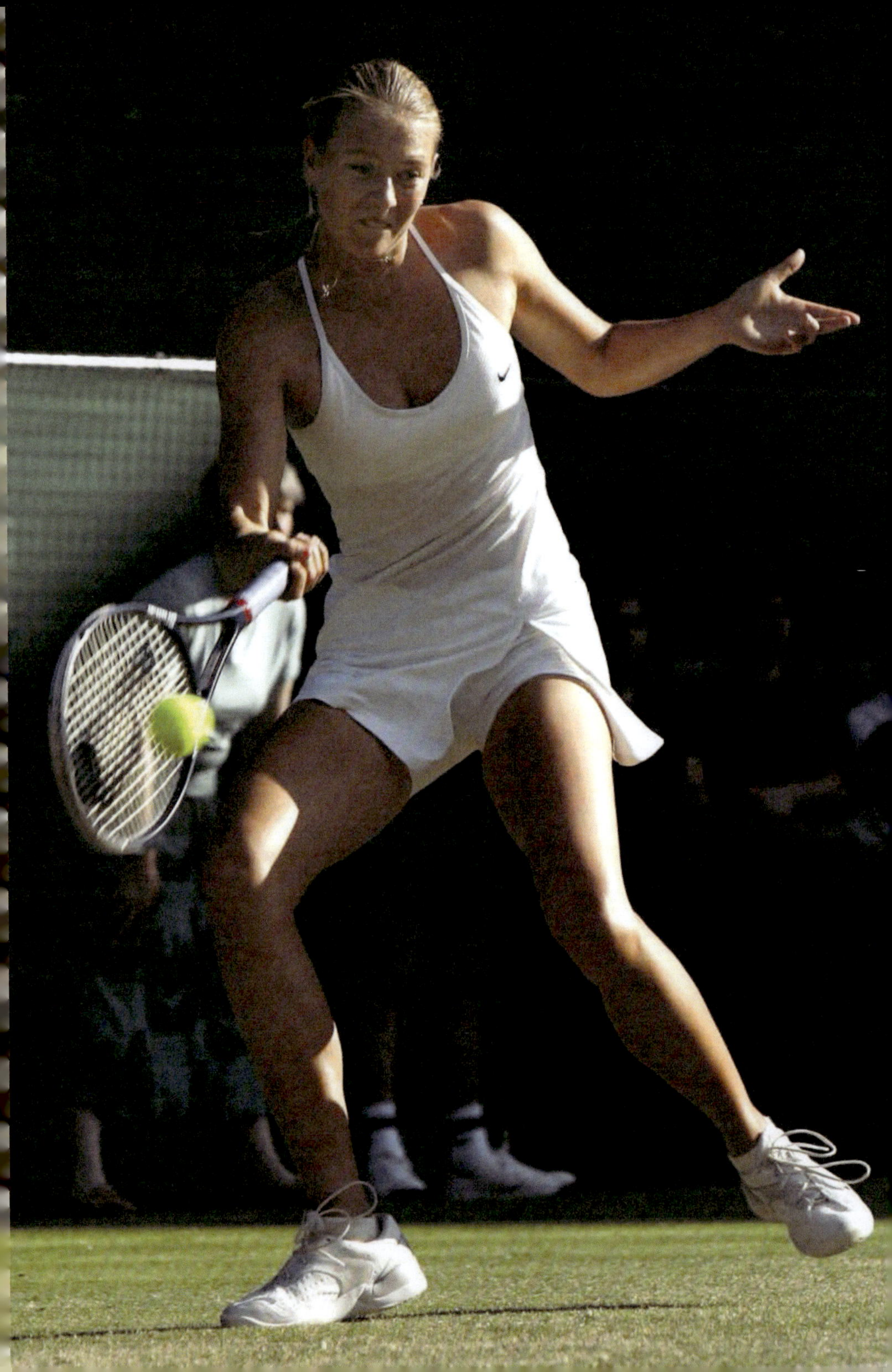

12 Modernes Bewegungslernen

Kommen wir zurück zur eigentlichen Thematik dieses Buchs – *dem modernen Bewegungslernen*. Ich möchte es *einleiten* mit einer Anpassung eines Zitats des berühmten und erfolgreichen deutschen *Leichtathletik-Trainers F. Hensel* (1988). Er spricht zwar von der *Hürdentechnik*, die sicherlich keine direkte Nähe zum Tennisspiel aufweisen kann, ich versuche es aber gleichzeitig *kursiv in Klammern* auf den *Tennissport* zu übertragen:

Erster Teil des Zitats: „In den vergangenen zehn Jahren (*bei uns im Tennis ist es heute eine wesentlich längere Zeitperiode; Anmerkung des Autors*) krankte der Hürdensprint (*Tennis*) wesentlich daran, dass wir Trainer versucht haben, eine Hürdentechnik (*Tennistechnik*) zu vermitteln, die auf *„rein" optischen Eindrücken* und auf einer *„reinen"* Außensicht beruhte. Das heißt: Die Technik der Hürdenüberquerung (*technische Schlagdurchführung*) war das beherrschende Thema in der gesamten Technikschulung. Hürdensprint (*Tennissport*) ist aber mehr. Man muss die Überquerung (*Schlagdurchführung*) mit dem Sprint (*Annäherung zum Schlag*) verbinden, um schnell (*situativ optimal*) an die Hürde (*in die richtige Schlagposition*) heran und schnell (*situativ optimal*) von der Hürde (*aus der Schlagposition*) wegzulaufen (*die nächste optimale Position einzunehmen*). Das ist die entscheidende Aufgabe; alles andere muss dieser Aufgabe untergeordnet sein. Für das Training können daraus dann auch Übungsformen abgeleitet werden, die eine Mischung aus technisch-koordinativen (*variablen*) und konditionellen Elementen darstellen". Ende des ersten Teils.

Wenn man sich diesen *ersten Teil des Zitats,* das allerdings schon *fast dreißig Jahre* alt ist (!) genau vor Augen hält, dann brauchen wir aus der Sicht der modernen *Bewegungs- und Techniklehre* kaum etwas hinzufügen. In unserem Fall ist das nichts anderes als ein Hinweis, dass wir heutzutage die Technik *nicht als Selbstzweck,* sondern *als Mittel zum Zweck* entwickeln müssen, das heißt, dass wir von Anfang an *Situationen* lehren müssen, in denen sich die Technik automatisch *situationsgemäß* entwickelt und abspielt und *zum Erfolg* führt! Wir müssen *situativ-variable Handlungskompetenz* lehren und trainieren und nicht ewig auf situationsfremden technischen Details herumreiten.

Ich möchte auch in diesem Zusammenhang *zum wiederholten Mal* daran erinnern, dass eine Schlagdurchführung bis zum Treffpunkt ca. eine *halbe Sekunde* dauert und bei der über *300 Muskeln* eingesetzt und miteinander koordiniert werden müssen. All das, was dabei in dieser geringen Zeitspanne passiert, können wir als Trainer doch nicht lehren oder dem Schüler einflößen. Wir können während einer eventuellen Fehldurchführung auch die winzigen Details (die schon erwähnten Koordinationsunfälle nach Mester), die sich im Einhundertstelsekunden-Bereich abspielen, praktisch nie sehen, wir können diese höchstens *ahnen* oder aufgrund umfangreicher eigener Kenntnisse und Erfahrungen *vermuten.* Nur allein *der Spieler* muss selber ein *Empfinden* für diese kleinen Unterschiede *entwickeln, er* muss sie *erspüren!* Auch das wurde schon erwähnt. Was wir sehen, ist höchstens ein grober Teil einer Fehlbewegung bzw. vor allem die *Folgen* davon, *entscheidend* sind aber die *Ursachen* und die liegen im Inneren des Organismus, und von denen man zwar perfekte theoretische Kenntnisse haben sollte und als Trainer haben muss, die aber nur der Spieler selbst fühlen kann. Bei einem richtig durchgeführten Schlag wird mehr oder weniger die gleiche Anzahl an Muskeln in der gleichen Reihenfolge eingesetzt, wie bei einem Fehlschlag, nur die *Intensität* oder *zeitliche Kopplung* dieses Einsatzes ist unterschiedlich. Das bedeutet, dass auch schon der Anfänger dieses Gespür für die benötigte *Feinkoordination* und *Feininnervation* der beteiligten Muskelfasern entwickeln muss und das erfolgt, wie in den ersten zwei Kapiteln beschrieben, insbesondere *durch den Gehirneinsatz.*

Um es mit den Worten von V. von Weizsäcker (1950) zu dokumentieren: „Diese Sicht auf den Lernprozess lässt sich als *Kreisprozess des Wahrnehmens und Bewegens* modellieren, in dessen Verlauf immer wieder neue Wahrnehmungen mit einer Vielzahl zuvor gemachter Erfahrungswerte abgeglichen werden und somit ständigen Einfluss auf das „Sich-bewegen" nehmen können."

Ich möchte nun die *Fortsetzung des weiter oben angeführten Zitats* von F. Hensel (1988) liefern und es unserer Sportart anpassen: „Der Athlet (*Tennisspieler*; Anmerkung des Autors) versucht Möglichkeiten zu finden, um seine Kontaktzeiten (*des Fußes mit dem Boden*) zu verkürzen (*situative Lösungen tennistechnisch zu optimieren*). Dieses Ausprobieren des Athleten (*Tennisspielers*) kann ich *durch Korrekturhinweise überhaupt nicht* ersetzen. Ich unterstütze aber den Athleten (*Tennisspieler*) bei der Arbeit nach der *Lösungssuche*. Denn ich stelle ihm *Aufgaben*, die er nur bewältigen kann, wenn er kurze Kontaktzeiten (*situative Lösungen*) verwirklicht. Beispielsweise vermindere ich die Hürdenabstände und Hürdenhöhen (*verändere ich die Schlagrichtungen, Schlaghöhen, Schlaggeschwindigkeiten, Zielvorlagen, Zielflächen usw.*). Über die Laufdynamik (*Schlagvariationen*) wird dem Athleten (*Tennisspieler*) ermöglicht, ein inneres Gefühl für kurze Bodenkontaktzeiten (*situative Lösungsmöglichkeiten*) aufzubauen."

Ich selber nenne diese Art unserer Arbeit *positives Manipulieren des Spielers* und erreiche damit in der Praxis *immer wieder* überraschend schnelle Fortschritte.

Wie man sehen kann, sind die erfolgreichen Methoden nicht sportartspezifisch festgelegt, sondern *übertragbar*, denn in beiden Fällen (Leichtathlet und Tennisspieler) handelt es sich um den gleichen menschlichen Organismus mit den gleichen physiologischen, biologischen, kognitiven, mentalen und motorischen Eigenschaften und Reaktionen, obwohl man keine direkte Verbindung zwischen diesen Sportarten herstellen können muss. Und was in einer Sportart erfolgreich funktioniert, sollte in einer anderen *mit sportartspezifischen Anpassungen* genauso erfolgreich funktionieren. Das angestrebte Ziel muss in jeder Sportart immer und in jeder Klasse und Spielstärke *das sportliche Resultat* sein. *Man muss eben das eigene Gehirn benutzen!*

„Von einer guten, *erfolgreichen Technik* wird dann gesprochen, wenn damit das aktuelle *biomechanische Optimum*, ein *hoher Grad an Virtuosität, Stabilität*, die *variable Anwendung* und das *angestrebte sportliche Resultat* erreicht werden“ (D. Martin, 1991).

Und dieser Satz wurde nicht von einem Tennisspezialisten geschrieben.

Es ist immer wieder erstaunlich, dass man trotz all der vorhandenen Kenntnisse und Erfahrungen sowohl aus der älteren als auch aus der neuen Bewegungs- und Trainingslehre bei uns im Tennissport immer noch viel zu oft in die veralteten und konservativen Methoden des Bewegungslernens zurückfällt, ja dass man sogar die neuen Wege zu oft bewusst ignoriert. Wie oft wird noch die Tennistechnik in statische Körperpositionen, sogar in einzelne Teile zerlegt (z. B. fest angeordnete Richtung der Ausholbewegung, der Ausschwungbewegung, der Armbewegung, der Hüftbewegung ohne jegliche Berücksichtigung der modernen funktionellen Bewegungsanalyse usw. usw. – siehe oben), mit exakt angeordneten Griffarten, in der Mitte des Platzes (auf dem T), ohne ausreichende Wiederholungszahl und Wiederholungsrhythmus, ohne Zielvorgaben und Zielflächen und *für alle Gruppenteilnehmer einheitlich* gelehrt? *Wo bleibt* dabei die in diesem Buch so oft zitierte Variation, Kreativität, Individualität, situative Handlungsfähigkeit und vieles, vieles mehr? Die Antwort ist einfach – das alles bleibt *auf der Strecke.*

Man boxt zu oft noch in der *falschen Gewichtsklasse.* Ein guter Trainer muss sich fragen, ob er in den *letzten drei Jahren* im Training etwas verändert hat oder nicht. Wenn nicht, dann kann er nicht nach dem neuesten Wissensstand arbeiten!

Immer wieder wird z. B. die alte Aufteilung in *Grobform, Feinform und Automatisierung* erwähnt und „benutzt“. Wo ist aber z. B. das Ende, *die Grenze der Grobform,* wonach soll man diese beurteilen, *wo beginnt die Feinform,* welche realistischen und messbaren Maßstäbe soll man dabei zu Hilfe nehmen, wie erkennt man das? Gibt es dafür eine Vorschrift, eine Regel, oder muss es jeder nach seinem individuellen Gefühl beurteilen? Und was, wenn der Spieler sich mit seiner Vorhand schon in der „Automatisierung" befindet, was auch immer man darunter versteht, mit Rückhandflugball, aber noch tief in der „Grobform" steckt? Wo soll man ihn nun einstufen? Auf meine unzähligen Fragen an die anwesenden Trainerkollegen bei verschiedenen Seminaren und Lehrgängen nach der Beurteilung und Einstufung der dort praktizierenden Jugendlichen habe ich immer wieder unzählige widersprüchliche Antworten bekommen. Wenn man aber etwas nicht „messen" kann, wenn man für etwas keine exakten Maßstäbe, keine objektiven Beurteilungskriterien hat, wie kann man das dann wahrheitsgemäß beurteilen?

In der modernen Bewegungslehre muss man den freien und natürlich verlaufenden Übergang in der Entwicklung der Technik respektieren, man kann es nicht „vorschriftsmäßig" vorgeben. Abgesehen davon, dass so eine *extreme Dreistufung* keinen Sinn ergibt. Sie hilft weder dem Schüler noch dem praktizierenden Trainer. Man kann doch nicht sagen: „So, heute haben wir die Grobform beendet und ab Morgen fangen wir mit der Feinform an." Das ist doch lächerlich. Irgendwann wurde diese Dreistufung in die Welt gesetzt und nun richten wir uns schon ein halbes Jahrhundert danach, ohne darüber nachzudenken, ob das überhaupt sinnvoll ist. So ist es aber mit vielen anderen „alten Theorien" ebenfalls. Es ist Zeit zum Umdenken. Übrigens: Befindet sich das kleine Mädchen auf der nächsten Seite noch in der „Grobform" oder schon in der „Feinform"?

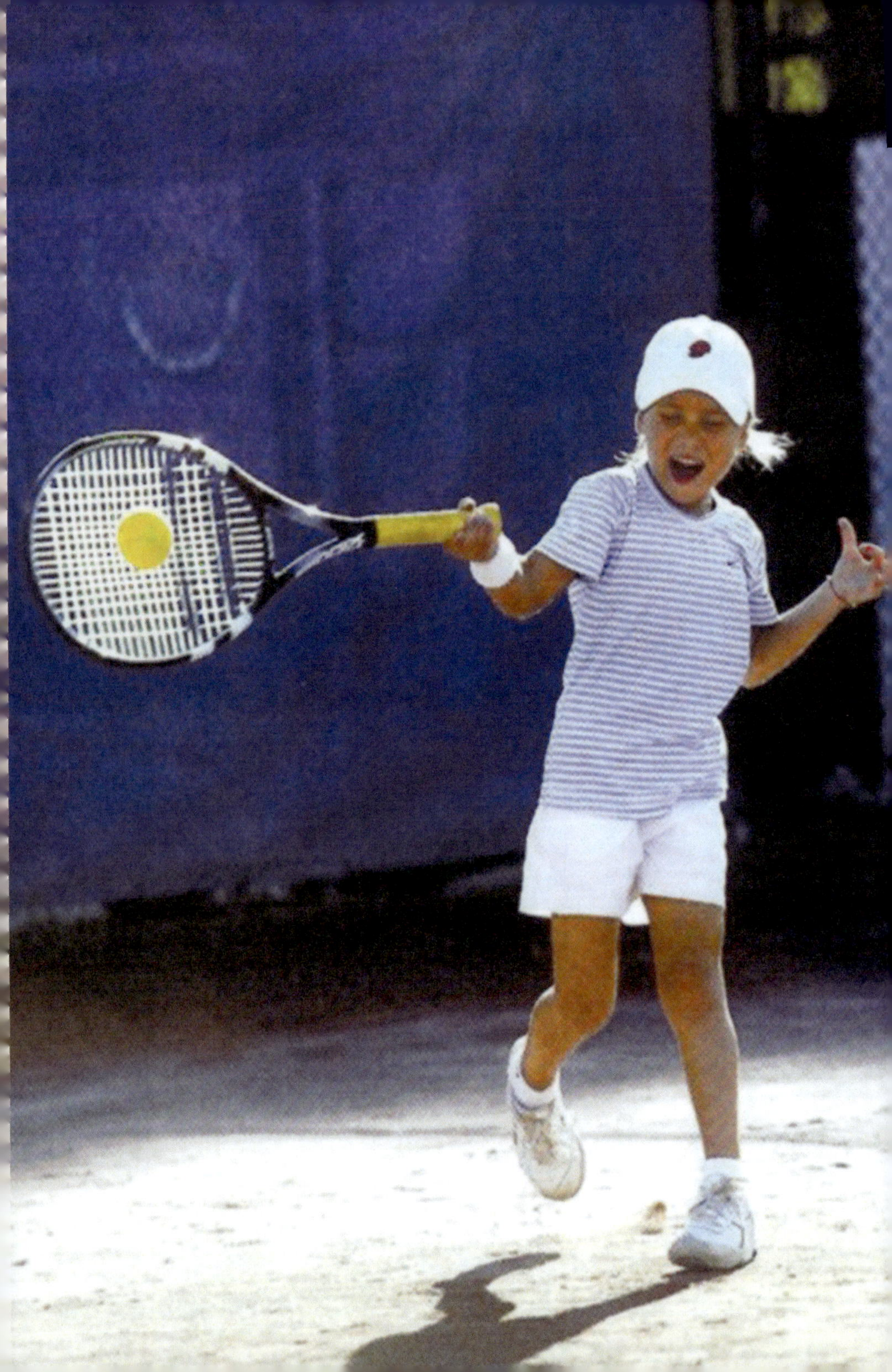

13 Das Bewegungsproblem

Sowohl der Anfänger als auch ein Fortgeschrittener haben ja in ihrem Bemühen eine Schlagtechnik zu meistern vor allem ein *Bewegungsproblem*. Und dieses betrifft den *ganzen Körper als einer Einheit* und nicht nur einen Teil davon wie z. B. den Arm. Ein *Bewegungsproblem* ist aber immer ein *Koordinationsproblem*. Das bedeutet, dass man die unzähligen einzelnen *Teile* des Schlags von Anfang an lernen muss *miteinander zu verbinden* und optimal zu *koordinieren*. Und dies kann nur durch ein Angebot an variablen und vielfältigen Bewegungsmöglichkeiten geschehen, die den natürlichen menschlichen Bewegungsmechanismen folgen. Man spricht in diesem Zusammenhang von einer sogenannten *koordinativen Funktion,* in der die *koordinativen Anforderungen* und die *koordinativen Fähigkeiten* zusammengeführt sind.

Was ist eigentlich die *Ursache eines Fehlschlags* bei einem guten Spieler oder aber einer noch fehlerhaften Technik bei einem Anfänger? Ganz einfach ausgedrückt ist es der falsche bzw. *fehlerhafte Einsatz* der sogenannten *Freiheitsgrade* und eine dadurch verursachte Störung in der kinematischen Kette. Unter dem Begriff *Freiheitsgrad der Gelenke* verstehen wir die Möglichkeit eines Systems Bewegungen auszuführen. Wir leben in einer *dreidimensionalen Welt.*

Unter *Freiheitsgrad* versteht man in der *Anatomie bzw. der Biomechanik die Anzahl und Art der möglichen Bewegungen, die ein Gelenk ausführen kann.* Der Freiheitsgrad eines Gelenks wird unter anderem durch die *Gelenkform* (Scharniergelenk, Kugelgelenk usw.) und die seine Bewegung einschränkenden *Muskelvoraussetzungen* bestimmt.

Die *Bewegungsmöglichkeiten eines Körpers* bestehen in Form von *Translationen in X-, Y- und Z-Richtung* sowie von *Rotationen um eine X-, Y-, und Z-Achse*. Ein Körper hat demnach *sechs Freiheitsgrade* (Abb. 82).

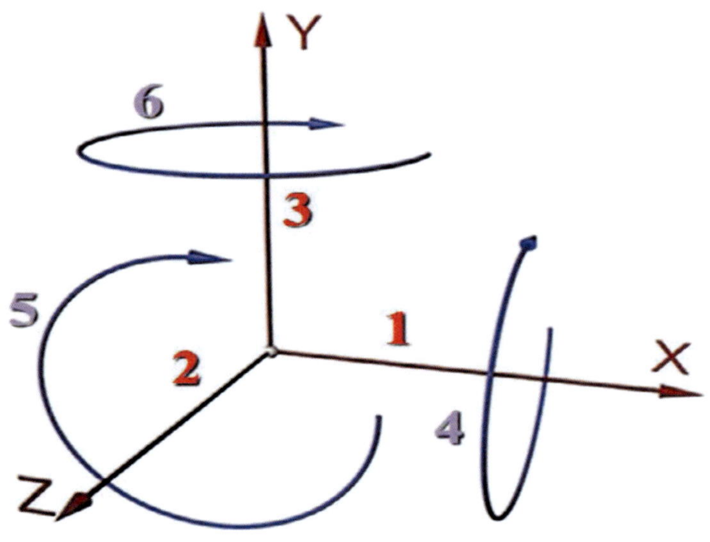

Abb. 82.

Der Mensch verfügt auf der Ebene der kortikalen (Großhirnrinde) Neuronen, der Muskeln und der Gelenke über eine unvorstellbar große Anzahl an Bewegungsfreiheitsgraden (Turvey, 1990), man schätzt die Anzahl auf ca. 240!

Allein die Hand besteht aus 41 Knochen und 33 Muskeln (Abb. 83 a, b).

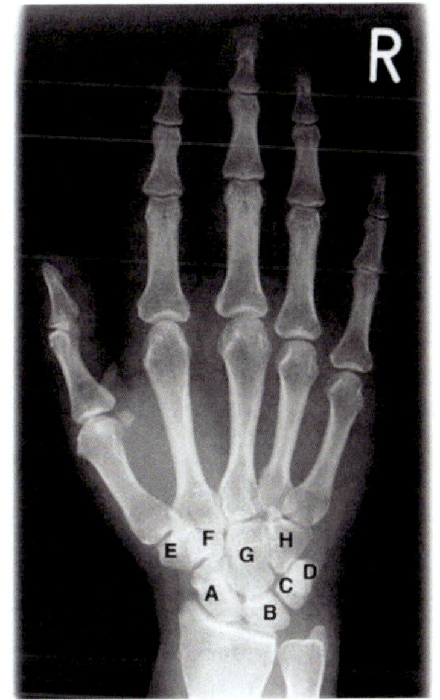

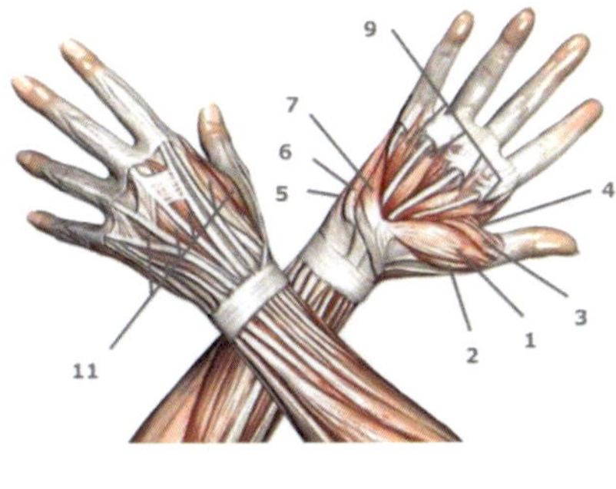

Abb. 83 a, b, Abbildungen aus Wikipedia übernommen..

Man kann sich demnach vorstellen, wie vielfältig die *Bewegungsvariationsfähigkeit* nur in diesem kleinen Teil unseres Körpers ist. Bei jedem Schlag wird die „Zusammenarbeit" der einzelnen Knochen und Muskeln unterschiedlich in Anspruch genommen. Das passiert einmal durch den unterschiedlichen *Widerstand des Handgelenks* bei verschiedenen Treffpunkten und zwar nicht nur in Bezug auf den Körper, sondern auch *innerhalb der Schlägerfläche* und darüber hinaus durch die minimale Anpassung der Griffhaltung. Jede kleine Differenz im Treffpunkt auf der Schlägerfläche muss durch die „Handgelenkfeinarbeit" ausgeglichen und angepasst werden (Abb. 84).

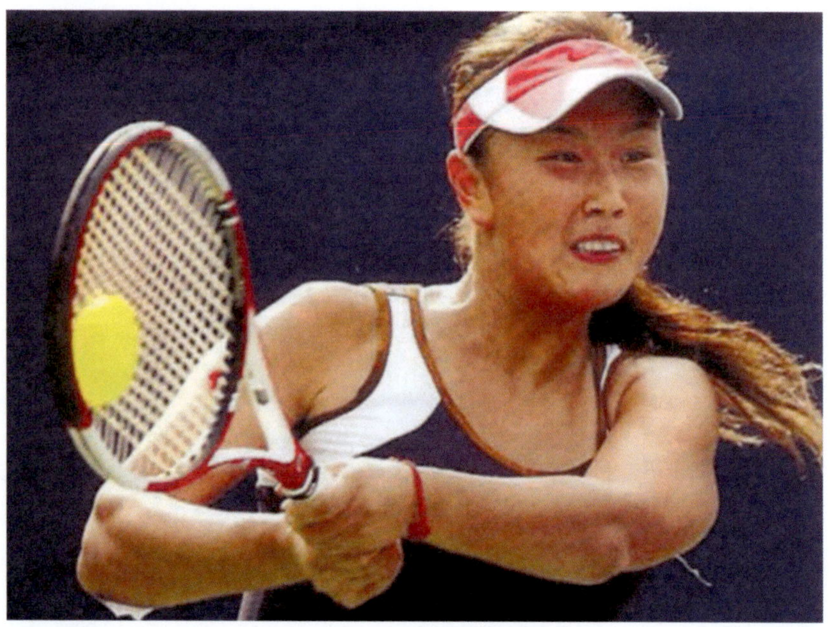

Abb. 84. Ein Ballkontakt außerhalb des Zentrums (sweet-spot) der Schlägerfläche muss intuitiv (im Unbewussten, ohne Gedanken, reflexartig) durch Feinarbeit bzw. Feinkoordination und -anpassung korrigiert und ausgeglichen werden.

Nicht jeder Westerngriff z. B. gleicht bei demselben Spieler in jedem Millimeter einem anderen. Es kommt immer wieder zu kleinen Verschiebungen, die zufällig oder durch die Situation und Absicht entstehen. Man kann nun die Problematik bei den oben angeführten „Speicherungsmöglichkeiten" der Signatur nachvollziehen.

„Berücksichtigt man neben der hohen Individualität von Bewegungen und der geringen Wahrscheinlichkeit, eine Bewegung identisch wiederholen zu können, erscheint der Versuch *eine geschlossene Bewegung* (z.B. Vorhandtopspin; Anmerkung des Autors) über eine Vielzahl von *„identischen"* Wiederholungen *„einschleifen"* zu können für recht zweifelhaft, praktisch nicht machbar.

Für jeden Schlag, der immer etwas anders ist als der vorangegangene, müsste es im ZNS ein *eigenes Motorik Programm* geben" (V. Nagel, Chr. Spreckels). *Das ist unmöglich!*

Aus Erfahrung wissen wir, dass Anfänger dazu neigen eher *zu viele Bewegungen* und *Teilbewegungen* chaotisch in einen Schlag zu integrieren, vor allem dann, wenn man nach der konservativen Methode schon dem armen Anfänger gleich vom Anfang an den Finalschlag von Roger Federer beibringen will. In solchen Fällen sagt man dann, dass der Bewegungsablauf *unkoordiniert* ist. Der Tennisaspirant neigt automatisch zu jeder Menge überflüssiger Bewegungen *auf der Suche* nach der Treffmöglichkeit. Deswegen sollten die eventuellen *Korrekturen* vor allem zum *Abbau der überflüssigen Bewegungsgrade* führen. Somit haben wir es mit einer *Vereinfachung der Bewegung* zu tun und nicht mit einem großen Volumen, zu dem ein Anfänger zwangsweise neigt, oder zu dem ein Trainer diesen Anfänger sogar zwingt. Der *Kern der Bewegung* ist besonders im Anfangsstadium und darüber hinaus auch im weiteren Lernprozess hervorzuheben. In der *Bewegungsnatürlichkeit* und in der *Einfachheit* liegt das *Geheimnis* sowohl des technischen Fortschritts des Anfängers als auch des absoluten Spitzenspielers.

Wie *koordinativ kompliziert* eine Bewegung sein kann, verdeutlicht uns die Anwendung des aus der Raumfahrt abgeleiteten *Körpermodells von Hunavan* (1964) *mit 14 Segmenten mit 13 Gelenken* (Abb. 85).

Es lassen sich an diesem Modell allein schon durch *Beibehalten* oder *Ändern* eines *Gelenkwinkels* 2^{13} *Möglichkeiten* zum *Erzeugen von Differenzen* ableiten, nehmen wir zusätzlich für jedes Gelenk die Möglichkeit an, dass sich *neben Gelenkwinkel* auch *Gelenkwinkelgeschwindigkeit, die Gelenkwinkelbeschleunigung und der Rhythmus* ändern lassen, dann steigt die Zahl der Möglichkeiten Differenzen zu konstruieren, *auf* 2^{13} *hoch 4.*

Schon aus diesen Gesichtspunkten kann man die *Fehlermöglichkeiten und Fehlerhäufigkeiten* in der *Technikdurchführung* erahnen. Es leuchtet deswegen ein, dass man die Schlagausführung nur *auf das Notwendigste reduzieren sollte,* wenn man sowohl die *Aneignung der Technik* als auch ihre *weitere Entwicklung* erleichtern und beschleunigen will.

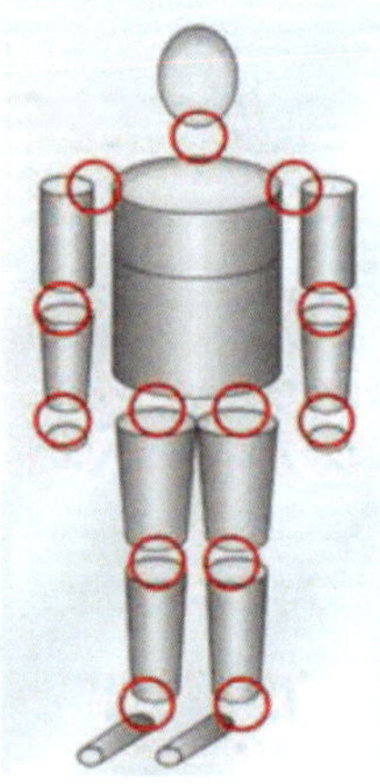

Abb. 85. Die hohen Variationsmöglichkeiten in der Bewegungsfreiheit der Gelenke und dadurch der Extremitäten dokumentiert das Model von Hanavan.

Ausgehend von der *Kernbewegung* (Abb. 86 a) wird durch Zunahme der Verlängerung der Aushol- und Schlagbewegung (Abb. 86 b) Schritt für Schritt – (gelb, grün, rot 1–3) – die einfache und natürliche Schlagtechnik perfektioniert. Von Anfang an muss die *Körpergesamtrotation* sowohl rückwärts (Ausholbewegung) als auch vorwärts (Schlagbewegung) mit einbezogen werden.

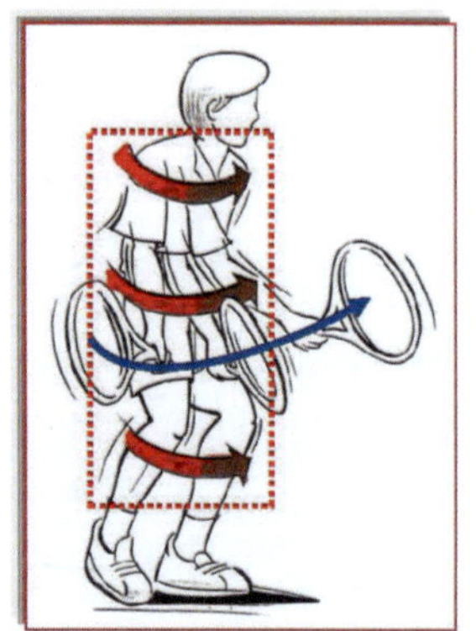

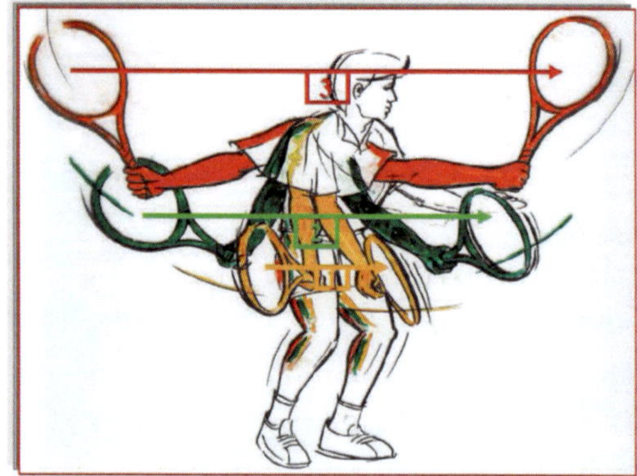

Abb. 86 a. b. Von der Kernbewegung Schritt für Schritt zum finalen Schlag.

Der oben mehrmals erwähnte russische Großvater der modernen Bewegungslehre und Biomechanik *N. A. Bernstein* erklärt die Koordination wie folgt: „Die Koordination der Bewegung ist die *Überwindung der überflüssigen Freiheitsgrade* des sich bewegenden Organs (...)."

Mit anderen Worten ist die *Hauptaufgabe* in der Technik- und Bewegungsschulung die *Vereinfachung* und *Reduzierung* des *gesamten komplexen Bewegungsablaufs* auf das *Nötigste.* Das soll allerdings schon *im Sinne* der später angesteuerten Finalbewegung erfolgen. Das wiederum bedeutet, dass man das *Bewegungslernprogramm* am Anfang *abkürzen* sollte (*Kernbewegung, Kernprogramm* – Näheres dazu in meinem Buch „Optimales Techniktraining"), dass man aber den Schlag *von Anfang an ziel- und aufgabenorientiert* in einer matchrealistischen Position und Durchführung als eine *Einheit* mit der Integration aller wichtigen Teile lehrt. Bei einer einfachen Bewegungslösung kann man auch eine mögliche große Zahl an Fehlbewegungen von vornherein ausschließen und das ohne jegliche Korrekturen des Trainers.

Die *Hauptursachen eines Bewegungsproblems* sind z. B. die erspürten bzw. nicht richtig erspürten Widerstände, Hemmungen, Impulse, Beschleunigungen, Kräfte oder Rhythmen. Nur *Bewegungserfahrungen* können diese Unregelmäßigkeiten Schritt für Schritt beheben. Und Bewegungserfahrungen bekommt man durch bewegen!

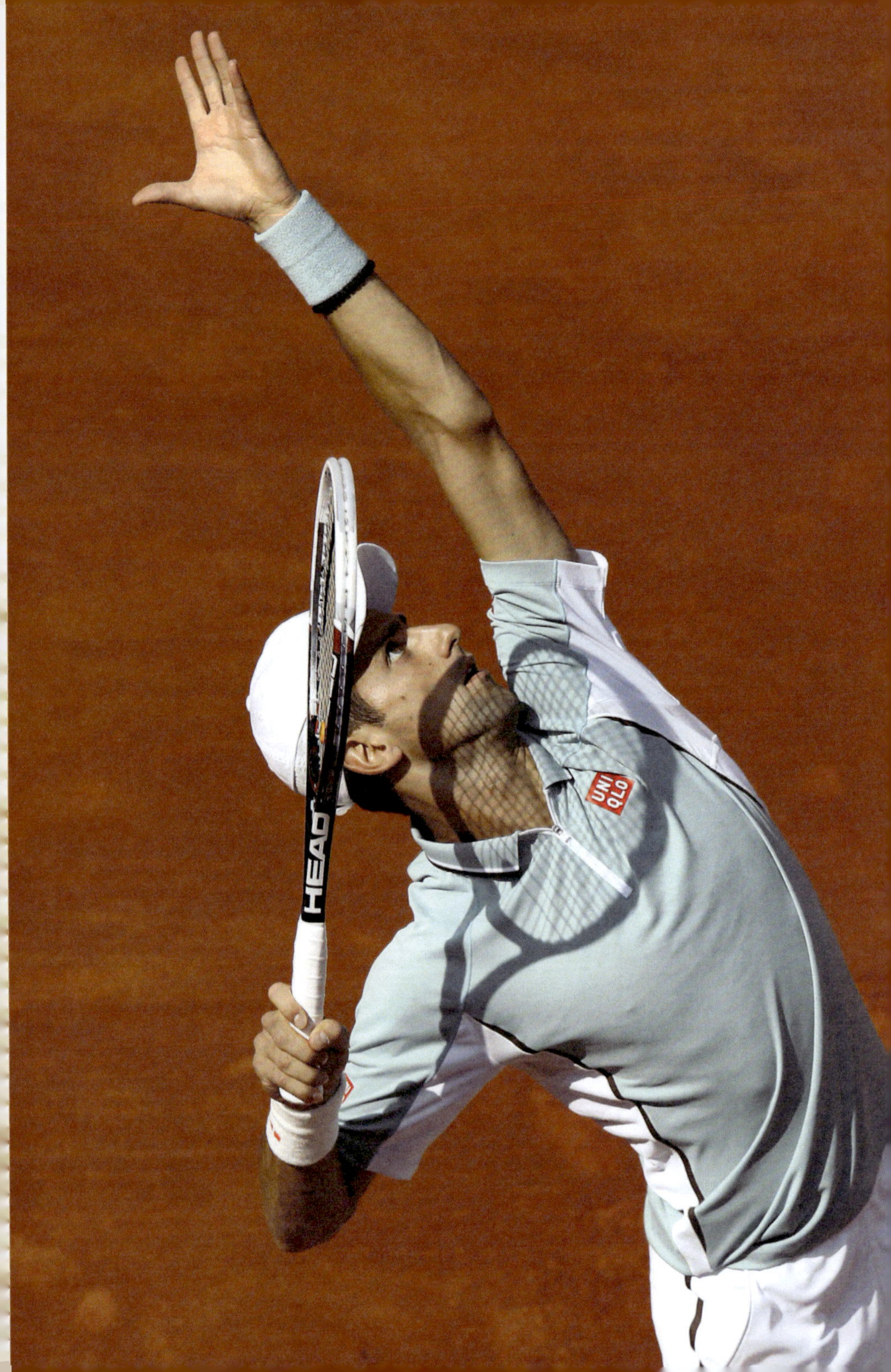
HEAD
UNI
QLO

14 Problemlösungsstrategie

Um Bewegungsprobleme zu beseitigen bedarf es einer gewissen *Problemlösungsstrategie.* Der Schweizer Sportwissenschaftler und eine der Koryphäen der Trainingslehre, A. Hotz, hat ein Modell der *fünf wichtigsten* sogenannten *koordinativen Funktionen* vorgeschlagen, welches sinnvoll ist und sich in der Praxis als erfolgreich bestätigt hat.

Es sind folgende Prozessabschnitte:

14.1. Orientieren
14.2. Differenzieren
14.3. Mit dem (Un-)Gleichgewicht umgehen
14.4. Reagieren
14.5. Rhythmisieren

14.1 Orientieren

Mit dem Begriff *Orientieren* beginnt der eigentliche Bewegungsvorgang. Man versteht darunter die Standortbestimmung auf dem Platz, die Position des Gegners, die beiderseitigen Schlagmöglichkeiten, die sich aus diesen Feststellungen ergeben, die abzudeckenden Räume, die geometrischen und physikalischen Möglichkeiten eines zum Erfolg führenden Schlags schlechthin, die zeitlichen Dimensionen usw. Schon aus diesem ersten Prozesspunkt geht hervor, wie wichtig es ist sowohl den Anfänger oder später den Spieler als auch den Trainer schon bei der Entwicklung und dem Training der Technik in *verschiedene Platzpositionen und Spielsituationen* zu bringen, denn die Technik soll ja *situationsrelevant* entwickelt werden – drei Beispiele (Abb. 87–89.).

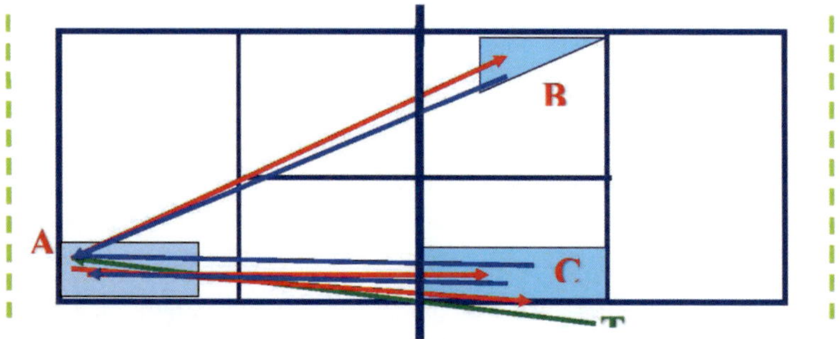

1.a.- A alles mit der Vorhand vor der Markierung hinter ihm;

1.b.- A alles mit der Rückhand vor der Markierung hinter ihm;

1.c.- A alles im Kulminationspunk;

1.d.- A alles im aufsteigenden Ast;

1.e.- A alles mit Halbflugball;

1.f.- A alles vor der Grundlinie stehend und spielend;

Abb. 87. B und C spielen Flugbälle in die Zielfläche. A muss einige Male regelmäßig und/ oder unregelmäßig long-line und danach cross schlagen und das wiederholt sich sowohl mit der Rückhand als auch mit der Vorhand aus der gleichen Ecke. Danach werden die Positionen gewechselt und das gleiche wird spiegelbildlich aus der Rückhandecke gespielt. Nach gewissen Serien wechseln die Spieler die Positionen.

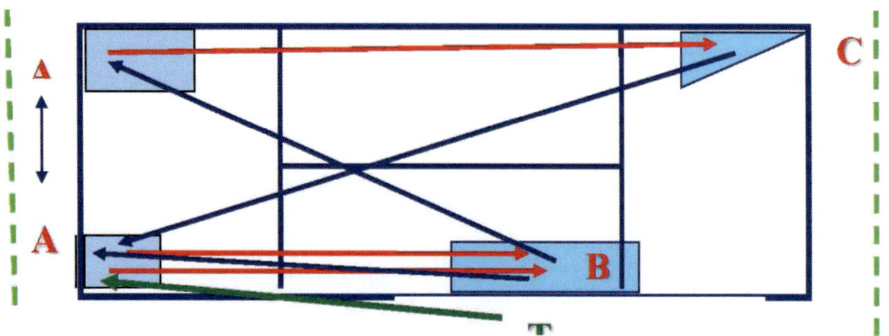

Abb. 88. Nach einem mehrmaligen down the line Ballwechsel Spielt der Spieler B den Ball cross und der Spieler A muss dann einen down the line Schlag zum Spieler C spielen, dieser spielt cross zu A zurück.

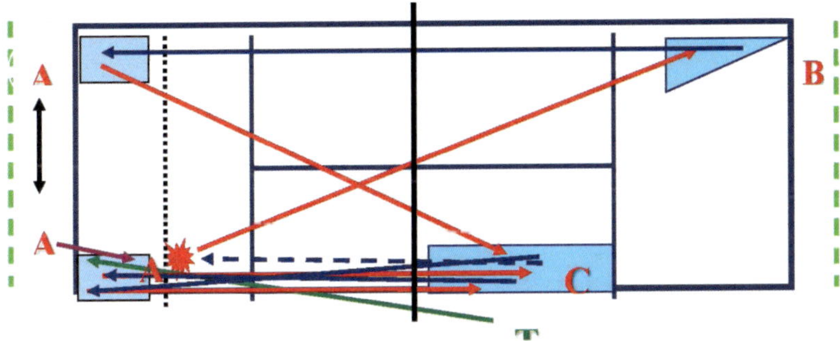

Abb. 89. Nach jedem kurzen Ball des Spielers C vor die Markierung muss der Spieler A vorrücken und einen Winner cross spätestens im Kulminationspunkt spielen, B spielt dann long-line, A muss den Ball holen und cross zu C spielen; das gleiche mit der Rückhand aus der Vorhandecke.

14.2. Differenzieren

Aus dieser ersten Analyse der Positionierung und der sich daraus ergebenden Möglichkeiten ergibt sich die zweite Stufe – *Differenzieren*. Das ist ja nichts anderes, als aus den etlichen Möglichkeiten der gegebenen Spielsituation und aufgrund der gesammelten Erfahrungen (*Erfahrungsschatz*) die richtige Wahl der nächsten Aktion (Bewegung) herauszufiltern. Man sollte aus jeder Position auf dem Platz in jede Position auf dem Platz des Gegners die Zielflächen treffen lernen (Abb. 90). Dann kann man es erfolgreich in offenen Drills umsetzen – Taktik.

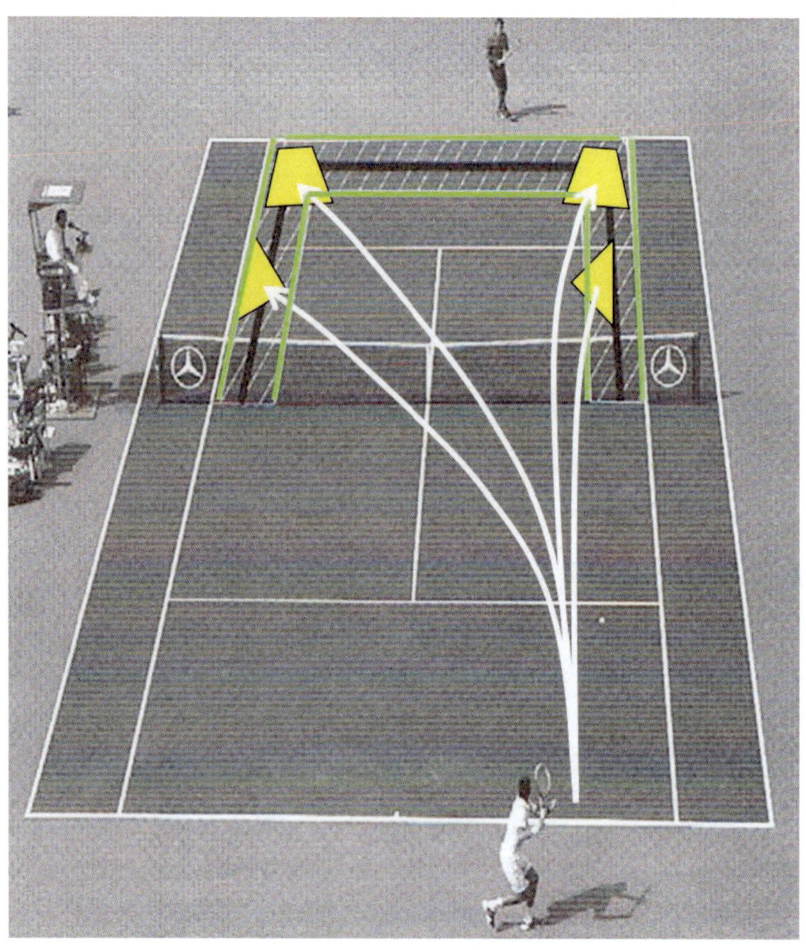

Abb. 90. Aus jeder Schlagposition sollte man im Training immer wieder versuchen, die Bälle präzise an jeder Stelle auf der gegnerischen Seite zu platzieren.

14.3 Im (Un-)Gleichgewicht

Die ersten zwei erwähnten Prozessabschnitte führen zusammen zum dritten Abschnitt – *im (Un-)Gleichgewicht sein.* Hierunter ist *weniger* das Körpergleichgewicht zu verstehen, sondern vielmehr der *situative Gleichgewichtszustand.* Anhand einer vorherigen Analyse können Rückschlüsse darauf gezogen werden, was einen erwartet und wie man darauf antworten will, kann oder muss. Man ist in diesem kurzen Moment in einer *geistigen Sicherheit und Entschlossenheit,* eben im *Gleichgewicht.* Auch das ist selbstverständlich ein Produkt der Erfahrung und der vorher durchgeführten Orientierung und Differenzierung.

14.4. Reagieren

Die jeweilige vollendete Analyse der Situation erfordert nun eine *Reaktion.* So entscheidet man sich z. B. (in der Regel instinktiv) für einen schnellen oder langsamen Lauf, Seitsteps, einen Crossschlag, einen Winner, einen Approach Shot, einen neutralen Ball, einen Lob oder Passierball down the line usw.

Alle vier erwähnten Stufen spielen sich im Gehirn ab. Erst die nächste Stufe ist die *eigentliche Handlung,* die Einbeziehung, der aktive Bewegungsvorgang.

14.5. Rhythmisieren

Es folgt der *letzte Teil* dieses Prozesses – die *Rhythmisierung.* Damit ist die *Schlagdurchführung* (durch das ZNS programmiert und gesteuert) und das nachfolgende physische „Bearbeiten“ des Gegners, die *aktive körperliche (moto-*

rische) Tätigkeit gemeint, das Tempo der eigenen Bewegungen, die Wahl des Schlagtempos, schlicht ausgedrückt – das gesamte Bewegungsgeschehen zum und während des Schlages. Aber auch das hat seinen Ursprung im Gehirn.

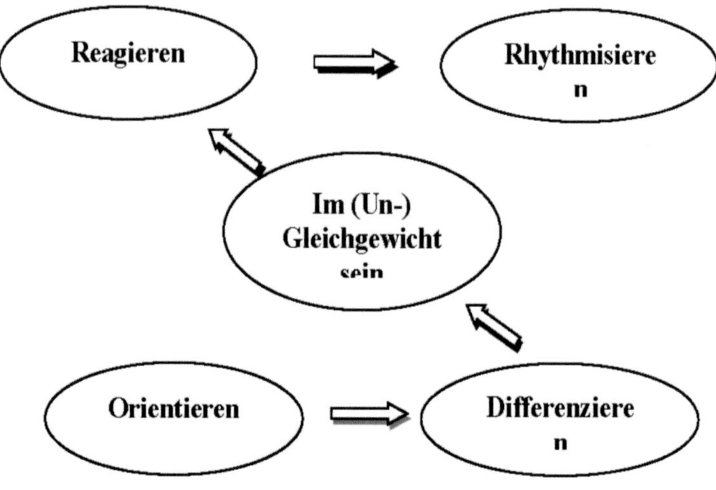

Abb. 91. Fünf Teile derkoordinativen Funktion.

Alle diese *fünf Teile* der sogenannten *koordinativen Funktion* während einer Bewegungsaufgabe sind *in jedem Schlag, in jede Spielsituation, in jede Handlung integriert* (Abb. 91). Und weil jede Handlung, jede Situationslösung und damit jeder Schlag ein Original ist, entscheiden über den Erfolg oder Misserfolg die Erfahrungswerte von *Tausenden und Abertausenden ähnlichen Situationen* und vor allem von *erfolgreichen Situationslösungen*. Ich wiederhole noch einmal: Man kann im Match nur das *erfolgreich* anwenden, was man vorher *tausendfach erfolgreich* im Training realisiert hat.

„Ashy, Landin und Lee haben schon 1988 beim Erlernen von Fußball-Fertigkeiten gezeigt, dass die *Anzahl der richtig ausgeführten Übungen* für den Lernerfolg entscheidend ist. *Die Anzahl der Gesamtversuche* hatte *keine Bedeutung.* Das unterstreicht die Wichtigkeit des Belastungsfaktors *„Qualität der Bewegungsausführung"*, die auch zur Trainingsphilosophie des Schwimmtrainers Gennadi Touretski gehört (einer der erfolgreichsten Schwimmtrainer weltweit; Ergänzung des Autors): *wenn Du es nicht ganz richtig machen kannst, mach lieber nichts*" (K. Bartoniez, 2008).

Auch hier kann man wiederum feststellen, dass *die Qualität* in der Variation im gesamten Lern- und Trainingsprozess eine *absolute Notwendigkeit* ist.

Das *spezifische Bewegungslernen* ist somit ein *langfristiger Prozess,* der eigentlich nie endet, denn auch der absolute Weltstar muss immer wieder neue Details und Facetten der Bewegungen in sein Training einbauen.

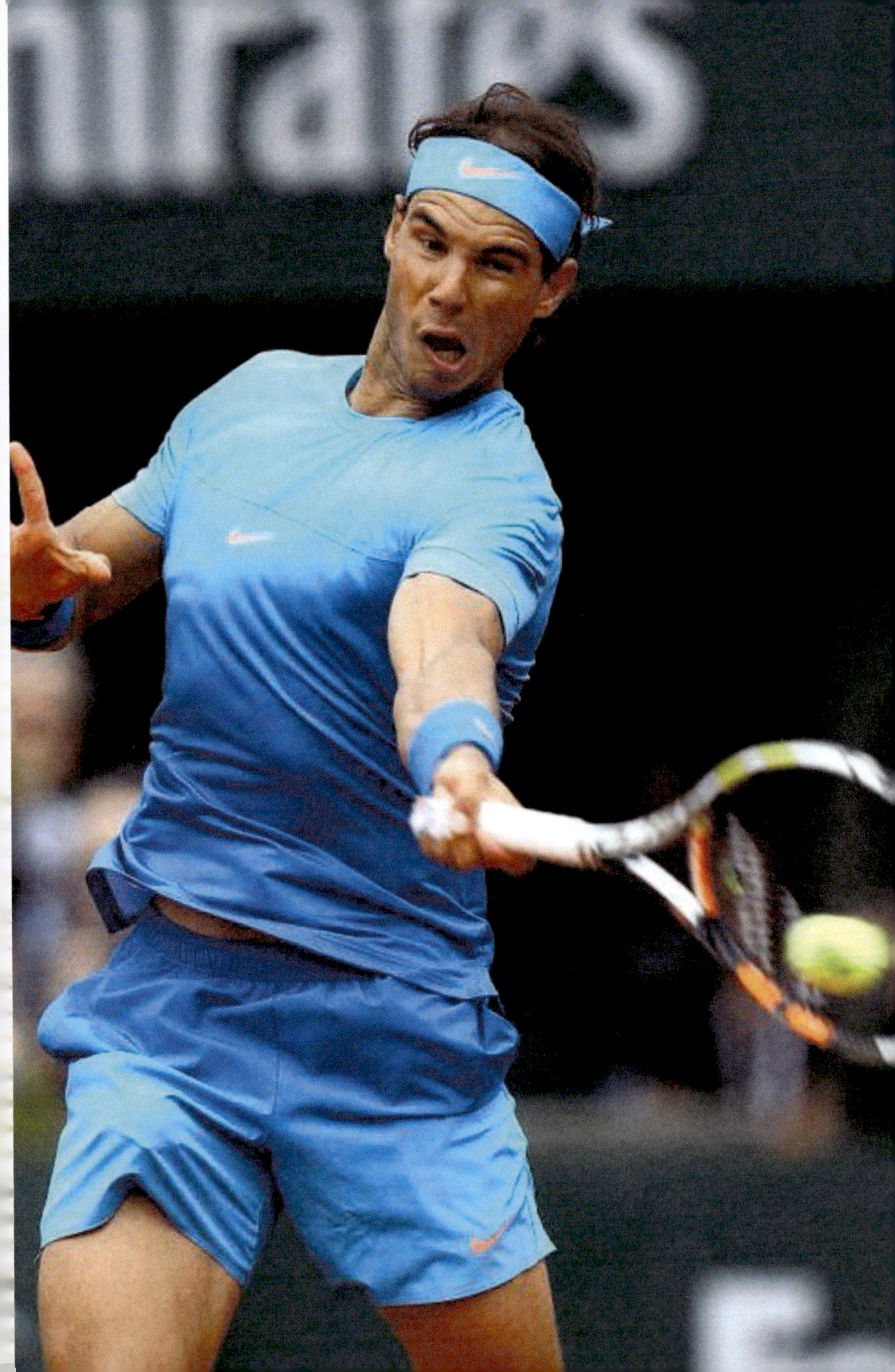

15 Zusammenfassung

Ich hoffe, dass man aufgrund der Ausführungen in diesem Buch die Notwendigkeit des Nachdenkens und bei manchen von uns sogar *Umdenkens* in unserer täglichen Arbeit mit den Spielern erkennen kann. Die moderne Trainings- und Bewegungslehre versteht das Objekt, den *Menschen* als *eine Einheit* und nicht als eine zufällige Zusammenstellung (Zusammenwürfeln) von einzelnen Bewegungs- und damit Technikteilen.

Um zum Abschluss eine Schlussfolgerung zu ziehen – die Zerlegung, Zersplitterung des gesamten Bewegungsablaufs in einzelne Phasen und Details sollte der Vergangenheit angehören (wie z. B. Teile der Ausholbewegung zerteilen und die einzelnen Teile verselbstständigen, *den Ausschwung* über die Schulter oder als „Scheibenwischer" *für jede Vorhand* in jede Länge und Lage und Treffpunkt zu diktieren und vieles Veraltete mehr, das Benutzen von verschiedenen illusorischen Hilfen wie einen Bleistift zwischen den Fingern, um die Schlägerhaltung festzulegen, ein hohes Seil über das Netz spannen, um jemanden den Topspin beizubringen, Handtücher über das Netz legen und vieles mehr sollte der Vergangenheit angehören. Es waren zum kleinen Teil *Funktionshilfen,* vor allem aber *für den Trainer,* um zu zeigen, was er alles drauf hat. Dem Schüler hat es kaum geholfen. Der Grundsatz unserer Arbeit muss heißen: *In einer Spielsportart muss das natürliche sportartspezifische spielerische Element, die natürliche Bewegung, das Spielgeschehen dominieren! Tennis ist ein Spiel und soll mit Spaß ausgeführt werden.* Der berühmte deutsche Dichter, Philosoph und Historiker *Friedrich Schiller* sagte in seinen Briefen über die ästhetische Erziehung: „Der Mensch ist nur da ganz Mensch, wo er spielt." Dabei hat er vielleicht nicht gerade an Tennis gedacht, aber man kann es sehr gut übertragen.

Man sollte eigentlich keine Zeit mit überflüssigen „Spielereien" vertrödeln, wie lustig diese auch manchmal sein mögen, *wenn sie nichts bringen*. Die Leute kommen zum Tennis, um *Tennis zu spielen*, und nicht ewig in einer Schlange zu stehen, immer wieder einen einzigen Schlag oder sogar nur einen Teil davon durchführen, während sie sich zahlreiche Korrekturhinweise (Kritiken) zu einzelnen Schlagphasen anhören müssen, die man gar nicht registrieren und noch weniger umsetzen kann (*Enge des Bewusstseins*), oder sich mit „Hilfsmitteln" herumschlagen, welche von dem tatsächlichen Tennisgeschehen und/oder der natürlichen Bewegungsentwicklung weit entfernt sind. Man muss schnell mit der Zeit gehen und immer das Neue aufsaugen, den Wissenden aufmerksam zuhören. Ein *altes chinesisches Sprichwort* sagt: *„Wenn der Weise auf den Mond zeigt, sieht der Idiot nur den Finger"* (Abb. 92).

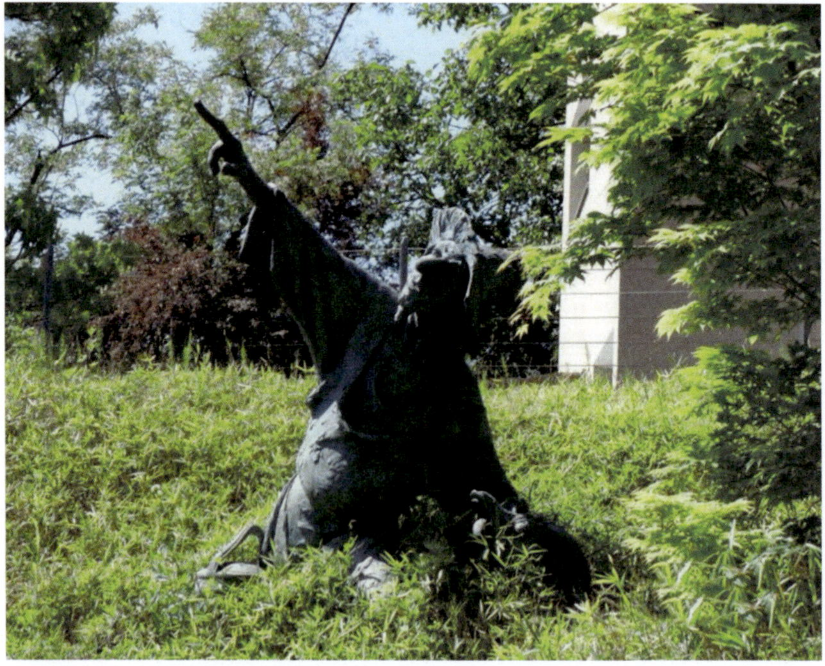

Abb. 92.

Unsere Aufgabe ist es doch den Schüler für seine Schlagdurchführung auf dem *natürlichsten Wege* zu sensibilisieren und zu konditionieren. Wir lernen als ein Ganzes seit Millionen Jahren Schritt für Schritt zuerst in kurzen Phasen und/oder auf kurze Entfernungen und im Verlauf der Zeit in der natürlichen Länge und Vollkommenheit das Sitzen, das Greifen, das Gehen, das Springen, das Werfen, das Schleudern, das Schneiden, Hacken und vieles mehr in einer ganz natürlichen Art und Weise ohne unnatürliche Hilfsmittel oder Hilfestellungen. Das alles sind *vererbte Bewegungsanlagen.* Und das Tennisspiel besteht doch eben aus diesen Anlagen – Gehen, Laufen, Springen, Schlagen, Schleudern und Werfen. Ich wiederhole noch einmal: Ein Tennisschlag ist im Prinzip doch nichts anderes als ein *Schleuderwurf des Schlägers* gegen den Ball, ob seitwärts am Körper vorbei (Vorhand, Rückhand, Flugball) oder auf- und abwärts über dem Körper hinweg (Aufschlag, Schmetterball). Warum teilen wir bei Kindern nicht das Erlernen von Gehen oder Springen oder Werfen in einzelne Phasen? Und warum müssen wir das dann bei einem Tennisschlag tun? Jede Bewegung muss zuerst auf die einfachste Art „gelernt" und später perfektioniert werden, wir müssen aber diejenige Methodik anwenden, die auf die *natürlichste und spielerischste Art und Weise* den *natürlichen, im Prinzip angeborenen Bewegungsvorgang* vermittelt und die den Schlag von Anfang an in eine *matchrealistische Situationslösung* integriert. Wir dürfen daraus keine Wissenschaft machen, wir müssen aber die Wissenschaft anwenden. *Die vererbten Bewegungen sind in der Regel einfach, kurz und natürlich!* Wir müssen verstehen, dass in der relativ kurzen Trainings- und Entwicklungszeit vor allem das gelehrt und trainiert werden muss, *was man im Match, im Wettkampf tatsächlich braucht,* auf welcher Leistungsebene auch immer. Schließlich will *jeder* einmal um Punkte spielen und womöglich gewinnen, auch im Kaffeedoppel beim TC Hintertupfingen oder gegen den verhassten Gegner Schlotterhose. Und wir müssen verstehen und akzeptieren, dass *jeder Lern- bzw. Aneignungsvorgang* am Anfang *mit Problemen* verbunden ist, die man lernen muss zu lösen. Wir müssen *Geduld* entwickeln und unser Wissen täglich auf den Prüfstand stellen und *lernen, lernen, lernen.* Nur so nebenbei: Genau so hat sich einmal ein großer selbst ernannter „Weltverbesserer" und „Revolutionär" ausgedrückt, obwohl er selber als auch seine Nachfolger davon keinen Gebrauch gemacht haben, wodurch 1989 und 1990 ein ganzes Imperium zusammengestürzt ist.

16 Schlusswort

Wenn man sich zu einer weitreichenden schriftlichen Bearbeitung des Tennissports entscheidet und wenn man damit einmal hoffnungs- und erwartungsvoll beginnt, dann steht man trotz umfangreicher Kenntnisse (wenigstens bildet man sich diese ein) und jahrzehntelanger praktischer und theoretischer Erfahrungen (diese sollten in dem späten Lebensalter tatsächlich vorhanden sein) plötzlich ganz überrascht vor dem Problem, dass das eigentlich in einer Fassung eines einzigen Buchs gar nicht möglich ist. Sowohl die weitreichenden sportwissenschaftlichen Grundlagen als auch die umfangreichen sportspezifischen Kenntnisse der gegenwärtigen Zeit kurz und vor allem verständlich zusammenzufassen ist undenkbar.

Man fängt voller Hoffnungen trotzdem irgendwann an zu schreiben, man bringt sehr viel „Kluges" zu Papier, man denkt wenigstens, dass es sehr viel und klug ist, um plötzlich enttäuscht festzustellen, dass man eigentlich beim Abschluss des Buchs erst am Anfang gelandet ist. Man setzt sich dann nach längerer Erholungspause von Neuem hin, denn es wurmt einen, dass man eigentlich nicht all das, was man sich ursprünglich voller Enthusiasmus vorgenommen hat, nicht zu Papier zu bringen imstande war und man fängt eher widerwillig mit dem nächsten Buch an. Man hängt sich wieder voll rein. Man schließt schließlich nach intensiver und weiterer langer „Schreiberei" frohlockend das nächste Manuskript ab, um festzustellen, dass es wieder zu wenig ist und dass es nicht gelungen ist das eigene Vorhaben zur eigenen Zufriedenheit zu erfüllen.

Darüber hinaus wird man immer wieder von verschiedenen Kollegen angesprochen, warum man noch immer nichts über dieses oder jenes publiziert hat und dann wird man eigentlich genötigt, das „Dieses oder Jenes“ eben doch wieder in Betracht zu ziehen und schon sitzt man wieder vor dem Computer und hämmert auf die Tasten, bis es dampft. Man bekommt zu Hause Ärger, weil man dauernd oben in seinem Kämmerlein sitzt und der Familie nicht zur Verfügung steht, man muss dann viele pflichtgemäße „Hausarbeiten“ eigentlich in Überstunden erledigen, wofür man keinen Dank erwarten kann, weil alles zu spät geschieht und man denkt, dass es endlich das letzte Buch im Leben ist und dass danach der ersehnte Ruhestand eintreten wird, in dem man endlich träumen und frohlockend machen kann, was man eigentlich schon das ganze Leben träumen und frohlockend machen wollte. Das war allerdings ein großer Irrtum.

Denn man wird zwischendurch als Referent zu verschiedenen Seminaren, Aus- und Fortbildungen eingeladen und man „muss“ schließlich immer wieder mit etwas Neuem kommen, wenigstens bildet man sich ein, dass das von einem erwartet wird. Aber auch aus eigenem Interesse, eigener Neugier und eigenem Hunger nach Neuem vertieft man sich immer wieder in neue Studien, neue Literatur, praktische Versuche auf dem Platz usw., denn man will sich ja nicht unbedingt blamieren und man muss deswegen versuchen in die ganze Materie noch viel tiefer einzudringen. Man ist eben pausenlos *neugierig.* So sammelt man neues Material bzw. kommt man an neue Ideen oder entdeckt neue Bereiche, über die man noch gar nichts geschrieben hat oder die nur ansatzweise in den vorherigen Büchern erschienen sind, man bohrt im eigenen Gedächtnis, um herauszufinden, was dort oben noch alles schlummert und schon ist die Katastrophe da – man fängt von Neuem an.

So ist dieses Buch entstanden. Ich maße mir nicht an, das Beste und Klügste vom Himmel geholt zu haben, das habe ich allerdings auch bei allen vorherigen Büchern nicht getan oder gedacht. Es soll aber dem Leser Anregungen geben über sich selbst und seine Tätigkeit nachzudenken. Es ist kein leichtes Thema, in der allgemeinen wissenschaftlichen Literatur gibt es darüber fast unzählige Veröffentlichungen von namhaften Experten rund um den Globus. Weil ich aber bei meinen Reisen immer wieder festgestellt habe, dass man trotz vieler neuer publizierter und bei etlichen Symposien und Seminaren vorgetragener Erkenntnisse vieler bekannter und angesehener Kollegen in unserer Sportart in der Praxis an manchen Stellen der theoretischen und praktischen Arbeit immer noch hinter den anderen Sportarten hinterherhinkt, wollte ich in dem eigentlichen Bereich unserer täglichen Tätigkeit gewisse tiefere Begründungen herausfiltern. Der Inhalt dieses Buches ist in dieser Form wahrscheinlich in der Welt*tennis*literatur vorläufig ein Original. Es kann sein, dass vielleicht für den ein oder anderen nicht alles leicht zu verdauen sein wird, denn es werden viele theoretische Grundlagen und Zitate verschiedener angesehener Sportwissenschaftler erwähnt und von mir wird vieles auf diesen Theorien aufgebaut. Bevor man allerdings das Buch wütend als „unverdaulich" in den nächstliegenden Papierkorb wirft, empfiehlt es sich etliche Teile zwei- oder dreimal zu lesen (so mache ich es immer wieder beim Studium für mich ganz neuer Erkenntnisse). Studium bedeutet studieren, das ist keine Party. Man muss immer wieder allen Mitwirkenden appellieren – *jeder* muss sich *täglich fortbilden*, das Neue aufsaugen und in die Praxis übertragen, wie schwierig das manchmal auch ist. Man muss mit der Zeit gehen und neue progressive Methoden anwenden. Das erwarten wir schließlich von unseren Ärzten, von den Konstrukteuren unserer Autos, von den Wissenschaftlern in der Chemie- oder Maschinenindustrie und von allen anderen Sparten unseres Lebens und das erwarten schließlich mit Recht unsere Schützlinge von uns auch.

Ich hoffe und wünsche mir, dass auch dieses Buch die positive Resonanz meiner vorherigen Bücher sowohl in den deutschsprachigen Ländern als auch im weiteren Ausland erfährt. Der Inhalt dieses Buches soll die Grundthesen der vorherigen Bücher tiefer ausführen, erklären und begründen, das „Warum" sportwissenschaftlich untermauern, obwohl das Buch keine Ansprüche stellt, ein wissenschaftliches Werk zu sein. Es soll zukunftsweisend sein. Ich bin davon überzeugt, dass jeder Trainer, der seinen Beruf liebt und diesen ernst nimmt und der sich mit dem Text ernsthaft auseinandersetzt, damit gut zurechtkommt und dass es die Qualität seiner Arbeit merklich verbessern wird.

Jeglicher sachlichen Kritik stehe ich immer offen gegenüber, kein Mensch auf dieser Welt kann alles wissen und jeder macht Fehler. Ich schließe mich nicht aus! Wenn allerdings jemand jemanden kritisiert, dann sollte er selber etwas Besseres bringen und vor allem seine Theorien auch beweisen können. *Man sollte sich mit dem eigenen Wissen nie wohl fühlen.* „Unser Wissen kann man sich als eine Insel vorstellen: Je größer die Insel des Wissens, umso länger wird automatisch das Ufer zum Ozean unserer Ignoranz" (Eckart von Hirschhausen). Ich genieße es jedenfalls immer noch intensiv zu arbeiten, zu lernen, zu studieren, zu schreiben, um meine eigene Insel des Wissens dadurch zu vergrößern. Ich glaube, dass die Insel es wert ist. Das sich dabei ausweitende Ufer zu meiner Ignoranz nehme ich gerne in Kauf.

Zum Abschluss wünsche ich allen Kollegen ein fortschrittliches Denken, Mut zum Neuen, Mut zu Variation, Mut zum Ausprobieren, *Wagnisse* und *Risiko* einzugehen und vor allem viel Spaß an der Arbeit gepaart mit *viel Erfolg.* Nur wer sich in Bewegung setzt, kann Spuren hinterlassen. Die Schiffe im Hafen sind zwar am sichersten, aber sie sind dafür nicht gebaut worden – sie sollen in See stechen, dort droht immer Gefahr, aber nur dort kann man etwas Neues entdecken.

In diesem Zusammenhang möchte ich den *römischen Philosophen Seneca* (um 4 v. Chr. –65 n. Chr.) zitieren: *„Nicht weil es schwer ist, wagen wir es nicht, sondern weil wir es nicht wagen, ist es schwer."*

Richard Schönborn
Cheftrainer des Deutschen Tennis Bundes a. D.

EPILOG

Man kann einen Menschen verletzen und zu neutralisieren versuchen, man kann ihm aber niemals sein Wissen und seine Stimme nehmen. Man kann ihm deswegen weder das Reden noch das Schreiben verbieten. Albert Einstein hat dazu Folgendes gesagt: „Solange ich eine Stimme habe, kann ich nicht nur, sondern muss ich mich äußern!“

Literaturverzeichnis

al Kafri, Blomer, U., Peterson, D. A., Gage, F. H., Verma, I. M.: Nature genetics, 11/1 1997

Anderson, J. R.: Acquisition of cognitive skill, Psychological Review 1985

Bartonietz, B.: Sport und Gehirn, Teil 1, Leistungssport 2 2008 Sport und Gehirn Teil 2, Leistungssport 3 2008

Beck, F.: Wie lernt das sportliche Gehirn?, Leistungssport 6/2007

Bernstein, N. A.: Bewegungsphysiologie, Ambrosius-Barth: Leipzig 1975

Bernstein, N. A.: The coordination and regulation of movements, Pergamon Press: Oxford 1967

Cannon, W.: Stress & Fight or Flight Theories, 1914

Chase, Simon: Perception in chess, Cognitive Psychology 4, 1973, S. 55–61

Chow, J. W., Smith, J. H., Lim, Y. T.: Lower trunk muscle activity during the tennis serve. Sci Med Sportb 6 2003

Conzelmann, A.: Die Kreativität verkümmert, Tennismagazin 10 2004

Dougs, R., Mechling, H., Blischke, K., Olivier, N.: Sportmotorisches Lernen und Techniktraining, Hoffmann: Schorndorf 1989 und 1991

Ferrauti, A., Eber, K., Maier, P.: Tennistraining, Meyer & Meyer: Aachen 2005

Franz, M. G.: Motor und Mythos im Sportspiel, Leistungssport 6 2000

Furley, Ph., Memmert, D.: Aufmerksamkeitstraining im Sportspiel, Leistungssport 3/2009

Gallwey, T.: Tennis und Psyche – das innere Spiel, Willa 1977

Grosser, Neumaier: Techniktraining BLV

Grosser, M., Schönborn, R.: Leistungstennis mit Kindern und Jugendlichen, Meyer &Meyer: Aachen 2001

Grosser, M., Schönborn R.: Training im Kinder- und Jugendtennis, Meyer & Meyer: Aachen 2008

Göhner, U.: Funktionale Bewegungsanalyse, 1978

Göhner, U.: Noch aktuell? TennisSport 2 2005

Hotz, A.: So wenig wie nötig korrigiere, so oft wie nur möglich variiere, Leistungssport 3/1996

Hotz, A.: ... erwirb es, um es zu besitzen!, Leistungssport 5 1995

Hotz, A.: So wenig wie möglich korrigiere – so oft wie nur möglich variiere! Leistungssport 3 1996

Hotz, A.: Qualitatives Bewegungslernen, Bern 1997

Hotz, A.: Rhythmus bestimmt Qualität und Effektivität von Bewegungen und Technik Leichtathletiktraining 10 1999

Hotz, A.: Zur didaktischen Gestaltung von Lernprozessen in der Trainingspraxis Leistungssport 25

Hotz, Scloßwill, Weineck: Optimales Lernen, Perimed 1983

Hüthler, G.: Bedienungsanleitung für das menschliche Gehirn, Biologie der Angst, die Macht der inneren Bilder, Vandenhoeck & Ruprecht: Göttingen 2013

Killing, W.: Besonderheiten im Training von Frauen Leistungssport 1/2008

Kuhn, W.: Motorisches Gedächtnis, Schondorf 1984

Hirz, P., Kirchner, G., Pöhlmann, R.: Sportmotorik. Grundlagen, Anwendung und Grenzgebiet, Uni-Verlag Kassel

Lange, H.: Facetten qualitativen Bewegungslernens, Prolog-Verlag: Immenhausen 2005

Martin, D.: Merkmale einer sportwissenschaftlichen Theorie des Techniktrainings, Sportmotorisches Lernen und Techniktraining, Bd. 1, Hollmann: Schorndorf 1991

Martin, D.: Handbuch Trainingslehre, 2001

Meinel, K.: Bewegungslehre, Volk und Wissen 1977

Meinel, K., Schnabel, G.: Bewegungslehre Sportmotorik, Meyer & Meyer Verlag 2007

Metoui, M. Prof. Dr.: Artikulation und „Mind": Kognition, Motorik und mentale Repräsentation

Mester, J.: Unveröffentlichte Vertragsunterlagen

Mester, J., Perl, J.: Grenzen der Anpassungs- und Leistungsfähigkeit des Menschen aus systemischer Sicht, Leistungssport 1 2000

Neumaier, A.: Koordinatives Anforderungsprofil und Koordinationstraining, Köln 3. Aufl. 2006

Nitsch, J., Munzert, J.: Handlungsregulation und Techniktraining. Sportmotorische Lernen und Techniktraining, Hoffmann: Schondorf 1991

Oerter, Montada: Entwicklungspsychologie, Ulman Lindenberger 2012

Parker, St.: Der menschliche Körper, Dorling Kinderslay Verlag GmbH 2014

Pearce, A.: The Efficienc of Exercise on Motor Coordination, Medicine, Science in Tennis 8 2003

Pesce, C.: Vorschriftlich oder heuristisch lernen?, Leistungssport 3 2003

Saß, H., Vietinghoff, A., Stoll, R.: Zur Verknüpfung konditioneller und technischer Inhalte im Sportspieltraining als wesentliches Element einer ganzheitlich orientierten Trainingsauffassung, Leistungssport 3 1997

Schauer, E.: Die Vervollkommnung im Basketballtraining mit Hilfe der Rhythmisierungsmethode, Leistungssport 2 1998

Schmidt, R. A.: Psychological Review, Vol 82(4), Juli 1975, S. 225-260

Schmidt, R. A.: The schema as a solution to some persistent problems in motor learning theory, Stellmach, New York

Schölhorn, W., Sechelmann, M., Trockel, M., Westers R.: Nie das richtige trainieren, um richtig zu spielen, Leistungssport 5 2004

Schöllhorn, W. I., Humpert, V., Oelenberg, M., Michelbrink, M., Beckmann,H.: Differenzielles und Mentales Training im Tennis, Leistungssport 38 2008

Schönborn, R.: Die neue Tennis-Praxis Falken: Niederhausen 1981

Schönborn, R.: Tennis Techniktraining, Meyer & Meyer Aachen 2008

Schönborn, R.: Optimales Tennistraining, Spitta Verlag 2010

Schönborn, R.: Unveröffentlichte nationale und internationale Vorträge

Schönborn, R.: Strategie und Taktik im Tennis, Wagner Verlag 2012

Starkes, J. L., Ericsson, K.: Expert Performance in Sports. Advances in Research on Sport Expertise; Human Kinetics, Leeds 2004

Strauß, E.: Problem of Individuality, Human Studies 1981

Strauß, E.: Vom Sinn der Sinne, Berlin/Heidelberg/New York 1978

Tinwald, H.: Über die „Funktion“ und die „Bewegungsaufgabe“, 2012

Trebels, A.: Ansätze zu einer integrierten Bewegungs- und Sportwissenschaft, Zeitschriftenaufsatz 1990

Turvey, M. T. h. L., Fitsh, Tuller, B.: The Bernstein Perspective: The Problem of degrees of freedomand context-conditioned variability, I.A.S KELSO 1982

Turvey, M. T., Carello, C.: The ecological approach to perceiving-acting, Acta Psychologica 1986

Vaverka, F.: Grand Slam 2008–2009, Olomouc 2010

Volkamer, M.: Was ist das, was wir unterrichten?, Zeitschriftenaufsatz 1996

Von Weizsäcker: Gesammelte Schriften in zehn Bänden: 3: Wahrnehmen und Bewegen. Die Tätigkeit des Nervensystems, 1990

Vroon, P.: Drei Hitne im Kopf, Krenz Verlag 1993

Wagner, H., Müller, E., Brunner, F.: Systemdynamische oder programmorientierte Lernmethoden. Leistungssport 6 (2004)

Weineck, J.: Optimales Training, Spitta Verlag: Balingen 2010

Weinert, F. E., Schneider, W., Beckmann J.: Sportmotorisches Lernen und Techniktraining, Bd. 1., Hofmann: Schorndorf 2001

Weinert, F. F., Schneider, W., Beckmann, J.: Fähigkeitsunterschiede, Fertigkeitstraining und Leistungsniveau

Werchoschansky, J. W.: Effektiv trainieren, Berlin 1988

Wolny, R.: Bewegungswissenschaft, Meyer & Meyer Verlag 2012

Sponsoren

Ich möchte mich bei beiden Sponsoren sowohl bei Herrn Dr. Med. Ivo Ferrarini als auch bei den Fotografen Herrn Claus Bergmann für die finanzielle und materielle Unterstützung sehr herzlich bedanken. Ohne diese hätte ich das Buch nicht verwirklichen können.

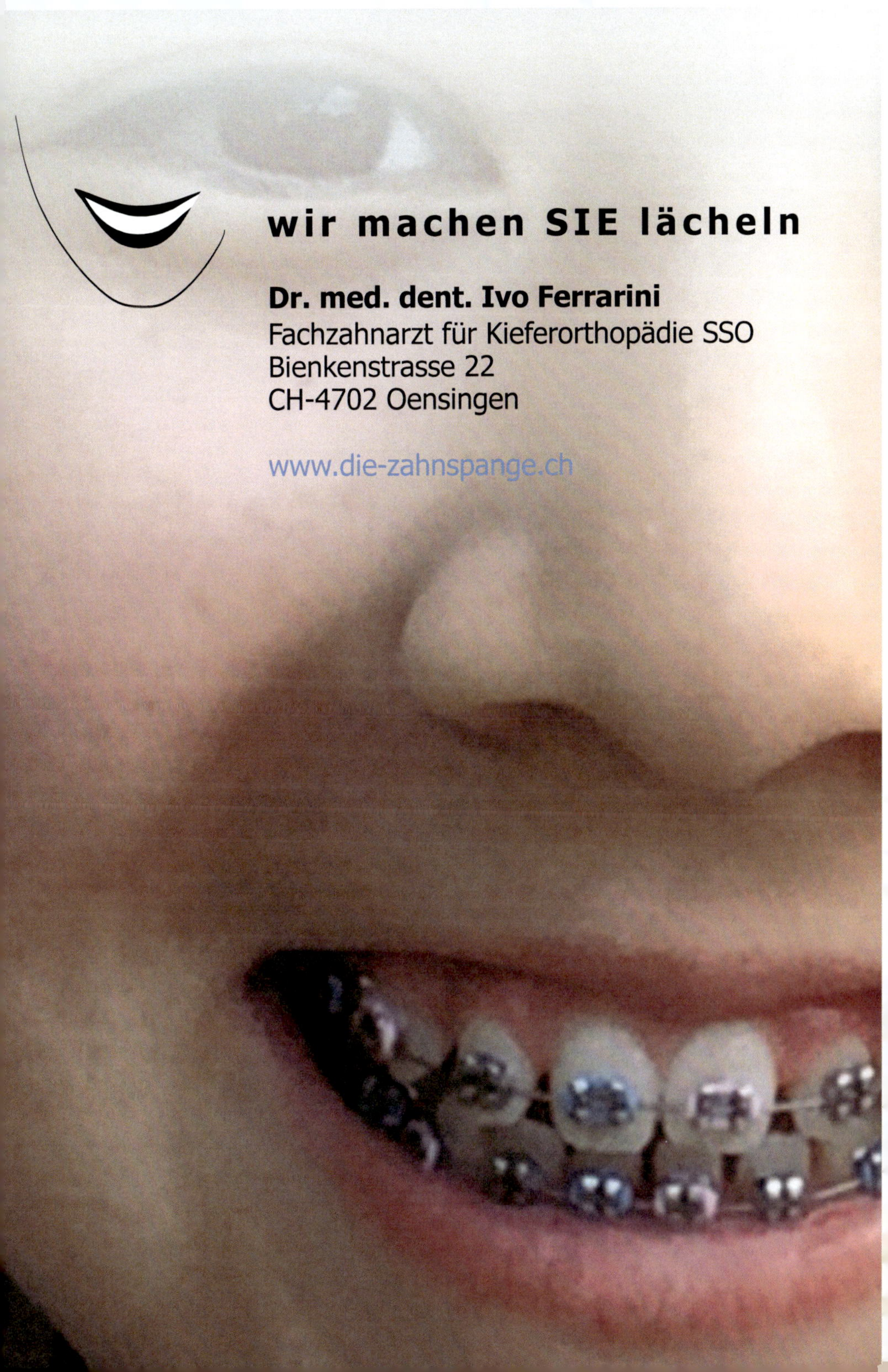

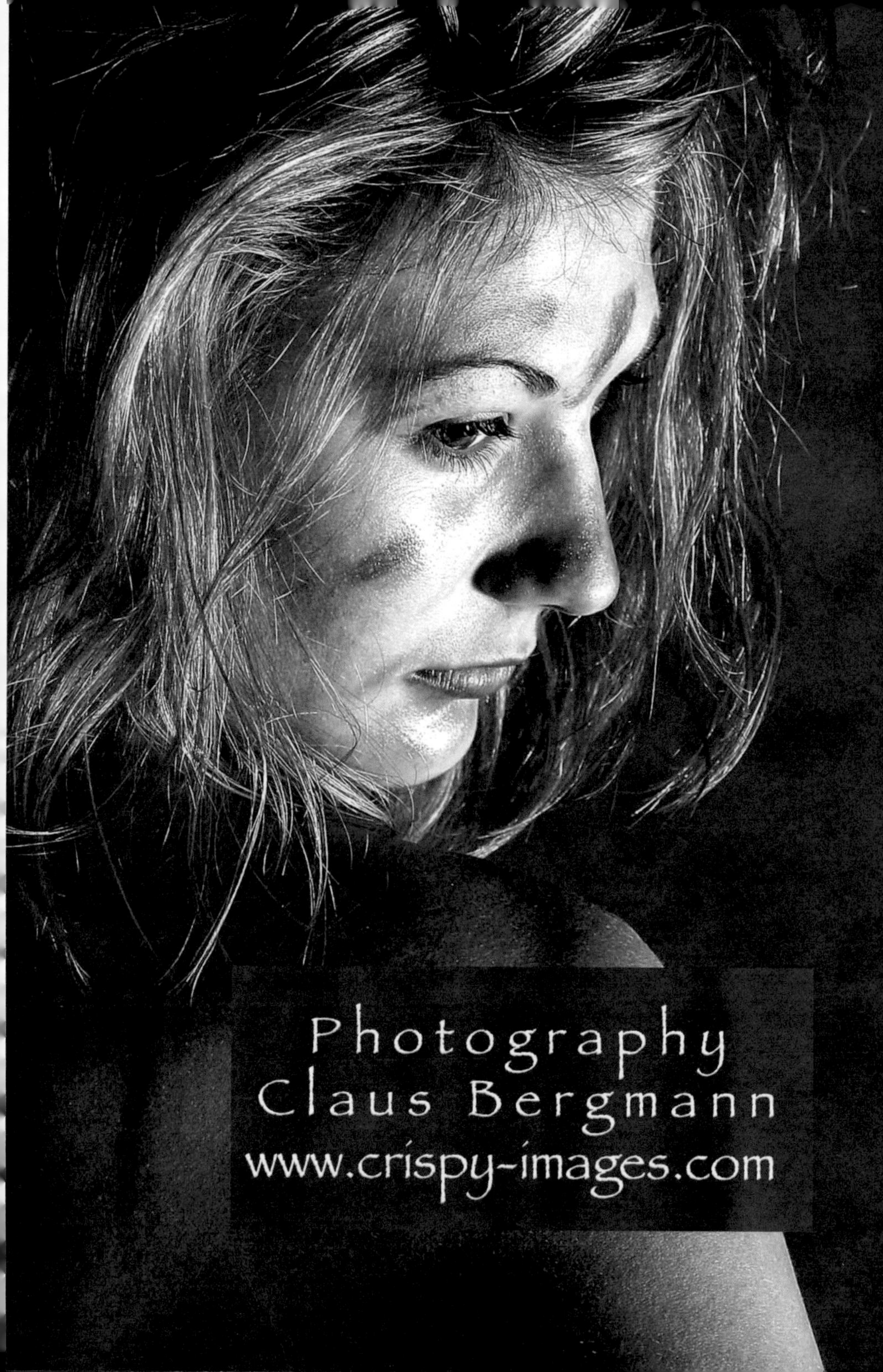
Photography
Claus Bergmann
www.crispy-images.com